CUANDO LOS HIJOS BUENOS

HACEN COSAS MALAS

KATHERINE GORDY LEVINE

Cuando los hijos buenos hacen cosas malas

Javier Vergara Editor s.a.
**Buenos Aires / Madrid / México
Santiago de Chile / Bogotá / Caracas**

Título original
WHEN GOOD KIDS DO BAD THINGS

Edición original
W. W. Norton & Company

Traducción
Graciela Jáuregui Lorda

Diseño de tapa
Susana Dilena

ISBN 950-15-1230-4

Impreso en la Argentina/Printed in Argentine.
Depositado de acuerdo a la Ley 11.723

Esta edición terminó de imprimirse en
VERLAP S.A. - Producciones Gráficas
Vieytes 1534 - Buenos Aires - Argentina
en el mes de setiembre de 1992.

Este libro está dedicado a todos los niños adoptivos que tuvimos. Quizá David y yo no les agradamos en todo momento, pero nosotros los amamos de una manera muy especial. Aún los amamos. Siempre estarán en nuestros corazones y en nuestras oraciones.

Nota de la autora

Las historias de este libro están basadas en mis experiencias personales como madre adoptiva, madre, organizadora de talleres, y terapeuta. Pero las historias están formadas por muchas narraciones similares. He mezclado y encubierto las identidades para proteger la privacidad de los niños y padres involucrados. La única historia de este libro que no ha sufrido ninguna transformación es mi relato del subrepticio paseo en coche de Zachary, pues él me dio su permiso para compartirla.

Indice

Agradecimientos

Este libro es la creación de muchos. Espero que mi nota de agradecimiento los mencione a todos.

Primero, a Brutus. Un boxer gruñón y bullicioso, a quien habían pateado de su tercer hogar, antes de que adoptara a David. Después de vivir juntos durante un año, el perro decidió que ya era hora de que el hombre pusiera fin a su soltería. Brutus me recogió en la playa, y completó el trío.

Sin mi esposo David, este libro simplemente no hubiera sido posible. Fue idea suya que nos convirtiéramos en padres adoptivos, ya que vio el desafío y sintió el dolor de los niños. Yo estaba atemorizada, pero, como sucedió a menudo en nuestra vida en común, él me mostró cómo hacer más de lo que creía que podía hacer. Ese es un talento notable. A menudo, él ha promovido mis éxitos sin considerar el coste del suyo... una rara y generosa cualidad. En muchos aspectos, este libro es tanto suyo como mío.

También es la creación de nuestros muchos niños: nuestros dos maravillosos hijos biológicos, nuestros especia-

11

les niños adoptivos, los adolescentes que he ayudado en mi práctica privada, y los niños cuyos padres han asistido a mis talleres. Esos padres y otros también han influido en estas páginas, incluyendo los padres de nuestros niños adoptivos, mis amigos que son padres, los padres de los amigos de mis niños, y los muchos padres que también fueron mis alumnos. Entre todos esos padres está mi madre, Katherine Broomall Gordoy, quien me enseñó a tomarme mi tiempo para mirar las puestas de sol, para desear una estrella, para escuchar el canto de los pájaros. Más que nada, me enseñó la importancia de ocuparme de los demás. Mi padre, John Denard Gordoy, tenía lecciones que también eran muy valiosas: aprendí que siempre debía valorar la honestidad entre la gente, y a dejar las cosas que nunca podría cambiar.

Otras personas ayudaron a crear este libro ayudándome a convertirme en lo que soy. La tía Dot me infundió una gran fe en mí misma. Lloyd Trout y Thomas Hardy me alentaron para que aprendiera a montar a caballo, e indirectamente me enseñaron que la vida no está compuesta sólo de errores y accidentes sino de lecciones que deben ser repetidas hasta ser aprendidas.

Finalmente, aprendí algunas lecciones en escuelas, ya que tuve la suerte de tener algunos maestros dotados de talento. Mr. Snavely, por ejemplo, insistió en darme teoremas hasta que aprendí lo suficiente para aprobar geometría. Mr. Davis, quien a pesar de mi ortografía y mi puntuación lo dejaron más calvo de lo que estaba, tuvo la fe suficiente como para elegirme editora de nuestro libro del año de la escuela secundaria. Mr. Flagg me enseñó a conducir cuando mi padre no podía. Miss Porter, quien nunca pudo enseñarme a cantar, me enseñó a amar la música. En la Universidad de Delaware, tuve el privilegio de tener como profesor a Bernard Phillips, un profesor de filosofía Zen-cuáquera-budista-judía, quien me enseñó la diferencia entre religión y espiritualidad. También tuve la fortuna de estudiar con Charles Bohner, Janney D'Armond, y Edward Rosenberry... profesores de inglés, quienes me enseñaron que, aunque no pudiera deletrear, podía pensar y escribir. Más tarde, en el Bryn Mawr College's Graduate School de Trabajo e Investigación

Social, Ricky Ross, Jean Haring y Calvin Setledge me enseñaron cómo transformar la compasión en verdadera ayuda. También Charlotte Hamel, Muriel Gayford y Naomi Gitterman fueron importantes modelos en mi carrera.

Durante los años en que fuimos padres adoptivos, muchos profesionales fueron designados para ayudarnos y supervisarnos a nosotros y a los niños que cuidábamos. Debo mencionar especialmente a Susan Langer, quien nos ayudó a decidir si realmente deseábamos ser padres adoptivos; Joan DiBlasi, quien estableció los sistemas dentro del Departamento de Servicio Social que hicieron posible nuestra supervivencia financiera; Jeanne Quatroni y Jack Garrity, quienes estuvieron a nuestro lado durante aquellos difíciles primeros días; Debbie Beals, quien no sólo fue un apoyo para nosotros sino que más de una vez se quedó con nuestros niños, dándonos varios descansos muy necesarios; y también Patty Gross, Joyce Remkus, Lionel Oliver, Kim Smith, Carol Korn, Sheryl Blau, Joan Cuppiola, Jim Hoffnagle, Don Kimmelman, Adele Rigano y Jim Bishop. Todas estas personas fueron mucho más allá del deber profesional. En realidad, sin su ayuda, David y yo no hubiéramos sobrevivido como padres adoptivos, y este libro hubiera sido mucho más reducido.

Para pasar de mi cabeza a la página impresa, mi libro necesitó de mucha ayuda, comenzando por los consejos dados por buenos amigos. Donna Santora Vovcsko, la hermana que nunca tuve, fue la consejera inicial de mis teorías, mientras que su esposo, Jerry, me introdujo a los secretos del sistema de ordenadores. Cathy Agar y Jane Bloomer me ayudaron a encontrar el título adecuado para el libro. Jane Persons Handley, Barbara Burris Machemer y Virginia Lanier Biasotto (junto con otros del grupo Henpecker) agregaron buen criterio y apoyo. Rob Colby Pierce se convirtió en mi gramático privado. Gerry Wallman, quien estaba escribiendo su propio libro mucho antes de que yo comenzara, compartió conmigo la luz de su camino.

Ruth Wreschner fue mi agente literaria: ella comprendió el mensaje del libro. Ayudó a darle forma, y le encontró un lugar en Norton, con Mary Cunnane como editora. Mary me enseñó pacientemente qué se necesita para convertir las ideas y el conocimiento en un libro. También le agradezco que me presentara a Charles Flowers, quien unificó nuestros esfuerzos sobre la transformación final de mi trabajo. Detrás de la escena, en Norton, hay una multitud de ayudantes, que también hicieron posible este libro; una de las mejores es Rebecca Castillo.

Finalmente, creo que un Poder Superior nos guía a todos. Agradezco que ese poder me haya bendecido con la ayuda que necesitaba para escribir este libro.

PROLOGO

Hace casi cinco años que el último niño que adoptamos se fue de la casa de New York, donde mi esposo David y yo tuvimos casi cuatrocientos niños en poco más de una década, como así también dos hijos propios. Nuestros hijos biológicos estaban entrando en su adolescencia. Había llegado el momento de vivir una vida más normal.

Nuestros doce años de padres adoptivos fueron desafiantes, irritantes y, a menudo, emocionalmente arrebatadores. A veces, también fueron divertidos, pero tratar de cuidar a cuatro o cinco adolescentes desconocidos, y criar a nuestros dos muchachos, nunca fue una tarea fácil.

Este libro es el libro que David y yo necesitábamos durante aquellos años, especialmente cuando los niños demostraban sus problemas de adolescentes y hacían otras cosas que les acarreaban problemas.

En lugar de ello, sólo encontrábamos los libros "Pollyanish", con algunas excepciones. Mientras nos devanábamos los sesos por algún conflicto, los libros para padres sólo nos pasaban la pelota a nuestro campo. Si hacíamos tal y tal cosa, inmediatamente obtendríamos éxito. Hacíamos tal y tal cosa... y rara vez obteníamos alivio, y mucho menos éxito.

La suposición más frecuente y fastidiosa de estos libros podría resumirse de la siguiente manera: cuando su niño hace algo que a usted no le agrada, depende enteramente de usted cambiar la situación. Muchos parecían sugerir que los padres debemos comportarnos y hablar como terapeutas. Esos eran los años en los que el Entrenamiento para la Eficiencia de los Padres (PET) había penetrado muy profundo en la conciencia de la gente: idealmente, los padres debían de abstenerse de juzgar las acciones de sus hijos, y permitir serenamente que la vida se encargara de las consecuencias del mal comportamiento. En nuestra situación especial, no contábamos ni con el tiempo ni con la paciencia para esta técnica. Muy pronto, el evangelio del "amor tenaz" hizo zozobrar el PET. Los padres que se abstuvieron de criticar, ahora están tratando desesperadamente de convertirse en sargentos instructores. Para mejor o peor ni David ni yo tenemos lo que los militares llaman "presencia dominante".

¿Cómo remplaza mi libro estas otras técnicas? Bueno, para algunos padres, quizá no. En ninguna de estas páginas insisto, ni siquiera insinúo, que la propuesta Levine sea la verdadera. Ninguna propuesta dará resultado para todos los niños y para todos los padres. Francamente, nunca aprendí ningún truco mágico para que mis cientos de "niños buenos" (que no eran diferentes de sus propios adolescentes) no hicieran "cosas malas". Y nuestros propios hijos nos dejaron muchas noches sin dormir y nos sacaron muchas canas. La lección principal que aprendimos durante los años que criamos niños puede aplicarse en muchas áreas de la vida: las respuestas fáciles para algunos problemas simplemente no existen.

Entonces, ¿para qué este libro? Porque aprendí algo realmente muy valioso de nuestras experiencias: una forma de realizar un verdadero cambio en la conducta de los adolescentes.

Nuestro éxito como padres se basa en la comprensión de que la conducta no cambiará hasta que logremos la activa cooperación de los niños. Sé que los padres debemos mantener una relación cariñosa, sin importar lo que suceda. Pero eso no parecía posible cuando había llegado a mi límite... o cuando David y yo estábamos a punto de matarnos mutuamente... o alguno de los dos deseaba estrangular a un niño. ¿Mantener una relación cariñosa, sin importar lo que suceda?

Bueno, con mucha práctica, aprendí y desarrollé una serie de maneras cariñosas de responder a una conducta inaceptable. Finalmente, esas maneras se convirtieron en una respuesta planeada ante una mala conducta, y la llamé La Respuesta Cariñosa. Este proceso, el cual es realmente el corazón de este libro, puede ser reciclado de diferentes maneras hasta que cumpla con sus objetivos, o hasta que se establezca definitivamente la necesidad de obtener ayuda profesional.

Durante los últimos cinco años estuve enseñando este proceso a los padres en mis prácticas de asesoramiento. Tácticas para Padres. La mayor parte del tiempo, advertí que la Respuesta Cariñosa ayuda a los padres que tienen conflictos con sus niños. Aun cuando no produce un resultado inmediato en el cambio de la mala conducta, este proceso ha ayudado a los padres a concentrarse en sí mismos para resolver qué hacer.

Finalmente, no olvidemos que el único experto para criar un niño es, y siempre lo será, la persona que realmente está criando a ese niño. Como padre, uno sabe mejor que nadie lo que puede y no puede hacer, y lo que mejor funciona entre usted y su niño. Creo firmemente en esto. Este libro es mi intento de definir, explicar y compartir opciones que están asentadas en un proceso, la Respuesta Cariñosa, el cual puede ayudarle a explorar respuestas alternativas para casi todos los problemas que se le presenten con su "niño bueno". Deje de lado los pasajes que no se apliquen a usted y tome los que le sean útiles. Y comuníquese conmigo. Si tiene algunas sugerencias o comentarios sobre este libro o desea compartir sus experiencias, puede escribirme a W. W. Norton, 500 Fifth Avenue, New York, NY 10110.

Como padres, todos tenemos los mismos intereses e inseguridades. Por mis experiencias con cientos de adolescentes, y con nuestros dos hijos, y por mis muchas sesiones con padres preocupados, creo que puedo señalar una senda, y establecer respuestas precisas para enfrentar problemas concretos.

1

Los fundamentos

–¿Te has vuelto loca?

–Oh, mamá...

–Nunca antes hiciste algo así... ¡No puedo creerlo! Debe de ser esa nueva amiga que tienes.

–Oh, seguro.

–No me contestes así, jovencita, y deja de sonreírte de ese modo. ¿Qué te sucede? Ya no te reconozco.

–Ya es suficiente, mamá.

–No pareces tú. ¿Qué le sucedió a la pequeña que nunca hizo nada malo? ¿Por qué ya no sonríes como acostumbrabas a hacerlo? ¿Cómo pudiste meterte en problemas así?

–¿Realmente tengo que escuchar esto?

Les presento a tres "niños buenos" que conocí muy bien: Terry, quien no dejaba de sonreír, aun cuando uno le pedía que lavara los platos y las ollas; Jon, tímido pero siempre el primero en consolar a un niño menor cuando lo lastimaban; y Jennie, con tanto éxito y querida en la escuela, que regularmente figura en el diario escolar. Todos "niños buenos"... pero si su propio niño, o niños, se pareciera a ellos, usted se vería en problemas, ya que estos "niños buenos" hacen "cosas muy malas". Y no se detendrán, no pueden detenerse, a menos que sus padres aprendan la diferencia entre mala conducta y "niños malos".

Veamos a Terry, una niña rubia de doce años, vestida a la moda: jeans Levi, camiseta Benetton (dos tallas más grande), zapatillas UBU. La ortodoncia le brilla mientras mastica goma. Aunque aún es una niña es muy sensible a las demandas de los adultos, y es la alegría de su madre, el orgullo de su padre, y la ruina de la existencia de su hermano de nueve años. Hace amigos fácilmente en su sexto grado, y como uno de ellos la desafió, Terry está a punto de ser arrestada por ratera.

Jon no es tan notorio. Un estudiante término medio de octavo grado, hijo de padres de clase media, es extraordinariamente bajo, pero siempre lo compensó con un comportamiento enérgico, un verdadero entusiasmo por vivir. Ultimamente, algo no funcionaba bien. En varias ocasiones, Jon se enfureció con sus padres, maldiciendo y arrojando objetos. Una vez, rompió una ventana de cristal; dos veces ha roto sillas arrojándolas contra la pared. Sus padres, quienes siempre disfrutaron del vigor de su hijo, están sorprendidos. La mayor parte del tiempo aún es su niño encantadoramente enérgico, curioso y amante de la diversión. ¿Por qué estos ocasionales estallidos de violencia? No encuentran ningún patrón, pero eso se debe a que no han descubierto un hecho fundamental: el mal humor de John siempre surge un día después de haber fumado marihuana. Este niño bueno no puede controlar su consumo secreto de droga.

Jennie miraría con desprecio a Terry y a Jon. Ella jamás robaría ni engañaría, porque está orgullosa de las buenas calificaciones que obtiene en el primer año de la escuela secundaria. Seguramente nunca fumaría un cigarrillo, mucho menos marihuana, ni bebería alcohol, porque se entrena mucho para carreras en pista, y es campeona de salto. En este momento, toda su vida está centrada en ser aceptada en la Universidad de Stanford. Por esta razón, ha estado acumulando cuidadosamente una gran cantidad de pastillas para dormir, suficientes para matarla. Si Stanford la rechaza, ella está preparada para hacerlo.

Ninguno de estos niños, o de cientos de miles como ellos, puede ser llamado "malo", pero se están comportando "malamente", es decir, ilegal, social, autodestructivamente. Este libro tiene la intención de ser una guía, para tratar con nuestros niños buenos cuando hacen cosas malas. También está lleno de señales de advertencia que indican que el peor drama para cualquier padre, es decir que el niño que es realmente "malo"... en otras palabras, el niño que necesita desesperadamente ayuda profesional.

Lo que uno necesita aprender

Jon y Jennifer están en plena adolescencia; Terry está al borde de esa difícil etapa. ¿Qué sucede con sus niños? Si tienen entre diez y dieciséis años, este libro es para usted, porque trato los desafíos que usted y ellos enfrentarán durante los años del comienzo y mitad de la adolescencia.

Por supuesto, muchos niños pueden despedirse de la niñez y entrar en el camino de la edad adulta casi sin dificultades. Pero el cambio es desconcertante para muchos otros adolescentes, y pueden tambalear e incluso caer. Algunos pueden vagar por callejones oscuros, desaparecer de tu vista, aparecer en lugares inesperados, hacer cosas raras. Preocupan y afligen a sus padres.

Usted es uno de esos padres, o no sentirá la necesidad de leer lo que tengo que decir.

Quizá piensa que está extralimitándose. Una noche, el niño al que ama llega a casa con olor a algo que parece brandy. (Por alguna razón inescrutable, esa es la bebida que se elige para iniciarse donde nosotros vivimos.) Cuando lo interroga parece ofendido. ¿No le cree? ¿No puede creerle que un amigo de su hermano mayor le manchó con una bebida? Le dice que le cree, pero las dudas persisten. El protesta demasiado.

O quizá tenga menos para continuar. Bastante a menudo, la joven adolescente es menos comunicativa, reservada, ya no comparte historias sobre sus amigos ni le cuenta dónde fue después de la escuela. Usted desea respetar su independencia, pero sus escasas respuestas han creado una telaraña de mentiras. Y usted no le compra esas botas nuevas o esa blusa. ¿Qué está sucediendo? ¿Cómo puede averiguarlo?

O quizá no pueda dormir durante las noches porque los ataques de "melancolía adolescente" de su niño a usted le parecen serias depresiones. ¿Cómo puede saberlo? Notas bajas, pérdida de interés en viejos amigos y actividades preferidas, demasiadas horas durmiendo... usted sabe que los hijos de sus amigos han pasado por esta etapa y recobraron su personalidad. Pero no está seguro. Ha leído en los diarios el aumento de los suicidios de adolescentes en todo el país.

Estas son las clases de problemas que podemos explorar juntos en este libro. Enseño a futuros trabajadores sociales a tratar con ellos, yo trabajo con adolescentes gravemente problemáticos en un programa-crisis de intervención, y mi esposo David y yo tenemos dos hijos en la culminación de la adolescencia. Son individuos fuertes, adorables, y nos han brindado, parafraseando la antigua maldición china, "tiempos interesantes".

Pero gran parte de la experiencia la adquirí durante el período exasperante, ocasionalmente placentero, en el que tuve mis niños adoptivos. Asaltos adolescentes, droga y alcohol, intentos de seducción, robos, destrucción de la propiedad... mi familia vivió con ellos durante doce años en una gran casa que alquilamos en las afueras de New York City. Esta situación era tan insólita, incluso alocada, que aún no estoy segura de cómo sobrevivimos (y productores de televisión consideraron la posibilidad de utilizar nuestras vidas para una comedia). A veces, sin pensarlo, tuve que aprender a poner la teoría en práctica.

Cómo sé de qué estoy hablando

Durante doce años, David y yo cuidamos en nuestra casa a 367 niños. Tenemos solamente dos hijos biológicos, Zachary y Daniel, pero cuando comenzaron a crecer, decidimos convertirnos en padres adoptivos, en un programa especial del Departamento de Bienestar Infantil. Los menores involucrados no podían vivir con sus familias ni llevarse bien con padres adoptivos regulares. Entre cuatro y seis de ellos vivieron al mismo tiempo con nosotros... algunos durante pocos días, otros durante meses. Casi todos habían sido acusados por alguien de hacer cosas malas.

Esperaba duros desafíos, pero estaba segura de que mis antecedentes profesionales me ayudarían. Como terapeuta licenciada, profesora secundaria, con un título superior en trabajo social, me especialicé en el estudio del comportamiento adolescente. Sabía lo que es un desarrollo normal y lo que no lo es. Esperaba analizar cualquier problema de conducta o conflicto con un frío ojo académico, razonar una solución, y ponerla rápidamente en funcionamiento. Día a día...

Estaba equivocada. Con el transcurrir de las semanas, estaba emocional y físicamente agotada. Mi esposo y yo estábamos descargando nuestras frustraciones y temores entre nosotros; nuestro matrimonio estaba en serio peligro. Noches sin dormir, daños a la propiedad, enfrentamientos con las autoridades... perdí hasta la última pizca de confianza en mí misma. ¿Libros, conferencias, estudios, sesiones de terapia? Al igual que alguien que no sabe nadar y trata de aprender leyendo un manual, y luego salta al Atlántico durante el Huracán Hugo, repentinamente comprendí que tenía mucho que aprender... y muy poco tiempo para hacerlo.

Primero, corrí a pedir ayuda a otros profesionales. Culpándome, como lo haría la mayoría de los padres adoptivos, supuse que no había aprendido lo suficientemente bien mi tema o que no había tenido un correcto entrenamiento en trabajo social. Quizás había estado en babia durante las conferencias sobre aspectos prácticos de la verdadera paternidad. Quizá, como especialista en trabajo social, no estaba familiarizada con los trucos de la paternidad especial que sólo conocían los psicólogos y psiquiatras.

Otra vez estaba equivocada. Un psicoterapeuta dotado de talento y experimentado puede ayudar a un paciente a trabajar en cambios sobre la personalidad a largo plazo, cuando dichos cambios son necesarios. Su habilidad no está orientada hacia la resolución de problemas prácticos o a dar consejos, especialmente a los padres.

Lo que descubrí, después de mucho batallar, fue que los consejos más prácticos, útiles y salvadores sobre problemas específicos, provenían de padres con experiencia. El padre de un adolescente tiene el mérito de la experiencia en el trabajo, ganado en un promedio de veinticuatro horas al día, durante los siete días de la semana. Ciertamente, a menudo el consejo de un profesional ayudará a un adolescente con problemas, pero a veces, para pasar el día, uno necesita algo así como Las Sugerencias para el Hogar de Heloise. Esa es la moraleja de la historia sobre mi madre y el terapeuta.

Cuando Kerry, de doce años, vivió con nosotros durante casi tres meses, iba regularmente a un terapeuta muy bueno, que comprendía bien sus necesidades emocionales. Era una niña soñadora, abatida, con un rostro regordete y cabello rubio. Su vida familiar había sido terriblemente difícil. Yo comprendía sus problemas, aunque ella no era demasiado comunicativa. Era una niña tranquila, modesta. Y tenía un hábito muy malo que pronto me colocó contra la pared.

Se sentara donde se sentara, inconscientemente Kerry tiraba de los hilos sueltos. Su ropa, una almohada, el brazo de un sillón o un almohadón... simplemente no podía estar quieta durante mucho tiempo sin tirar, tirar y tirar. Los botones se caían, los dobladillos se descosían; y aun así ella tiraba. Y como mis nervios ya no lo resistían, fui a ver a su terapeuta.

"Cuando pueda hablar sobre su enfado con su padre, dejará de tirar", me explicó él. "Pero está muy enfadada, así que no espere una magia repentina". Sin duda, un análisis profesional contundente, pero yo no podía esperar hasta que todos los muebles de nuestra casa quedaran desnudos.

Luego, consulté con un experto en modificación del comportamiento. En lugar de explorar las razones que hay detrás de un mal hábito, los conductistas trabajan en el cambio de conducta para cambiar el hábito.

Este conductista en particular consideró que era correcto que hubiera recurrido a él. "Sí, la modificación de la conducta puede ayudar en esta clase de problema. Las veré dentro de dos semanas." Mientras tanto, Kerry y yo debíamos anotar por separado cuándo, dónde, y bajo qué circunstancias se producía el tironeo.

Este consejo es estándar en modificación de la conducta. Las anotaciones establecen una base para medir el cambio. También pueden revelar algunos de los factores que refuerzan la conducta inaceptable.

Desafortunadamente, a Kerry la habían enviado con nosotros porque odiaba tanto la escuela que había huido de la casa, de la escuela, y de cualquier cosa que se pareciera al trabajo escolar. Sospeché que no habría anotaciones, pero de cualquier manera le pregunté. Se rió. (Eventualmente se

25

descubrió que Kerry sufría de una incapacidad específica de aprendizaje. Una vez que recibió ayuda, lo superó bien, pero esa es otra historia.)

Eso dejaba la pelota en mi campo. Me encanta escribir, y durante años redacté un diario personal de mis pensamientos y observaciones... antes de convertirme en madre. Zach todavía no había cumplido cuatro años, Daniel tenía seis meses, y nuestros seis niños adoptivos tenían entre nueve y catorce años. Tenía suerte si encontraba un minuto para anotar lo que hacía falta del almacén. Aun así, lo intenté. A los pocos días recobré la cordura y admití que no tenía tiempo para realizar anotaciones. Cancelé nuestra cita con el experto.

Entonces apareció la más legendaria de las expertas. Mamá. Por todas las razones acostumbradas, nunca pensé en pedirle consejo a esta madre experimentada. Sin embargo, cuando vino a visitarnos durante algunos días, observó tranquilamente cómo Kerry tironeaba durante algunas horas, y luego realizó una propuesta muy práctica: convertir el mal hábito en algo positivo. Le enseñó una clase de bordado que requiere tirar de los hilos y deshilachar bordes. Cuando Kerry había tironeado y deshilachado sus veinticuatro servilletas, ya había tenido suficiente. Nuestros muebles estaban otra vez a salvo.

Permítanme ser clara: no estoy diciendo que la ayuda no sea útil en muchas situaciones. Cuando se trata de comprender y manejar sentimientos escondidos que pueden crear problemas, a menudo, un buen terapeuta es el mejor amigo de un padre. Pero para los padres que viven con niños buenos que hacen cosas malas, a menudo los padres con experiencia pueden ofrecer el mejor consejo. En este caso, descubrí que nuestro conductista, soltero, y de menos de treinta años, nunca había tenido la responsabilidad de criar un niño verdadero. Su habilidad había sido agudizada mientras observaba ratas de laboratorio. Como científico de laboratorio, había aprendido a valorar indicaciones precisas; de allí su fe en las anotaciones para resolver el problema de Kerry. Ningún padre habría considerado práctico pedirle a una madre de siete niños que realizara anotaciones.

Este libro fue concebido y escrito sabiendo que la verdadera paternidad es absorbente, difícil y agotadora. Hablo sobre algunas de las razones por las cuales se comportan mal, pero me concentro en el consejo práctico que David y yo tuvimos que aprender. La clase que solamente las madres y los padres pueden dar.

¿Sus niños son diferentes?

Sus hijos, por supuesto, son muy diferentes de los adolescentes problemáticos que el gobierno llevó a nuestra casa, porque nadie podía encargarse de ellos.

En realidad, la mayoría de nuestros niños adoptivos provenían de familias como la suya. Eran hijos e hijas de médicos, oficiales de policía, abogados, fontaneros, maestros, comerciantes, programadores de ordenadores, camioneros, pequeños hombres de negocios, secretarias, clérigos y escribanos. Provenían de familias intactas, familias separadas, padres solteros, y representaban a todos los niveles sociales: los muy ricos, empleados, profesionales, pobres trabajadores, clase media, y dependientes de sociedades de beneficencia.

Como seres humanos, no se diferenciaban para nada de sus hijos. La mayoría eran niños buenos, y muchos no habían hecho nada realmente malo. Algunos tenían padres demasiado estrictos, que se extralimitaban cuando su jovencito se rebelaba violando un toque de queda, paseando con quienes no debía, faltando a la escuela, o alejándose de casa durante uno o dos días. Otros niños habían hecho esta clase de cosas, aunque sus padres eran muy permisivos. Y créase o no, algunos de nuestros niños adoptivos habían sido criados por padres que lo hicieron todo bien. ¿Quién dijo que la vida es justa? Hasta los mejores padres pueden tener niños buenos que hagan cosas malas.

Bienvenido a bordo.

Por supuesto, algunos de nuestros niños adoptivos eran realmente niños malos. Hicieron cosas que sus hijos ni soñarían con hacer. Sin embargo, aun cuando respirábamos aliviados al verlos partir, a menudo advertíamos que nos habían enseñado algo nuevo. Verá a qué me refiero cuando entremos en los detalles para ayudar a su jovencito a encontrar un sendero a través de los difíciles años de la adolescencia.

Sobre qué hablaremos

Vale la pena preocuparse por algunas cosas. Por otras no. Le enseñaré la diferencia.

Incluso cuando preocuparse es legítimo, debe de reconocer que un padre no puede controlar a un niño siempre. Probablemente habrá visto libros que prometen milagros: realice los movimientos correctos, y la armonía será suya. Bueno, eso puede ser cierto a veces. Simplemente no puede ser verdad todo el tiempo.

Le aclararé qué situaciones puede controlar y cuáles no. Estas distinciones son importantes, duras de aceptar, pero esenciales para el bienestar de su familia. Cuando no hacer nada es lo correcto. Le diré cómo ayudarse para superar la prueba necesaria de desear y esperar lo mejor.

Pero cuando se requiere "hacer algo", le daré un menú chino completo. Pruebe una idea de la lista A, y si no funciona, elija algo de la lista B. Después de todo, aun cuando su confianza en sí mismo sobre su paternidad haya sido un poco golpeada últimamente, todavía sigue siendo el experto sobre lo que puede o no hacer, y aún es el mejor juez de lo que puede funcionar con su jovencito. Le prometo una amplia variedad de opciones.

Una de las técnicas que explicaré es la Respuesta Cariñosa, mi plan de seis pasos para ayudar a los padres a confrontar y negociar un cambio en la inaceptable conducta de su hijo. La Respuesta Cariñosa combina la muy publicitada propuesta del "amor duro" y una clase de comunicación que yo llamé "amor blando". Ambas clases de amor tienen mucho que ofrecer a los adolescentes y a sus padres.

Cuando la Respuesta Cariñosa no es suficiente, deseará saber sobre la Intervención Cariñosa, un proceso que deriva de la Respuesta Cariñosa, pero que involucra a otras personas a las que les importa su hijo, y también han experimentado el comportamiento inaceptable. Ellos pueden aprender a convertirse en sus socios para hacer frente a su niño bueno, que se comporta mal, y negociar un cambio.

Cuando estas dos técnicas fallan (y eso es raro), quizá necesite ayuda exterior. Aprenderá a utilizar la Respuesta Cariñosa y la Intervención Cariñosa como formas de convencer a su hijo para que participe en la terapia. Después de haber acumulado experiencias con nuestros niños adoptivos, le aconsejaré francamente para que encuentre la mejor ayuda disponible.

Finalmente, nos referiremos a un tema en el que probablemente no haya pensado suficiente, o nada: el cuidado de usted mismo. Los años de adolescencia de sus hijos pueden ser peligrosamente desgastadores para usted. Si usted ignora sus propias necesidades y pesares, no ayudará a nadie, y podría estar sembrando semillas de resentimiento y desavenencias, que florecerán desastrosamente en los años venideros.

Pero antes de ese esencial capítulo final, permítame advertirle que ninguna de mis sugerencias será una "solución instantánea". Quizá la vida familiar parezca fácil en las series de televisión, donde hasta los problemas más graves son reconocidos, enfrentados, y resueltos entre dos cortes comerciales. Pero usted no tiene los guionistas de Roseanne Barr o de Bill Cosby. Su vida es compleja, cambiante, impredecible, y sus hijos no son actores precoces contratados por su encanto. Tampoco son títeres o robots. Ellos también son complejos, cambiantes, impredecibles.

Pero usted y yo podemos fusionar nuestros conocimientos para encontrar soluciones prácticas para la mayoría de los problemas que le preocupan. Realmente es posible, como lo aprendí al vivir con nuestros hijos biológicos y nuestros hijos adoptivos. Siga leyendo. Aquí está la ayuda.

2

¿Niños buenos o malos?

–¿Tú le arrojaste esa pelota de nieve a la señora Geraghty?

–Seguro.

–¿En qué estabas pensando? Ella es una anciana delicada. ¿No sabías que se podía caer y lastimar?

–No lo volveré a hacer.

–Eso no es lo importante. No podrá caminar durante una semana o más. ¿Eso era lo que querías?

–No.

–¿Tienes algo más que decir? ¿Cómo te sentiste cuando se cayó?

–Bueno... en realidad salió volando. Fue muy divertido.

¿Cómo sabe si su niño es bueno o malo? Aun en nuestra época moralmente pluralista, la respuesta es tan simple como antigua.

Todos escuchamos mucho cinismo sobre los valores: "Lo que parece bueno, es bueno." "Tú haz lo tuyo, yo haré lo mío." Sus hijos ya saben que los presidentes de Norteamérica han mentido, que los roqueros y deportistas consumen drogas, y que a los ejecutivos los atrapan en fraudes monumentales. Podrían sentir que la sociedad cree que la conciencia es determinada individualmente.

No es así. La gente buena sabe que lastimar a los demás o ser deshonesto está mal. Si alguna vez engañamos, nos explicamos a nosotros mismos que es porque trabajamos mucho, porque los impuestos son injustos, porque todos los demás también engañan. Si le decimos una mentira a alguien, internamente argumentamos que fue para no herir sus sentimientos. ¿A quién estamos realmente tratando de engañar? A nuestra conciencia. La gente verdaderamente mala no tiene razón para realizar esta clase de justificaciones. No les importa.

Lo que se puede aplicar a los adultos también se puede aplicar a los adolescentes. Quizá más aún, porque a menudo, están tratando de decidir esforzadamente en qué creer y cómo vivir. El niño con conciencia es un niño bueno, sin importar lo que haya hecho para que usted se preocupe.

Los niños malos que conocí

Cuando tenía trece años, Carl le robó a un jovencito, le golpeó, y le empujó al río. La víctima se ahogó. Cuando le atraparon e interrogaron, Carl respondió alegremente: "Yo no tengo la culpa de que no supiera nadar." Después de pasar dos años en una escuela de entrenamiento estatal, regresó a casa más desconsiderado y duro que nunca.

Tenía diecinueve años la primera vez que vino a casa

para salir con nuestra hija adoptiva Nancy. A los quince años, ella era alta, delgada, con hermosos ojos almendrados, pómulos prominentes, y una equivocada fe en los poderes redentores del amor. Para ella, Carl era un romántico malhechor que podía ser reformado por la mujer correcta. Yo sólo veía un grandote rudo y amenazador.

No estaba sola. Los padres de Nancy y las Cortes la habían colocado con nosotros con la esperanza de enfriar su relación con Carl. Sin embargo, antes de que terminara el mes, huyó con él a Georgia. Después de que sus padres y las autoridades juveniles la localizaran, Nancy fue enviada a un lugar de sistema cerrado. Se escapó. En ese momento tenía dieciséis años, y la Corte no podía hacer nada. Se instaló con su amante, tuvo su bebé, y mantuvo la relación a flote durante dos años. Sus ilusiones románticas fueron destruidas por la dura realidad, y Nancy se mudó a un apartamento sola.

Como ella era una buena niña, nunca aprendió que Carl simplemente no tenía conciencia. Hace más o menos tres años, se encontró con él en un estacionamiento vacío, con la esperanza de que él comenzara a ayudarla a mantener a su hijo. La mató a golpes. El niño malo se había convertido en un hombre perverso. Las intuiciones de los padres de Nancy y de las autoridades resultaron cruelmente ciertas.

Ginny también era mala, aunque de una manera diferente. Era una adolescente musculosa, con una mirada enfadada, pelo descarado, se maquillaba mucho y actuaba groseramente. Conquistó a algunas de mis hijas adoptivas, quienes la consideraban fascinante, pero a mí me desagradó desde el primer momento. Al parecer estaba concentrando sus encantos en nuestras adolescentes. Su novio, un miembro de un grupo satánico, deseaba que ella consiguiera "sangre fresca", jóvenes que ingresaran al club "gang-bang". Ginny tuvo suerte con una de nuestras hijas adoptivas, quien con gusto compartió su cuerpo con el socio. Muy pronto advirtió que esto no era suficiente. La banda se dedicaba a los raptos y abusos físicos. Ella escapó y regresó a la casa de sus padres. Al igual que Nancy, ella era una niña básicamente buena que fue hipnotizada por alguien malo, un error del que tuvo suerte de escapar.

No todos los niños malos son tan malévolos como Carl y Ginny, pero comparten la falta de conciencia.

Jimmy, de trece años, quien estuvo con nosotros solamente algunas semanas, era bajo, gordo, desagradable, desaseado. Teníamos que obligarle a bañarse o a cambiarse la ropa sucia. Un día, otro de nuestros niños adoptivos miró por la ventana y vio que estaba arrojando a nuestro gato contra la puerta del garaje. Tomó a la atontada criatura y la volvió a arrojar contra la puerta. Cuando le detuvimos, se encogió de hombros. Su explicación: estaba aburrido. No sintió culpa, solamente disgusto porque le habían atrapado y le castigarían.

Cliff era aparentemente muy diferente: muy bien vestido, cortés, socialmente equilibrado a los quince años... resultó ser también malo. Pensaba que era divertido hacer rodar a los borrachos. También se divertía arrebatándoles los bolsos a las ancianas. Nos explicó sin perturbarse, que "cuanto más ancianas mejor, porque corren más lentamente y se caen más fácilmente".

Sally, con sus inocentes ojos celestes, me parecía aún más horripilante. Gastó su asignación en cobayos, los soltó en mi casa, y gritó complacida mientras nuestros dos gatos los atacaban y se los comían. "Mi conciencia está clara", insistió cuando traté de hablar con ella. Era su dinero, se lo había ganado, "se estaba divirtiendo". Más tarde, cuando le pilló la mano a otro niño con la puerta de un coche, estaba gélidamente tranquila. "Los accidentes suceden", comentó con una sonrisa burlona.

Niños malos: cómo reconocerlos

La falta de conciencia es, en gran medida, la incapacidad de preocuparse por los demás. La indiferencia de Carl ante el asesinato demuestra que no tenía vínculos con nadie ni empatía o conciencia de que los demás pueden sentirse y ser lastimados ni convicción de que los demás tienen tanto derecho a la vida como él.

¿Semillas malas? ¿Psicópatas? Los términos cambian a través de los años, pero uno puede reconocer a los niños verdaderamente malos, por los siguientes actos o características:

- No muestran auténtico cariño.
- No tienen empatía.
- Conocen la diferencia entre lo correcto e incorrecto, pero no les importa.
- Hieren a los demás sin razón.
- Aunque sean superficialmente encantadores, realmente sólo les importan sus propias necesidades.
- Actúan con crueldad con los animales, los niños pequeños, y cualquiera que sea más débil.
- Nunca sienten culpa.
- No conocen el significado del remordimiento.
- Creen que es mejor ser malo.
- Creen que lo único incorrecto es ser atrapados.
- Adoran al demonio o a las brujas.

El último punto quizá le sorprendió. Quizás usted considere el culto al demonio o la práctica de la brujería un poco alocada, pero no es necesariamente así. Algunas personas adoran a Satán tan sanamente comó nosotros adoramos a Dios. Para algunos, el culto al demonio puede ser una expresión de la necesidad de una persona de aclarar el mal comportamiento.

Sin embargo, el adolescente que rinde culto al demonio podría ser un niño malo que carece de conciencia. También podría ser un psicótico, que perdió el contacto con la realidad. El psicótico no es "malo" sino enfermo, e incluso hasta podría tener la capacidad de distinguir lo correcto de lo incorrecto. Sólo un experimentado psiquiatra puede decirle si su jovencito obsesionado por Satán está tratando de racionalizar su mal comportamiento, o carece de conciencia, o es un psicótico.

Hace algún tiempo, recordé la diferencia entre el niño

malo y el psicótico, en un programa que dirigí en New York City. Nuestras adolescentes estaban a un paso de la cárcel, las escuelas de entrenamiento estatales, o el hospital psiquiátrico. Para calificar para este hogar debían de haber sido echadas de por lo menos siete lugares anteriores. Algunas eran niñas malas, pero muchas estaban emocionalmente perturbadas.

Veamos por ejemplo a Sherry. Las demás residentes la llamaban "Vanessa" porque se parecía a una de las hijas del "Show de Cosby". Su madre era adicta al crack, su padrastro la golpeó y abusó sexualmente de ella, y estaba tan perturbada emocionalmente que a veces oía voces y creía que podía decir lo que estaba sucediendo en el interior de las cabezas de otras personas. Era lo que la mayoría de las personas llaman "loca", y cuando perdía el control, los psiquiatras diagnosticaron su conducta como psicótica.

Cuando se abrió el hogar, las niñas nos atormentaron a mí y al resto del personal durante un terrible período de prueba. ¿Eramos fiables? ¿Seríamos como las demás personas de sus vidas y las golpearíamos cuando se comportaran mal? La táctica de Sherry fue tomar mis gafas y correr. Estábamos hablando tranquilamente, y de pronto extendió su mano y se alejó. Si esperaba pacientemente, aunque hirviendo por dentro, regresaba en seguida y me las devolvía.

Un día, la insignificante broma de Sherry colmó el vaso. Deseando que me devolviera las gafas, me puse a llorar. Cuando regresó y vio las lágrimas rodando por mis mejillas, se sorprendió.

–¿Por qué está llorando, señorita Katherine? –me preguntó.

–Sherry, el personal y yo estamos tratando de ayudarte, y algunos días es muy difícil. En un día como el de hoy, el hecho de que tomaras mis gafas fue más de lo que yo podía tolerar.

–Lo lamento. No quise hacerla llorar. No lo volveré a hacer.

Y no lo volvió a hacer porque, a pesar de su enfermedad emocional, era una persona con conciencia. Incluso aprendió que debería buscar ayuda si las voces de su cabeza le decían que lastimara a alguien. Definitivamente no era una mala persona.

Pero Sophia, una niña de doce años, tremendamente fuerte, era totalmente diferente. Una vez, cuando le dijeron que debía esperar su turno para lavar, levantó la lavadora y la arrojó por la habitación. Durante su estancia en el hogar, atacó al personal, pateó puertas, empujó a otras residentes por la escalera. Ella no escuchaba voces. Simplemente deseaba lo que quería cuando ella lo quería, y no le importaba a quién lastimara en el proceso.

Cuando el personal trabajó afanosamente para detener a otra residente que intentó suicidarse, Sophia se rió. "Espero que se mate", explicó, "así podré tomar su ropa".

Ninguno de los muchos psiquiatras que la examinaron pensó que fuera una psicótica. "Es tan normal como yo", nos dijo uno, "pero no tiene conciencia. Si fuera mayor, sería considerada una criminal". Todos sus colegas respaldaron su opinión. Eventualmente, Sophia fue trasladada a un centro de detención juvenil. Probablemente terminará en la cárcel.

Espero que estas espeluznantes historias estén muy alejadas de su experiencia con su niño. Pero son lo suficientemente extremas como para ejemplificar. Excepto en los raros casos de psicosis, la diferencia entre un niño bueno que hace cosas malas, y un niño malo es una palabra: conciencia.

Resumamos.

Si su niño es verdaderamente cariñoso, se preocupa por otras personas, siente remordimiento después de herir a alguien, cree que amedrentar es malo, protege a los niños más débiles o a los animales, desea hacer lo que es correcto y cree que lastimar a los demás simplemente por lastimarlos está mal... no necesita preocuparse. Su niño es un niño con conciencia.

¿Y si no lo es? Si usted no recuerda que su jovencito haya demostrado verdadera preocupación por los demás, mostrado arrepentimiento por haber hecho algo malo, o racionalizado una mala acción, entonces debería preocuparse. Otras características indicarían que debería hacer algo más que preocuparse. Si se entera por la escuela o por otros padres de que su niño se peleó, si lo encuentra lastimando a niños más pequeños o animales o provocando incendios, o si tiene buenas razones para sospechar que está involucrado en el satanismo, tiene que considerar la posibilidad de que sea un niño malo. Podría necesitar ayuda profesional.

No se detenga. Si el párrafo anterior le impactó, vea inmediatamente el capítulo 16, el cual le explicará cómo obtener la ayuda profesional que su familia necesita, y el capítulo 15, el cual le ayudará a persuadir a su hijo para que le acompañe al profesional. Léalos y concierte una cita urgente.

Cuando se extravía la conciencia

¿Todavía no está seguro?

Generalmente eso significa que la conciencia de su niño bueno se ha extraviado. Quizás acostumbraba a decir la verdad, pero últimamente ha estado mintiendo de vez en cuando, sólo por mentir. Quizá recientemente se ha sorprendido al advertir que ya no puede confiar en que haga lo correcto, aunque en el pasado siempre podía hacerlo. Antes era cariñoso, y ahora no muestra arrepentimiento después de haber herido a alguien.

Evidentemente algo está sucediendo. Durante la adolescencia, muchos niños cambian y parecen perder el sentido de lo correcto y lo incorrecto, durante algún tiempo. Eso podría ser lo que le sucede a su niño. Si el problema es más serio o no, sólo el tiempo lo dirá.

Cuando Sandy, de catorce años, vino a vivir a nuestro hogar, era una niña problemática. Hasta tenía el aspecto de una tormenta en formación; pelo negro como nubes oscuras, finas cejas negras que acentuaban sus ojos amenazadores, y una boca con un gesto de enojo permanente.

"No puedo explicarlo", me dijo su madre por teléfono. "Hasta el año pasado, mi Sandy era la niña más fácil con quien vivir; teníamos una relación realmente magnífica.

Ahora me cuesta creer que sea la misma niña. Me miente, me roba. La semana pasada, me golpeó. No comprendo qué sucedió."

Según parece, llegó la adolescencia.

Además de la esperada tempestad y la tensión de esos años, ella había sufrido el dolor de un divorcio inesperado. Este remolino de emociones fue más de lo que ella podía controlar. Previamente, Sandy, al igual que otros niños, había controlado el dolor culpándose a sí misma, y tratando de ser más buena. Nunca más. Los adolescentes, cuando están lastimados, tienden a centralizarse en lo que otros han hecho mal. Culpan a los demás por su dolor. Y resplandecen de furia.

La niña que aún había en Sandy, podría haber pensado que el divorcio era culpa suya, pero como adolescente, probando nuevas perspectivas todos los días, culpó a su madre. Su mal comportamiento era la revancha del sufrimiento que sentía. Quizás algo similar haya sucedido en su casa. Los dolores de la niñez a menudo se convierten en los volátiles enfados de la adolescencia, congelando la conciencia de su jovencito.

Las drogas también pueden ocasionar la desaparición de la conciencia. Uno de diez de nuestros niños adoptivos eran consumidores serios, y el patrón era claro: a mayor consumo, más oscura la conciencia. Recuerdo especialmente a un niño, un individuo sinceramente cariñoso, que quería mucho a su abuela. Cuando la llevaron al hospital para curarla de neumonía, él se alarmó. También aprovechó la situación para robarle y empeñar sus joyas. La droga había hecho zozobrar su conciencia.

Por lo tanto, si sospecha que su niño ya no es más cariñoso debido a la droga, vea inmediatamente el capítulo 12, el cual trata del uso y abuso de las drogas. Cuanto más rápido sepa a qué se enfrenta, más rápido podrá encontrar la ayuda apropiada.

Pero quizá se haya sentido afortunado durante los últimos párrafos, porque puede decir honestamente: "Sí, mi hijo es un niño con conciencia." Bien. Tiene una buena razón para sentirse aliviado.

Cuando haya terminado de saborear este momento de fe en su jovencito, continúe leyendo. Es momento de averiguar por qué este niño al que usted ama tanto está haciendo algo malo.

3

Batallas provocadoras

MAMA: Tú sabes que no puedes conducir con todo ese tráfico.

NIÑO BUENO (de mala manera): Pero papá dijo que sí.

PAPA (a mamá): Espera un momento. ¡El me dijo que tú le diste permiso!

MAMA: ¡No es cierto!

NIÑO BUENO/MALO: Tú dijiste: "Averigua qué dice tu padre." Eso significa que no te opones si él no lo hace.

MAMA: Un momento. Lo que yo dije fue: "Plantéaselo a tu padre, y averigua qué dice." Tú sabes que yo no estaba cambiando las reglas.

NIÑO BUENO/MALO: Es una injusticia. Me mentiste.

PAPA: Parece que no estuviste escuchando...

NIÑO BUENO/MALO: Se están burlando de mí. Saben que deseo estar con mis amigos, y fingen que puedo ir. ¡No lo soporto más! (Sale, golpea la puerta.)

Cuando uno cae en esta insidiosa estratagema adolescente, que yo llamo Batallas Provocadoras, muy pronto se convence de que es un fracaso como padre. Esa es una reacción típica. O podría desear dejar la contienda y realizar una tregua, aceptando la horrible verdad de que su niño bueno se ha convertido en malo. Esa es otra reacción típica.

Ambas son un disparate.

Las Batallas Provocadoras los mantendrán en pie de guerra, pero los padres pueden ganarlas. La alternativa puede ser desastrosa. No puede alejarse. Este capítulo le da la orden de batalla que lo conducirá al día D. Y aprenderá a obtener una victoria que no es una derrota para su niño.

Las Batallas Provocadoras son tan naturales en la adolescencia como las glándulas sebáceas muy activas y los asaltos al frigorífico. La premisa básica es simple: después de seguir durante años los consejos y órdenes paternas, el adolescente siente deseos de responder. No importa si usted ganó el premio al padre del año. El objetivo de las Batallas Provocadoras no es tomar revancha sino ganar la mayoría de edad. Usted representa el mundo adulto; su niño tiene que probarse a sí mismo... y allí está usted. La palabra clave que hay que recordar es "contrariedad", o lo que Edgar Allan Poe llamaba "el diablillo del perverso".

Funciona así. Uno realiza una sugerencia razonable. Su "diablillo" no tendrá nada que ver con ella. Uno realiza una sugerencia alternativa. El adolescente es inmutable. Uno permanece tranquilo, amable. Su adolescente gruñe. Uno gruñe. Su adolescente grita o solloza. Y así continúa. ¿Tiene algún sentido? Bueno, sí. Usted tiene que comprender que su niño, conscientemente o no, desea hacer la guerra, desea que usted no tenga razón, desea ganar. Está buscando una excusa para pelear. Si usted no le proporciona una, él la creará. Este capítulo es una guía para el período de guerra.

Noche provocadora

Fuera hacía mucho frío, pero en mi oficina hervía. Era otra Noche Provocadora, en Técnicas para Padres, el taller que yo creé.

"No sé si podré hacerlo", gritó Tom, un hombre corpulento, que siempre me recordaba a John Wayne cuando era joven, lento para enfadarse, que sabía controlar sus emociones. Recientemente había obtenido la custodia de su hijo de trece años, y muy pronto se encontró cara contra cara, en una Batalla Provocadora.

"Anoche fue típico. Ibamos a ir al cine. Mark llegó de andar en trineo con toda la ropa mojada y le dije que se cambiara. Murmuró que no tenía ropa limpia. Fuimos a su habitación y había mucha ropa limpia, pero no le gustaba ninguna. Dos pantalones y tres camisas eran nuevos. Mark los eligió hacía dos semanas, pero ahora no los toleraba."

"Me enfadé. Se negó a cambiarse, y yo me negué a dejarle ir al cine. Lo que se suponía iba a ser un agradable momento familiar se arruinó por completo. Me vuelve loco. Me enorgullezco de ser una persona controlada, pero cuando paso un tiempo con mi hijo, estoy listo para matar. Le encanta hacerme enojar."

Todos los demás asintieron con simpatía. Todos estaban peleando Batallas Provocadoras en casa.

Anne, la mamá rubia y esbelta de mellizos de doce años, se quejó de la canción "nada para comer", que escuchaba todos los días.

"Sucede tan pronto como regreso de hacer las compras. Me he rendido ante todas sus fantasías comestibles. ¡Hay comida por todos lados! Pero nunca alcanza. Uno de mis hijos entra en la cocina, abre el frigorífico, y se queja. 'No hay nada para comer. No hay nada para comer.' Una y otra vez. Cuando eso no alcanza, se vuelve y pregunta: '¿Qué hay para comer?' Y yo como una tonta le enumero todos los contenidos de los armarios de la cocina, del frigorífico, del sótano, del tarro de las galletitas. Finalmente, cuando ha perdido toda esperanza de encontrar algo que le salve de la inanición, su rostro se ilumina con una pequeña mueca, y sé que él ganó otra vez."

"Sí", concordó Joan, la alegre madre de tres adolescentes. "Conozco esa sonrisa de victoria y la detesto. En estos días, la regla en nuestra casa es: Nunca estén de acuerdo con mamá. Si digo 'Buenos días', me gruñen. Si digo 'noche', uno de ellos dice 'día'. Digo 'negro', y oigo 'blanco'."

"Pero lo que más me molesta es cuando han hecho algo malo. Todos aprendieron cómo convertir una suave reprimenda en un caso federal. Y cuando finalmente comienzo a sentir que debo de ser la parte culpable y que lo único que queda por hacer es disculparse, surge esa terrible sonrisa. Bueno, por lo menos ahora sé cómo llamarla. La Sonrisa Provocativa."

Nos reímos para aliviar la tensión, pero en este grupo de Tácticas para Padres todos estaban muy preocupados. Las Guerras Provocadoras pueden ser terribles: batallas diarias sobre asuntos triviales, conducta provocadora, la necesidad del niño de estar enfadado o de hacer enojar a sus padres.

Si las Guerras Provocadoras se están produciendo en su casa, probablemente tenga dos preocupaciones principales. ¿Esta repentina tendencia a las peleas puede conducir a tener problemas? ¿Cómo puede un jovencito, que no tolera la crítica, desenvolverse en el verdadero mundo exterior?

La forma en que lo trata a usted no es igual a la que trata a la gente de fuera. La mayoría de los niños buenos se comporta de manera terrible cuando trata a sus padres. Saben que nadie más tolerará sus modos provocativos. Los padres son una válvula de seguridad conveniente para su enfado. De cualquier manera, usted desea que los conflictos terminen. Bueno, al igual que yo en otra época, quizás esté desperdiciando mucho tiempo tratando de encontrar la respuesta que traiga una paz duradera. Créame, esta es una de esas áreas en las que no hay mucho que pueda hacer para cambiar la conducta de su niño.

Aprendí que a veces la paz es posible, y se pueden establecer treguas, pero durante la mayor parte del tiempo vivir con un adolescente, cualquier adolescente, significa estar de uno u otro lado de la Guerra Provocadora.

Quizá le parezca una verdad desagradable, pero así es. No importa lo que haga, no importa cuán cuidadosamente escuche, no importa cuán sensiblemente responda, la guerra continuará. Pero no pierda la esperanza y desista. Le daré algunas tácticas que lo ayudarán en los días oscuros. Primero, necesita concentrarse en su actitud hacia la conducta.

¿Por qué sucede esto?

Sufrirá menos las Guerras Provocadoras cuando comprenda que no es responsable de los ataques. Estamos hablando de una conducta adolescente generalizada. En general, el adolescente necesita provocar el enfado paternal para abordar sus propios sentimientos desagradables.

No es muy diferente de cómo los niños pequeños hacen frente a sus temores a los monstruos de debajo de la cama. Cuando Zach tenía dos años, no podíamos lograr que se acostara porque los ogros estaban por todos lados, listos para atacar. Ningún razonamiento cariñoso podía convencerle de que no era así. Pero si yo perdía la paciencia y le gritaba, se iba al País de los Sueños. Preocuparse por el enfado de mamá, el cual conocía y podía manejar era más fácil que controlar los peligros de los monstruos que acechaban escondidos. En una ocasión probé fingir que estaba enfadada. No dio resultado. El conocía la diferencia. Solamente mi auténtico enojo era suficiente para mantener alejados a esos monstruos. Provocaba mi enfado para ayudarse a controlar sus temores.

Los monstruos interiores

Para los adolescentes, los monstruos se esconden en su interior. El irresistible acto de crecer, a menudo, no sólo es difícil sino atemorizante. El deseo de seguir siendo un niño puede ser muy fuerte y puede convertirse en uno de los monstruos subconscientes contra los que su hijo debe luchar.

Durante el primer semestre en el colegio, me desagradaba mi compañera de cuarto, extrañaba a mi novio de secundaria, y generalmente me sentía muy sola y desprovista de ánimos. Una noche llamé a mi madre y me quejé amargamente sobre mi soledad. Ella no pudo ser más comprensiva.

"¿Por qué no vienes a casa?" me dijo. "No tienes que estar allí si eres infeliz. Muchos niños no van al colegio. Ven a casa y trabaja para tu padre."

Olvidé la soledad. Me enfadé mucho. No podía creer que mi propia madre deseara que desistiera, fuera a casa, y me convirtiera de nuevo en una niña.

"No comprendes", le respondí con todo el desprecio que pude reunir, y corté la comunicación. Más tarde, cuando me sentía nostálgica, llamaba a mi madre y la llevaba a que me dijera que regresara a casa, y la escena se volvía a repetir hasta que yo cortaba. Estaba utilizando mi enfado con ella para luchar contra la tentación de regresar al peligrosamente encantador confort y seguridad del hogar.

Aquel enojo me mantuvo en el colegio, aunque yo no sabía ni sospechaba que lo estaba utilizando para encubrir sentimientos que eran aún más dolorosos. Una parte de mí sentía que crecer era demasiado duro y deseaba regresar a casa, que mis padres me cuidaran, y esperar pacientemente hasta que mi novio volviera del servicio y me proclamara su novia. Pero, para otra parte de mí, ceder ante esta fantasía era inaceptable. Acongojada, controlaba mis sentimientos heridos provocando periódicamente a mi madre.

Sentimientos prohibidos

Otra de las causas de las Guerras Provocadoras es la confusión de los adolescentes cuando un sentimiento amoroso hacia uno de los padres comienza a mezclarse con los nuevos impulsos sexuales que emergen. Como los sentimientos sexuales hacia uno de los padres son un tabú, deben ser ocultados. El enfado es una protección efectiva.

Cuando era madre adoptiva, a veces, Jane cuidaba a Daniel y a Zach. La conocí a ella y a su padre, Sam, en un juego de las ligas menores, cuando tenía ocho años; y ella cubrió la primera base. Jane era una niña dulce, con rostro solemne, ojos luminosos, y una sonrisa extraordinaria. Era hija única, y cuando sus padres se separaron quedó bajo la custodia de Sam, ya que su madre era alcohólica. Su padre no era un hombre buen mozo... su nariz era demasiado grande, tenía poco pelo, pero era amistoso y diligente, con una sonrisa que a uno le hacía sentir cómodo.

En aquel entonces, padre e hija tenían una relación férrea y amorosa. Sin embargo, cuando Jane entró en la adolescencia, comenzó a alejarse. Sam era filosófico sobre su negativa de ella a salir con él. Sin embargo, estaba profundamente herido por su rudeza, y su rechazo a cualquier contacto físico.

"Nos divertíamos tanto juntos", me contó. "Ahora no podemos estar cinco minutos sentados en el sofá del salón mirando la televisión, sin que ella se enfade. Por la noche, cuando voy a su habitación a arroparla, está de mal humor. Ese era un momento de gran unión y cariño para nosotros."

Después de eso, cuando Jane estaba cuidando a uno de mis hijos, comenzó a quejarse amargamente sobre su padre.

De pronto, recordé algo que lo aclaró todo. Cuando yo tenía doce o trece años y comencé a pensar en mí como en una mujer, no podía tolerar que mi padre me sostuviera la mano o me besara. Para él, aún era la pequeña de quien se sentía orgulloso, quien siempre le daba besos y abrazos para saludarlo. Al igual que Jane, me sentía demasiado grande para eso, aunque no podía explicar exactamente por qué. No comprendía que mi cambio de actitud estaba relacionado con mi creciente desarrollo sexual.

Para Jane y para mí, la embestida de nuevos y extraños sentimientos de la pubertad fue terrible para la nenita de papá. Se abrió la puerta de un territorio prohibido. Incapaces de controlar el contacto físico que antes era tan natural, ambas herimos los sentimientos de nuestros padres de una manera que ninguno de los dos merecía.

Sabía que, al igual que yo, Jane aún quería mucho a Sam. También al igual que yo, estaba utilizando su enfado para controlar sus sentimientos menos aceptables. Como en otras versiones de las Guerras Provocadoras, nuestros padres no podían hacer otra cosa más que esperar que los años tormentosos pasaran. Eventualmente, pasaron.

Tú lo provocaste

Provocar el enfado paterno también puede ser una buena manera para justificar hacer lo que uno quiera.

Para algunos de mis niños adoptivos, este enfado "tú lo provocaste", generalmente surgía los fines de semana. No era un misterio. Los fines de semana eran para pensar en ver amigos de la ciudad natal o en estar con gente que la Corte les había ordenado no ver. Como estos niños no carecían de conciencia, necesitaban tener una excusa para hacer aquello malo que deseaban. Una de sus tácticas preferidas era provocarnos a David o a mí, para que peleáramos.

Un fin de semana, Jon-Paul fue invitado a una fiesta de cumpleaños en su ciudad natal, pero su agente de vigilancia se negó a dejarle ir. La mañana del día de la fiesta, este niño comenzó literalmente a seguirme por la casa, habitación por habitación, diciéndome cada cosa mala que me había visto hacer. Cuando traté de escapar, encerrándome en el baño, continuó con esta diatriba, golpeando la puerta.

Finalmente, me di por vencida. Salí y le grité que se fuera y me dejara sola.

"Bueno, si eso es lo que deseas, me iré", respondió. "Muy lejos. No voy a quedarme donde no desean que me quede." Sí, la sonrisa de la victoria del veterano Guerrero Provocador se encendió en su rostro.

Recordé aquella maravillosa frase de la película sobre béisbol, Bull Durham: "Algunos días se gana, algunos días se pierde, algunos días llueve."

Aquel día, yo perdí con Jon-Paul.

Eludir la culpa... evitar la tentación

Provocar su enfado, puede ayudar a su hijo a controlar la tentación o la culpa que le está perturbando.

Carrie, una de las niñas adoptivas más adorables que tuvimos, tenía a los trece años la voluptuosidad de Sophia Loren, y todos los muchachos a su alrededor. Ella no estaba interesada, y la mayoría lo comprendía. Pero Peter, de diecisiete años, era insistente y finalmente se ganó sus sentimientos. "No me enloquece", explicaba Carrie. Su compañero tenía pelo rubio, ojos verde mar, y una tímida sonrisa. Peter la trató con respeto.

Durante un tiempo, salieron informalmente: él la acompañaba a casa desde la escuela, se encontraban los sábados, iban en grupo al cine. Dos meses después, Peter llevó a Carrie al baile de los estudiantes, sacó un anillo, y anunció a quien quisiera escucharle que ahora salían en serio.

Carrie ya no era más dulce e indefectiblemente cooperadora. Faltó a tres clases en tres días, con lo cual logró que la detuvieran el sábado, y permanecer encerrada en casa durante todo el fin de semana. Ella y Peter sólo podían hablar por teléfono desde el viernes hasta el domingo.

El lunes y el martes, ella parecía ser la misma de antes.

Llegó a su hora a la escuela, y no faltó a ninguna clase. Le dimos permiso para que se encontrara con Peter en la biblioteca durante un par de horas, pero regresó a casa sonrojada, confundida, y una hora tarde. Cuando entró comenzó a gritarnos a David y a mí sobre lo irracionales que eran nuestras reglas. Cuando terminó este arrebato, había perdido todos sus privilegios de citas durante las noches de estudio.

Y así continuó durante días. Durante el resto de la semana, Carrie estuvo tranquila, pero el sábado por la mañana se negó a lavar la cocina, su tarea habitual del día. Le hicimos cancelar su cita del sábado por la noche con Peter. La semana siguiente fue apacible otra vez; y les permitimos ir a una fiesta, el viernes por la noche. Pero ella regresó otra vez a casa sonrojada, confundida, y con deseos de pelear. David y yo evitamos su invitación a una lucha verbal, y la enviamos a la cama. Al día siguiente, había ido con unas amigas a dar un paseo por la alameda, y llegó dos horas tarde a casa, y debió permanecer encerrada durante todo el fin de semana. Tuvo que cancelar su cita del sábado por la noche con Peter.

La fórmula era evidente, así que tomé la iniciativa. Le sugerí a Carrie que estaba instigando peleas y rompiendo reglas para que la ayudáramos a limitar su relación con Peter.

"¿Estás loca?" me contestó. "Le amo. No puedo soportar cuando me encierran y no puedo verle."

"Bueno, pensé que al salir en serio, él querría más de ti de lo que deseas darle."

Su respuesta: una mirada enfurecida y un silencio hostil. La fórmula de romper reglas, pelear, y perder privilegios continuó. Eventualmente, el buen mozo Peter le pidió que le devolviera su anillo. Carrie lloró lastimosamente, quejándose de la veleidad de los hombres, y volvió a ser la dulce Carrie.

Mi intento de que comprendiera la motivación de su Guerra Provocadora había quedado en la nada. Paciencia... y continuar con las reglas de la casa... fueron la respuesta. Pero saber lo que Carrie estaba haciendo fue útil para mí. Aunque ella nunca reconocería que necesitaba ayuda externa para evitar que su relación con Peter se sexualizara, advertí que necesitaba ser encerrada para evitar la tentación.

Perdona mis pecados

En ocasiones, un adolescente lo manipula para que lo castigue por sus pecados, sean reales o imaginarios. Una Guerra Provocadora logra precisamente los resultados que él desea.

En *Between Parent and Child*, Haim Ginott describe un episodio así. Mientras una familia se dirigía tranquilamente hacia Disney World, la madre elogia a su hijo por jugar bien con su hermano menor. Inmediatamente, el mayor se enfada mucho. Ginott explica que, debajo de esa calma superficial, el muchacho en realidad estaba pensando en lo mucho que odiaba a su hermano menor, e imaginando maneras de hacerle sufrir. El elogio de su madre provocó culpa por estos malos pensamientos, y el muchacho buscaba castigo.

Nuestros niños adoptivos dominaban el arte de buscar castigo. David y yo descubrimos que uno de nuestros trabajos más delicados era aplicar el castigo a la conciencia de un niño, no a su delito. Si el castigo era demasiado suave para la conciencia, el problema crecería. Si era demasiado fuerte, las cosas seguirían mal.

Una niña se escapó de casa después de un berrinche y no regresó durante una hora. Estaba lloviendo intensamente y cuando volvió estaba empapada.

Me pareció castigo suficiente, pero ella no estuvo de acuerdo. Decidió que debería perder todos los privilegios durante un mes... sin asignación, sin llamadas telefónicas, sin salir de la casa. Yo cambié esta sentencia draconiana por la pérdida de privilegios durante un fin de semana, pero ella no accedió. Siguió su propio castigo durante todo el mes.

En este caso, la necesidad de ser castigado fue satisfecha sin daño para David y para mí. Otros niños obtienen castigo solamente a través de peleas, de una Guerra Provocadora, o lastimándose físicamente.

Aguas peligrosas: padres solteros en las Guerras Provocadoras

Ya es lo suficientemente duro sobrevivir a una Guerra Provocadora con su guerrero adolescente cuando uno tiene un aliado viviendo en la misma casa. Si usted es soltero, separado, divorciado, o padrastro, la batalla es aún más complicada. Cuanto menos cariño queda entre los padres separados, más peligrosa es la posición del padre que vive con el niño.

Una de las reglas principales de la Guerra Provocadora es la táctica de enfrentar a los padres, aun cuando uno de ellos es, y siempre ha sido, desconocido para el niño. Después de todo, el padre desconocido es el Padre Perfecto. Uno está allí, perfectamente colocado para ser culpado, criticado, resentido y manipulado. El padre ausente nunca hace ni dice nada equivocado. No involucrado, fuera del cuadro diario, nunca tiene que decir que no, nunca tiene que regañar, nunca pierde la calma, nunca comete un error o pone un obstáculo. ¿Por qué iba a hacerlo? No comparte su responsabilidad para socializar lo insociable. Uno es el "pesado".

Más aún, cuando usted es el padre que vive con el adolescente, usted es el padre que le ve cuando está peor, y le cuesta más evitar los conflictos. Al estar más en contacto con la conducta inapropiada en la casa se produce un compromiso más frecuente en las Guerras Provocadoras.

Finalmente, todos sabemos que, a pesar de la predicación de los expertos, la muy admirada, muy deseada compatibilidad compartida entre padres ideales, es muy difícil de lograr.

La mayoría de los padres se apoyan en algunas cosas; rara vez sostienen la misma posición en todas las cosas. Piense en su propia infancia. Muchos de nosotros pudimos obtener lo que deseábamos, por lo menos en algunas situaciones, enfrentando a mamá y papá, o viceversa. Esta puede ser una política familiar normal... pero, si usted y su ex pareja pasan más tiempo ocupándose del enfado del uno con el otro, que trabajando juntos para controlar el último manejo de la Guerra Provocadora de su hijo, puede ser destructivo para todos.

¿Qué quiere decir todo esto? Primero, que el mejor niño del mundo no puede resistir la ventaja bélica de enfrentar a los padres en las Guerras Provocadoras. Segundo, los padres que no viven juntos tienen que trabajar juntos como aliados. Tercero, que cuando los padres se convierten en víctimas de la táctica del divide-y-reinarás de un niño, podrían necesitar un aliado profesional.

Retirada estratégica

Una técnica particularmente penosa que un adolescente puede utilizar contra un padre único es el recurso cruelmente efectivo de irse con el otro integrante de la pareja que es "mejor". O puede volverle loco pidiéndole continuamente que le permita ir a vivir a la otra casa. Por supuesto, usted se sentirá profundamente herido por esta crítica dramáticamente expresada, y su autoridad paternal se verá amenazada.

Curiosamente, su mejor respuesta podría ser arreglar un cambio de custodia, o incrementar la cantidad de tiempo que su hijo pasa al cuidado del integrante ausente de la pareja. ¿El paraíso existe en alguna parte? Deje que su hijo lo averigüe por él mismo. Por supuesto, esta no es una decisión para tomar impulsivamente, cuando usted ya tuvo suficiente, y siente deseos de echar a patadas a su hijo fuera de la casa. Y no querrá enviarle a vivir con un padre criminal o peligrosamente manipulador.

Aun así, vale la pena probar la opción, particularmente cuando su hijo insiste con constancia que desea vivir con su otro padre. Antes de acordar con él, ambos padres deberían discutir el problema con un profesional calificado. Quizá su hijo realmente no está decidido, o está demarcando una posición táctica sin conocer plenamente las consecuencias potenciales, o necesita probar por sí mismo. Algunos de nuestros hijos adoptivos iban de un padre a otro, luego con un familiar, luego a nuestra casa, y volvían a comenzar otra vez antes de aprender la lección fundamental: no llegaban a ninguna parte trasladando sus problemas a otros. Gradualmente comprendieron que era hora de dejar de lado las Guerras Provocadoras y comenzar a resolver sus problemas por sí mismos.

Mientras permanece alerta a las maniobras tácticas de su adolescente, no baje la guardia en otra área importante: su propia esfera de acción. Demasiado a menudo, los padres, solos o en pareja, comienzan a utilizar a su hijo como un arma. He aquí un indicio: cuando usted está más preocupado por las acciones y reacciones de su pareja que por lo que sucede con su hijo, ha cruzado la línea de peligro. Ha comenzado a utilizarle en escaramuzas con su otro padre. Estas son acciones secundarias que no deben involucrarle para nada. El no provocó estos problemas, sean los que fueren, y sólo puede ser herido por sus forcejeos. Si usted está resentido o respeta, ama u odia al otro padre de su hijo, debería permanecer alejado de esa relación paternal con su hijo, excepto en temas que involucran la vida, o la seguridad física. Ese otro padre, no debería interferir en la relación de usted y su hijo. Como todo lo ideal, esto es difícil de lograr, pero ambos padres deberían reconocer la necesidad de intentarlo. Si usted no puede controlar su lengua cuando se trata de criticar la habilidad de su primitivo esposo no es el fin del mundo, pero esa clase de cosas es una señal de advertencia, no importa lo ingeniosa que le parezca que está siendo. Sea lo que fuere lo que sucedió, sucede, o sucederá entre usted y su antigua pareja, los dos deben trabajar para mantener una alianza cuando manejen a su hijo. Cualquier alternativa posible es emocionalmente peligrosa para el niño que aman.

A veces, un padre bien intencionado no reconoce que está convirtiendo a su hijo en artillería, por eso siempre es una buena idea detenerse y hacer un inventario. Sí, quizá piense que está actuando por el mejor interés de su hijo... pero piénselo otra vez. ¿No es posible que haya utilizado a su buen hijo como un arma contra su ex pareja, aunque sea una o dos veces? ¿Le acusó él de haberlo hecho? ¿Alguna otra persona mencionó la posibilidad? Si usted está peleando con la otra parte, se sentirá inclinado a desechar sus comentarios, pero no cometa ese error. Sea cual fuere su motivación, quizás olfateó la verdad. Por el interés de su hijo, considere la posibilidad y obtenga una opinión imparcial de alguien que esté al tanto de su situación. Si averigua que ha estado utilizando a su hijo como un arma y no sabe cómo detenerse, discuta el problema con un profesional. El fenómeno no es para nada extraño, y un buen terapeuta le brindará estrategias útiles para resolverlo.

Espero que no crea que pienso que el problema es fácil de controlar. Tendrá que trabajar duro, especialmente si usted es el padre solo. Razonablemente, envidiará la relación de la otra parte con su hijo. Después de todo, su carga paternal diaria es mucho más onerosa de lo que sería si usted y la otra parte vivieran juntos en paz y armonía. Cuantos más adultos rodeen al adolescente, es más probable que compartan esos problemas y los resuelvan debidamente.

En lugar de ello, usted sufre al compararse con la parte ausente del hogar, y tiene que luchar solo. Quizá lo peor de todo lo soporte el que está en el hogar, ya que a menudo se convierte en la cabeza de turco del dolor y el enfado que su hijo siente porque sus padres no viven con él.

Estas son cargas adicionales. Reconózcalas, ocúpese de ellas, pero no se obsesione con ellas. En otras palabras, no exacerbe sus dificultades llevando un exceso de carga emocional. No se culpe por el divorcio o la separación. No se considere imperfecto porque es un padre solo. No busque defectos porque no es el padre biológico de su hijo.

Además de todos los problemas adicionales, el trabajo de un padre solo es precisamente el mismo del padre que vive con el otro padre de su hijo: sentir y actuar como un padre cariñoso de todas las maneras posibles. Cuando las Guerras Provocadoras se caldean, no importa que usted y su hijo vivan en una situación familiar que no sea estrictamente tradicional. Lo que importa es la persecución de los objetivos de guerra mencionados en este capítulo.

Triste, pero cierto

A esta altura usted puede reconocer que las diferentes clases de Guerras Provocadoras comparten una motivación que está basada en una triste verdad de la naturaleza humana: a menudo nos sentimos bien haciendo sentir mal a otro.

Generalmente su guerrero provocador no lo está atacando por algo que hizo, o no hizo como padre. En lugar de ello, usted se ha convertido en la cabeza de turco de su adolescente. En el inconsciente de su hijo, se supone que usted debe soportar la carga de sus sentimientos dolorosos.

Una Guerra Provocadora lo hace sentirse mal. Puede hacer que desee morder un radiador. Sin embargo, a menudo hará que su adolescente se sienta mucho mejor.

Cuándo preocuparse

Si la provocación de los adolescentes hacia los padres es normal, ¿siempre está bien?

No.

Hay excepciones que se pasan de la línea de los patrones de desarrollo adolescente esperados. Si una Guerra Provocadora termina en un daño físico para usted o su hijo, busque ayuda profesional y encuéntrela rápido. No se deje engañar por las disculpas y promesas, que generalmente siguen a un ataque físico en una familia. En ese momento, todo el mundo está arrepentido. La vergüenza subsiguiente dificulta la búsqueda de ayuda.

Pero la provocación que se ha convertido en física una vez, probablemente lo vuelva a hacer. Vaya a lo seguro. Si es necesario, utilice una Intervención Cariñosa (ver página 245) para persuadir a la persona de la familia violenta para que inicie la terapia.

Otra advertencia es la continua destrucción de la propiedad. A menudo esa destructividad es un preludio del ataque físico. Contrólelo buscando inmediatamente ayuda profesional.

Sin embargo, quizá las provocaciones de su hijo no hayan alcanzado ninguno de estos dos extremos. ¿Y si usted fuera el que necesita ayuda? Durante la Guerra Provocadora es normal sentir enfado, pero demasiado enojo de su parte podría ser una señal de un problema más profundo. Piense cuidadosamente sobre los ítems de la siguiente lista de respuestas al enfado de su hijo:

LISTA DE ENFADO PATERNAL

1. ¿Está enfadado todo el tiempo?

2. ¿Le cuesta encontrar algo bueno en su hijo?

3. ¿Está preocupado por perder el control y herir físicamente a su adolescente?

4. ¿Le preocupa que su jovencito puede herirle?

Si el número es cierto, preocúpese. Preocúpese más aún si los demás también son ciertos.

Si usted está enojado todo el tiempo, es evidente que usted necesita hablar con alguien. Un amigo de confianza podría ser la respuesta. Elija a quien elija, no permanezca encerrado en una celda de hostilidad. Ese silencio le hiere a usted y hiere a su hijo.

Si el hablar con un amigo no calma el enfado constante, busque un grupo de Padres Anónimos o visite a un terapeuta profesional. Usted es una bomba de tiempo.

Nueve pasos para controlar el enfado

En la mayoría de los casos, la ayuda profesional no es necesaria, pero le espera un trabajo duro. Para controlar el enojo en su casa tiene que analizar el problema específico y seleccionar la respuesta apropiada. Usted no puede tener razón siempre, pero a menudo puede mejorar el ambiente. Seleccioné nueve sugerencias que fueron muy útiles para David y para mí. No son cura-todo en dosis exactas, pero señalan el camino:

1. Determine la legitimidad del enfado de su hijo. Si no está seguro de que es irracional, siéntese con un amigo sensible y directo y hable sobre la situación. Si su amigo piensa que su adolescente está enfadado por una buena razón, reconozca eso con su hijo y negocie un cambio.

2. Si el enfado no es legítimo, deslíguese. No tome el enojo como algo personal ni se revuelque con la culpa. Recuerde que Sam era un padre razonable pero Jane tenía que atacarle debido a los enfados necesarios que surgían de su crecimiento. El se sintió mejor cuando aprendió a desligarse, pero ella continuó con su actitud. El participar en mi grupo de Tácticas para Padres le ayudó a mantener su perspectiva.

3. Desligarse de los sentimientos no significa ignorar la conducta provocadora. Cuando una Guerra Provocadora va más allá de una mirada altanera, un poco de holgazanería, y algunos portazos, es tiempo de responder con energía. En nuestra inocencia como padres adoptivos neófitos, David y yo creímos que era prudente ignorar las palabras provocadoras. Entonces, para llamar nuestra atención y obtener nuestra ayuda para controlar sus sentimientos, los niños tuvieron que hacer agujeros en las paredes, romper ventanas, arrojarnos puñetazos. Cuando aprendimos a responder a los chubascos antes de que se convirtieran en huracanes, la vida en nuestro hogar fue más tranquila. Ignore las miradas altaneras pero no el enfado mal verbalizado. Ignore los portazos precipitados pero no los encolerizados que aflojan los marcos de las puertas.

4. La primera respuesta debería ser mantener el fuego bajo. Anne, la del juego nada-para-comer aprendió a ignorar las quejas de sus mellizos y a responder las preguntas directas sobre la comida, levantando las cejas y encogiéndose de hombros. Esta propuesta no detenía completamente las quejas, pero comenzó a sentirse menos molesta porque estaba más controlada.

Para minimizar su participación cuando un niño desea comenzar una pelea verbal, es útil recordar las cinco palabras y frases sugeridas por Tom Alibrandi, un autor, consejero y conferencista:

Sí.
No.
Oh, ¿en serio?
Caramba.
Sea lo que sea.

A esta lista, yo le agregué cinco:

Uh-uh.
Hmm.
Dime.

Ya veo.
Bueno.

Estas pueden ser variadas con respuestas no verbales como:

Levantar las cejas.
Encogerse de hombros.
Mirar con altanería.

Advertencia: Estas tácticas pueden ser peligrosas para su salud mental. Sus hijos pueden aprender demasiado rápido de su ejemplo. Zach las aprendió en menos de una semana. Sus "Caramba" y "Lo que sea" aún me persiguen, y Danny está siguiendo la tradición. Incómodo, sí, pero el nivel del discurso no se recalienta peligrosamente.

5. Mida la eficacia de su respuesta por lo que suceda después. Si su hijo aún está enfadado después de utilizar una de sus respuestas cortas o alguna de las palabras mágicas de Alibrandi, pida tiempo. Diga algo como: "Si después de que te calmes, aún sientes lo mismo, podemos hablar al respecto, pero ahora necesito un descanso", y aléjese. Si continúa con la queja, escuche y trate de negociar una solución. Si no lo hace, relájese hasta el próximo ataque. Cuando la guerra continúe, eleve el nivel de su respuesta. Prepárese para ser más desagradable, pero primero pruebe algunas escaramuzas de otro tipo. Verá a qué me refiero en mi explicación de la Respuesta Cariñosa (ver página 215), la cual le ayudará mucho con todo esto.

6. Ríase de usted mismo. Pero recuerde que tratar de distender una situación tensa riéndose con un adolescente es arriesgado. A veces, puede ser útil usar una frase de algún padre conocido de la televisión. Yo utilizo: "Como diría el doctor Huxtable..." o "Aquí viene un Barrism." El "Nooo, en serio, pooobrecito", de Roseanne Barr, me ha servido mucho en las situaciones de lucha. (Por supuesto, Danny también la utiliza conmigo.) Pero tenga cuidado. Observe la respuesta del niño. Si se enfada más en lugar de compartir la broma, discúlpese y retírese.

7. Usted tiene defectos, faltas, flaquezas. Esté dispuesto a admitirlos en las Guerras Provocadoras. Siempre me sorprende cómo una confesión rápida y sincera de mi parte puede provocar una tregua. Pero si admitir una falta no apacigua el enfado, no se sienta frustrado. La felicidad no es obligatoria; los patrones de una conducta decente sí. Por lo tanto, pasemos a la próxima táctica.

8. Mantenga sus reglas. Durante mi primer año de escuela secundaria, yo era la única de mi grupo que tenía toque de queda a la medianoche. Me quejaba amargamente, pero en mi interior adoraba esa limitación. Me mantenía segura.

Pero qué rápido olvidamos. El otro día, me sentía muy comprensiva. A comienzos de la semana, David y yo le habíamos dicho a Zach que no podría tener salidas nocturnas durante dos semanas, pero cuando llamó para preguntar si podía pasar la noche en la casa de un amigo, cedí. Parecía tan dulce por teléfono. Cuando regresó a casa a la mañana siguiente, gruñía como Bart Simpson. Al parecer no deseaba quedarse porque pensó que habría algún problema. Para salvar las apariencias, bromeó diciendo que yo me reiría si llamaba para pedir permiso. Por eso, cuando llamó por teléfono, sus amigos estaban escuchando por otro teléfono, esperando escuchar que uno de sus padres lo gritara. Y yo me comporté "razonable", y de acuerdo con Zach, le humillé.

9. Finalmente, recuerde con frecuencia que debe continuar teniendo paciencia y fe en sus niños buenos. La mayoría de las Guerras Provocadoras duran un día. El enfado adolescente es un estado que pasa. Antes de que usted lo advierta, ese discutidor, rencoroso, e irrespetuoso niño bueno, crecerá, hará las maletas, y se despedirá alegremente. Cuando llegue ese momento, sentirá nostalgia aun de las Guerras Provocadoras.

Resumiendo:

Si su niño bueno trata de provocar una pelea, está bien que usted demuestre sus sentimientos negativos.

Reaccione. Al mismo tiempo, no se sienta culpable, y no se sienta personalmente atacado, pero no sufra en silencio. Siéntase libre de expresar sus opiniones sobre las cosas que le disgustan, y hágalo con fuerza. Si puede use el humor, no se comprometa en batallas extensas.

Recuérdele siempre a su hijo que su amor por él superará todas las batallas de la Guerra Provocadora.

Una vez que haya establecido un castigo, no dude.

Finalmente, si las Guerras Provocadoras están ocasionando daños físicos a alguien o destrucción de la propiedad, es momento de realizar una Intervención Cariñosa.

Espero que al haber leído este capítulo se haya producido el comienzo de un control con éxito de sus reacciones en las Guerras Provocadoras. Quizá no pueda detener las provocaciones, pero puede evitar conflictos más serios. Quizá no reciba la comprensión que desea de su hijo, pero por lo menos puede comenzar a entender las motivaciones que hay detrás de su repentino cambio de conducta. Y probablemente deseará regresar a estas páginas en más de una oportunidad, durante los años venideros, si su niño bueno se ha convertido en un adolescente. Nadie perpetra la adolescencia; sólo le sucede a uno. Recuerde: cálmese, y lea una vez más las sugerencias y tácticas que comienzan en la página 58.

4

Anillos en la nariz, tatuajes, bikinis diminutos...

–¡No vas a salir de casa vestida así!
–¿Ahora qué sucede?
–Mira el espejo. ¿Estás tratando de que te arresten?
–Oh, vamos, papá, todo el mundo se viste así.
–En Times Square, quizá, pero no en este barrio.
–Papá, esta no es la Edad Media. Sólo estoy a la moda. Esto no tiene nada de malo.
–¡Claro que lo tiene!
–¿Qué?
–Bueno, ya sabes a qué me refiero.
–No, no lo sé.
–Sí, lo sabes.
–¡No puedo creerlo!
–¡No puedo creerlo!

Los niños de nuestro barrio, y los padres también, creen que Mona exagera. Su familia lleva una vida confortable, y sus tres adolescentes nunca tienen serios problemas. Pero Mona es una mujer superpreocupada. Sus grandes ojos castaños tienen esa mirada un poco obsesionada de una criatura del bosque perseguida por un depredador, el enemigo que no puede ver pero que sabe que está allí, listo para atacar.

Ella se preocupa constante e imaginativamente sobre la seguridad de sus hijos, sobre lo que comen o no comen, adónde van, con quién están, qué están haciendo, qué sucede y qué no sucede, qué podría suceder. Se interesa por la ropa que usan, la forma en que se cortan el pelo, la música que escuchan, los shows de televisión que miran, las películas que van a ver, los libros que traen a casa, las expresiones vulgares que utilizan... y, por supuesto, el resto de nosotros la fastidiamos un poco.

Pero las obsesiones de Mona no son divertidas para sus hijos, y pueden ser la causa de algunas Guerras Provocadoras. Muy a menudo, los niños ganan estas batallas, conflictos que nunca debieron haber comenzado.

El año pasado, para tomar un ejemplo irónico, Brian, su hijo de trece años, iba a recibir una distinción académica en una ceremonia, ante todos los estudiantes. El no deseaba lucir con ostentación, pero ella insistió en que se pusiera pantalón de franela gris, camisa Oxford, corbata tradicional, y una chaqueta azul. Después de una escena terrible, él accedió. Sin embargo, detrás del escenario, se cambió y se puso un vaquero y una camiseta gastada. Cuando salió para recibir su distinción, sus amigos le aplaudieron y gritaron. No solamente Mona había perdido la Guerra Provocadora sino que todo el mundo se distrajo del verdadero motivo del encuentro: el logro de su hijo "bueno".

En la mayoría de los casos, aunque debamos mordernos la lengua, realmente no importa si nuestros hijos deciden usar vaqueros para una fiesta formal, o un mono para la iglesia. En realidad, muchos preadolescentes y adolescentes se benefician al aprender a decidir por sí mismos cómo cortarse el pelo o cómo decorar la habitación en la que viven. Están aprendiendo sobre sí mismos en la música, los libros, y las películas que eligen.

Pero hay excepciones.

Ocasionalmente, una Guerra Provocadora sobre un anillo en la nariz, un tatuaje, o un bikini diminuto no es una broma. Las elecciones extremas pueden provocar manifestaciones antisociales peligrosas, y la vestimenta sexualmente provocativa puede ser un indicio de serios problemas emocionales.

Batalla de bikinis

En 1954, mi padre no se sentía agradecido de que su única hija hubiera crecido lo suficiente como para seguir los dictados de la moda. O, como él decía: "¡Ninguna hija mía va a ser vista en público con eso!"

Durante todo el verano, herví en mi traje de baño de una pieza. Los nuevos y ofensivos dos piezas, parecerían una burla en un ejemplar de la actual Sports Illustrated. Quizá se mostraba una pulgada de abdomen, y la parte superior mostraba menos que los trajes de una pieza, pero papá era inexorable.

Unos meses más tarde no se había ablandado, cuando intenté que me permitiera usar un vestido con la parte superior descubierta para el baile de estudiantes. Mi bandera de rendición, como lo muestra la fotografía de mi álbum, fue un vestido formal, con los hombros un poco caídos, que podía usarse para un bautismo.

Puede adivinar lo que juré: cuando fuera madre, nunca sería tan victoriana, e ignorante del mundo real.

Naturalmente, las tres cuartas partes de mis Guerras Provocadoras con mis hijas adoptivas fueron por desacuerdos sobre lo que deseaban usar en público.

Y no solamente con las niñas. Un año, nuestros hijos adoptivos deseaban parecerse a Sly Stallone. Las camisetas ajustadas estaban bien, pero los pantalones ajustados en la ingle no. La moda era usar cinturones ocho o nueve pulgadas más largos, de manera que el extremo apuntaba al pene. Nuestras objeciones a esta presentación pueden haber sido victorianas, pero no estaban basadas en la ignorancia del mundo real. Esta moda fue desterrada de nuestra casa.

El asunto de la vestimenta sexualmente provocativa no siempre es tan fácil. A veces, un estilo que a un adulto le parece lascivo, no tiene un significado sexual explícito para un preadolescente. Sólo trata de parecerse a Madonna, o a todas las demás de la escuela. En nuestra sociedad multicultural, los diferentes grupos étnicos tienen diferentes actitudes sobre una vestimenta apropiada. Algunos padres de la primera generación están horrorizados de que las adolescentes americanas se depilen las piernas o se descubran los brazos, suponiendo que son indicaciones de promiscuidad sexual. Incluso las diferentes zonas del país tienen diferentes valores. El estilo de pelo teñido de rubio que parece tan deportivo en la comunidad costera del sur de California, podría parecer barato o peor en un pequeño pueblo del nordeste.

Quizás usted sienta, como muchos padres, que la vestimenta provocativa en sí misma no es necesariamente mala. O quizás usted es la clase de padre que cree firmemente que lo es. Debido a que la vestimenta provocativa quizá no tenga la intención de un "vamos", pero podría ser tomada como uno, mi posición es intermedia. Deseo que mis niños se diviertan experimentando con sus imágenes, deseo que se sientan cómodos con lo que ven, pero también creo que es prudente que todos nosotros observemos los atuendos con los que salen de nuestras casas.

Para ayudar, inventé un sistema de clasificación, con mis disculpas al Código de la Asociación de Filmación.

CODIGO DE VESTIMENTA ADOLESCENTE
LEVINE

PG: *Público en General*
Esta categoría incluye todas las vestimentas, aunque sean éxcéntricas, que puedan ser consideradas aceptables por los abuelos, directores de escuela, sacerdotes, monjas, y rabinos. La etiqueta Público en General indica que la mayoría de los adultos razonables no se sentirán provocados a realizar un comentario menospreciativo o violento. Permita que sus niños usen esta categoría sin realizar observaciones.

AP: *Ayuda Paterna*
La vestimenta merecedora de la etiqueta con Ayuda Paterna se adapta a los patrones generales de la comunidad. Es una definición vaga, pero como dijo William Brennan, juez de la Suprema Corte de Justicia, sobre la pornografía: "No puedo definirla, pero la reconozco cuando la veo." Usted sabe, y también su adolescente, lo que su comunidad considera extremo en términos de largo, ajustes, escotes, o revelación de curvas. Las vestimentas A.P. requerirán su amable supervisión, pero, por lo general, podrá convertirlas a la categoría Público en General realizando solamente algunos pequeños ajustes.

X: *No hay nada que hacer, José*
La ropa que no se ajusta a los patrones de arriba porque no llevan a pensar en otra cosa que no sea sexo, está clasificada como experiencia. No permita que la usen, cualquiera sea el argumento que le den.

En las Batallas de Bikinis, nunca se rinda. En realidad, descubrí que decir que no a un atuendo clasificado X, rara vez conduce a un problema seriamente prolongado. Los niños pueden protestar, pero comprenden. Su reacción indica que pueden haberse propasado peligrosamente, y ese no es su propósito. La mayoría de los adolescentes desean ayudar a decidir qué es apropiado y acatarán una censura paterna que sea razonable.

Pero, ¿qué sucede con un adolescente que insiste en usar ropa clasificada X?

Primero, asegúrese de que está utilizando mi sistema de clasificación justamente. Trate de encontrar un juez imparcial que la ayude a decidir. Obviamente, sus amigos probablemente estén de acuerdo con usted, y los amigos de su hijo lo estarán con él, pero será posible encontrar algún observador imparcial: quizás una maestra, un consejero, o un asesor de algún comercio donde compran los adolescentes. Ninguna de estas personas puede decirle lo que es "correcto" para su hijo, pero pueden decirle lo que se considera elegante y aceptable.

Quizás usted desee que su jovencita coopere en una especie de desfile de modas. Invite a su juez imparcial para que clasifique las distintas vestimentas ofensivas. Esto podría terminar con sus preocupaciones. Su hija podría reírse de algunos de sus vestidos de los sesenta, vistos a la fría luz del día. Usted podría advertir que algunos de sus vestidos son más inocentes de lo que pensó. Si ambas pueden aceptar las clasificaciones del juez, su hija se vestirá menos provocativa y usted tendrá menos probabilidades de convertirse en una perfecta Mona.

Sin embargo, el desfile de modas podría fracasar, y su hijo podría negarse a aceptar las clasificaciones del juez. Si usted tiene el valor necesario, su siguiente paso será una "inversión". Permita que su adolescente se vista tan indecentemente como lo desee. Incluso podría llegar más allá, y sugerirle ropa más atrevida de la que está acostumbrado a usar. Este no es un asunto para melindrosos o impacientes, pero conozco a varios padres que pudieron hacerlo. Está bien, es bastante impactante tener un padre que lo aliente a mostrar un poco más de piel.

Es comprensible que pueda sentirse incómodo con esta clase de táctica, entonces puede probar una "media inversión". Retroceda por un tiempo, fingiendo no controlar más la selección de ropa de su hijo, mientras se mantiene alerta.

Una madre de uno de mis grupos de Tácticas para Padres se sentó con su hija y le aclaró su "media inversión":

"Sabes que no me agrada la ropa que usas. Para mí, te ves barata, y porque te quiero, me cuesta aceptarlo. Pero me voy a retirar, ya que pareces decidida a continuar así. De ahora en adelante, puedes comprarte lo que desees con tu dinero, y usar lo que desees frente a tus amigos. Pero no esperes que me agrade tu aspecto. No me agrada, y no me agradará. Crees que estás a la moda, pero para mí es vulgar."

Durante los meses siguientes, manteniendo esta firme declaración, esta madre confió en el apoyo de otras del grupo. Como era de esperar al seguir una "inversión", o una "media inversión", su hija exploró nuevos caminos de la vestimenta sexy, segura de que su madre se calmaría. Sin embargo, la madre mantuvo su posición, y eventualmente la corriente cambió, como generalmente sucede en estas situaciones. Desde entonces, la joven mujer ha elegido una vestimenta que haría lucir a las hijas de Nixon como si fueran prostitutas. Es el compendio de la muchacha saludable de al lado.

¿Hasta dónde estaría dispuesto a llegar si eligiera esta técnica? Como regla general, seis meses de extravagante vestimenta X es un tiempo suficiente para usted, para su hija, y para que lo soporte la comunidad.

Todos nosotros transmitimos mensajes por la forma en que nos vestimos. Básicamente, la elección de la ropa revela cómo nos sentimos sobre nosotros mismos. Su vestimenta X revela una confusión sobre algo. Es tiempo de buscar ayuda profesional. ¿El tiene tan poca autoestima que un aviso sexual parece ser la única manera de obtener admiración? ¿Está en el camino de convertirse en un adicto sexual? ¿Está recibiendo mensajes equivocados sobre las relaciones entre hombres y mujeres? En lugar de acosarse con terribles posibilidades, consulte con el consejero apropiado.

Anillos en la nariz, tatuajes...

pelo verdoso

Además de la ropa provocativa, cualquier otro tipo de estilos insólitos (de los que provocan cabezas que se vuelven, o podrían causar accidentes de tráfico) deberían provocar preocupación.

"Preocupación", no "alarma".

Frecuentemente, la búsqueda de identidad del adolescente comienza con el deseo de ser diferente a todos los demás. Algunos niños sólo necesitan ser un poco diferentes; otros van en la dirección contraria, vistiéndose más conservadoramente que la norma local. Su hijo puede pasar por una increíble cantidad de cambios de estilo, probando diferentes personalidades en cada cambio: durante varios meses, el pantalón de jogging negro es remplazado por un vaquero prelavado, el cual es dejado de lado por un pantalón de surf, de ciclista, de patinadores... y así sucesivamente.

Pero, ¿qué sucede con los anillos en la nariz, los cuales son considerados adornos conservadores entre las hermosas mujeres Fulani de Mali, pero no tienen ese significado en Raintree Country, Ohio? ¿O los tres pendientes en la oreja?

En nuestra casa, los años de niños adoptivos trajeron pelo púrpura, cabezas afeitadas, pedrería punk. Otros se ajustaban estrictamente a un uniforme: aspecto de motociclista, o de andrajosos. Probablemente, al igual que usted, los expertos nos aconsejaron que ignoráramos estas afirmaciones estilísticas.

Sin embargo, aunque los estilos son sólo eso (afirmaciones muy individuales) no siempre conviene ignorarlos. No prestar atención a una vestimenta llamativa, es no prestar atención a la persona que elige usarla. Una respuesta moderada es más útil que una falta de respuesta.

Al igual que con la ropa provocativa, usted tendrá que decidir qué es apropiado equilibrando su propio gusto con las legítimas necesidades del niño, y los estilos predominantes de la escuela, y los establecidos por la comunidad. Esta puede ser otra oportunidad para hablar con el consejero escolar o con un amigo objetivo. Si se siente realmente ofendido, busque el compromiso. Acepte los tres pendientes en una oreja si se saca el anillo de la nariz.

O prepárese para ceder graciosamente en este asunto. Usted no controla todo lo que hace su niño bueno. A veces, se afeitará la cabeza sin su aprobación porque cree (¡y es verdad!) que usted no comprende.

Un poco de humor bien intencionado no lastima. David y yo desarrollamos un pequeño repertorio de chistes, aunque usted debería oír su tono al decirlos para captar el efecto de frases como estas:

"Bien, pero cuando estés vestida así, no te acerques demasiado a mí en público. Mi reputación es de tener buen gusto."

"¿El pelo verde es esencial para tu felicidad? Entonces hazlo. Pero no me culpes si una oveja confunde tu cabeza con una pradera."

"Sí, tienes derecho a marcar rumbos, pero este es grotesco. Pero aun así, ya sabes que siempre me importará más la persona que la moda. Por favor, trata de llamar antes de la hora de dormir si te apresan y te llevan a Bellevue."

Usted no tiene que ser tan inteligente como George Carlin. Su hijo entenderá: su respeto por su derecho a vestirse exóticamente no incluye respeto por su gusto.

Pero mientras permite estas incursiones hacia nuevas formas de ser, no debe renunciar a su derecho de imponer límites prudentes. Por ejemplo, un niño razonable entenderá que debe vestirse formalmente para asuntos familiares, ceremonias religiosas, y cenas con el jefe. Usted no debería tener problemas con él en esas ocasiones; si los tiene, hay un serio problema a la vista.

Su tolerancia tampoco debe incluir gastos. Contra nuestros deseos, Daniel y Zach se agujerearon las orejas, pero pagaron los pendientes y las perforaciones. Los padres no podemos controlar siempre lo que hacen los niños, pero podemos controlar lo que pagamos.

Alerta para padres: si los compromisos que he señalado son los de su hogar, si existe una tensión intolerable sobre el asunto, si su hijo se viste de una manera que sólo es aceptable para un sector de la comunidad, probablemente usted necesita ayuda. ¿Existen serios problemas en ebullición? ¿O es solamente una etapa pasajera, y desagradable? Si sus preocupaciones son compartidas por amigos, maestros o consejeros, consiga ayuda de un profesional.

La higiene

Obviamente, nuestra casa nunca fue una seria contendiente para el examen de guante blanco. Los adolescentes no consideran a la suciedad como a un enemigo. No desean restringir la libertad de su ropa y sus posesiones confinándolos a los armarios y cajones. Especialmente los muchachos se resisten a lavarse, en parte, porque eso mantiene alejadas a las muchachas. Eso cambiará de la noche a la mañana, por supuesto, cuando las muchachas repentinamente se vuelvan interesantes, y las nubes de Brut invadan toda la casa. Cuando miro la cuenta del agua, añoro aquellos años de la primera adolescencia.

A los diez, nuestro hijo Danny temía que una ducha lo disolviera como a la Bruja Malvada del Oeste. Dos años después, era Mister Limpieza, todos sus poros brillantes. Uno de nuestros niños adoptivos se ganó el mote de Saco Sucio, incluso de los otros niños de su edad. Y las niñas pasan por las mismas etapas, y una eventual transformación. Anillo-alrededor-del-cuello era una niña adoptiva que debía ser obligada a bañarse.

¿Cuándo la suciedad se convierte en inmundicia? Muchos visitantes educados y sofisticados de Europa occidental consideran que los americanos estamos tontamente obsesionados por la higiene personal. Muchos creen que no es saludable bañarse más de una vez por semana, y que las duchas diarias bajan la resistencia del cuerpo a los gérmenes. En otras palabras, la resistencia de su hijo a la aplicación externa del jabón y el agua caliente todos los días no es el peor problema del mundo. Esta cultura puede ser un poco entusiasta sobre los olores naturales del cuerpo, y usted puede tener la clase de hijo que piensa que el uso de desodorante es una hipocresía. Aun así, y permitiendo las afirmaciones sociopolíticas en forma de sudor añejo, usted tiene el derecho de insistir sobre la higiene que se aproxime a las normas culturales aceptadas. Su hijo se puede vestir como un montón de estiércol, pero no tiene que tener olor a uno. En mi opinión, debería preocuparse sobre problemas emocionales subyacentes si, después de insistir vigorosamente en el asunto, no logra que su hijo se bañe dos veces por semana. Quizá para usted esté bien una vez por semana. Pero no espere que le invitemos a cenar a casa hacia el fin de semana.

Aún menos serio es la típica habitación desordenada del adolescente. La reciente experiencia de una amiga podría servir de ejemplo:

"Con tres adolescentes, todo lo que puedo mantener moderadamente ordenado es la cocina y el salón, y a veces, también sucumben al desorden. La última vez que salimos de vacaciones, no tuve tiempo de ordenar la casa como generalmente lo hago, y mientras estábamos fuera, sonó la alarma.

Probablemente alguno de los calcetines de gimnasia que se quedó tirado pudo caminar por sí mismo. La policía le pidió a un vecino que los dejara entrar y llegaron a la conclusión de que nos habían saqueado. Nuestro vecino les explicó que no. El también tiene hijos adolescentes."

A diferencia suya, David y yo teníamos inspectores estatales que venían a inspeccionar nuestra casa. Nunca fue fácil. ¿La habitación de su hijo pasaría la inspección de un oficial de la Corte? Con nuestros dos hijos, cerramos las puertas de sus dormitorios y decidimos intervenir sólo cuando un olor pestilente comenzara a filtrarse al resto de la casa. A veces, pruebo la excusa de la seguridad en caso de incendio para obtener un sendero ordenado en las habitaciones, pero casi nunca funciona. Quizás una buena razón para el desorden es mantener fuera a los adultos no deseados. Cuanto más desordenada está la habitación, el adolescente se siente más feliz y en privado.

Como sabrá, algunos padres tienen hijos que mantienen sus habitaciones limpias y ordenadas. ¿Es el resultado de algún astuto truco de paternidad? No lo sé, pero si usted sabe la respuesta, escríbame el secreto. Lo publicaré en la próxima edición de este libro.

Mientras tanto, descubrí que los padres no deben hacer rechinar sus muelas por las habitaciones desordenadas. Considérelo como una parte del estilo de vida del adolescente, que desaparecerá con el acné y los gritos de "¡Oh, mamá!"

En el otro extremo, existe el niño que es compulsivamente ordenado. Una adolescente que conozco bastante bien, es incapaz de ignorar desórdenes o suciedad cuando va a la casa de una amiga. Camas sin hacer, ropa tirada, polvo debajo de un escritorio... todo encuentra su arreglo. Algunas de sus amigas se ofenden; otras ponen en blanco los ojos. Me encantaría tener a esta jovencita en mi casa, pero también advierto la posibilidad de un problema no reconocido. El comportamiento de esta damita es acentuadamente anormal, y quizá debería de consultar con un profesional.

Alarmas definitivas: drogas, cultos

Vestimenta sexy, estilos extraños, desórdenes y suciedad... estas tres excepciones a mi regla de no preocuparse por el estilo adolescente, no son tan atemorizantes como la cuarta: ropa que revela un serio interés en las drogas o los cultos satánicos.

Y eso incluye los bellos productos que las compañías de cerveza expenden hoy en día. Chris, un adolescente de quince años, alto, fornido, parecía tenerlo todo cuando vino a vivir con nosotros. Sus rasgos aguileños, ojos verdes y brillante pelo negro podían parecer arrogantes, pero tenía modales gentiles y era encantador. Su primer envío a la lavandería tenía diez camisetas, todas con propagandas de cerveza. Cuando deshizo las maletas, colocó una colección de latas de cerveza vacías sobre el alféizar de la ventana. Sus modales amables desaparecieron cuando insistí en que ambas colecciones regresaran a casa inmediatamente.

¿Reaccioné exageradamente? Júzguelo usted. Durante las seis semanas que Chris estuvo con nosotros, se emborrachó tres veces. No era incontrolable. Estaba enfermo. Era un alcohólico... un verdadero niño bueno que sufría de una terrible enfermedad... y las camisetas y las latas eran una advertencia. Cuatro años después, se comprobó que la enfermedad de Chris fue fatal. Mientras regresaba a casa alcoholizado, se salió del camino y chocó contra un árbol.

Cuando Chris vino a casa, yo ya había aprendido la diferencia entre usar una camiseta con una inscripción referida a la cerveza y el comportamiento que implica una invitación a una "fiesta". Casi todos mis niños con serios problemas alcohólicos usaban camisas, gorros o botones promocionando marcas de cerveza.

Quizá parezco muy dura en este tema, pero muchos niños se están muriendo. Si fuera por mí, prohibiría todas las propagandas de cerveza. Su hijo puede comprar una camiseta que elogie las fiestas de animales, pero eso no lo justifica. El padre prudente no permitiría que un niño usara ropa que promocione el uso de drogas y bebidas alcohólicas. Para mí este es un caso en el que la prudencia paterna predomina sobre el derecho del niño a la expresión de la individualidad. (Y creo que los padres deberíamos protestar a las compañías de cerveza y a los revendedores, sobre la manufactura y venta de estos productos.)

La mejor propuesta es no levantar el techo, aunque no debe aceptar un no como respuesta. Yo comienzo con una broma: "Págame, y anunciaré cualquier cosa... menos armas letales. Y creo que la cerveza en manos de un adolescente es tan letal como un rifle de asalto. Yo no usaría esas camisetas, y tú tampoco lo harás." Creo que su hijo puede tener una sola razón para rechazar este razonamiento. Si lo hace, quizá deba de leer ahora la página 183, donde comienzo una discusión sobre el abuso de drogas y alcohol.

La ropa relacionada con la droga requiere una atenta vigilancia e información. La Muerte Agradecida ha popularizado camisas desteñidas, y algunos niños podrían pensar que los colores salpicados son arte inocente. Quizá, pero la política de la mayoría de los centros de rehabilitación de drogas es prohibir las camisetas; ya que muchos usuarios han actuado como insignias solidarias con la cultura de la droga.

Kira, una adolescente de quince años, baja, regordeta, de ojos celestes y gafas gruesas, tenía todo el aspecto de una tragalibros. Sin embargo, su principal interés no eran las páginas impresas, como lo demostraban sus propagandas. Una era una hoja de marihuana de oro en una cadena de oro colgada de su cuello. Luego tenía hojas de cáñamo bordadas en el bolsillo superior de su chaqueta, y en los bolsillos traseros de todos sus pantalones. Nada sutil, excepto para sus padres, quienes creían que a ella simplemente le agradaban las cualidades decorativas de las hojas.

Kira se enfadó cuando insistí en que debía enviar sus joyas y pantalones a casa. Cuando le expliqué mi pensamiento a su padre, arrojó su ropa a la basura. La madre de Kira adoptó otra postura: decidió que las hojas de marihuana eran sólo un intento inocente de formar parte de la pandilla más popular del colegio, no una propaganda.

Quizá sí. Quizá no. Pienso en Chris y me inclino hacia la precaución.

Elegancia satánica

Muchos adolescentes pasan por una etapa de fascinación por lo oculto. Piense en el éxito con el público adolescente de las películas sobre lo sobrenatural. Las preguntas de su hijo sobre el significado de la vida podrían conducirle a experimentar con espiritistas, cartas de tarot, o un tablero de Ouija.

¿Cuándo este interés normal se convierte en peligroso? A veces se puede encontrar una respuesta en la ropa de un adolescente. Al igual que los drogadictos, la gente que está seriamente comprometida con el satanismo o la hechicería se identifica una a otra con símbolos. La mayoría de los padres no reconocería estas señales ocultas. Yo tampoco hasta que uno de mis niños adoptivos reveló que era hechicero. Como era un reclutado reciente y orgulloso, no era tan precavido como los ocultistas más experimentados. Me explicó algunos símbolos, y me dejó que averiguara más por mí misma.

Aquí hay una lista de los símbolos más usados, pero quizá no sea completa:

- "666", el número de tres dígitos utilizado en el Libro de las Revelaciones como "el signo de la bestia". (El presidente Reagan es bienvenido como colega por los satanistas que consideran divertido el número de letras de su nombre completo: Ronald Wilson Reagan.)
- Cruces invertidas.
- Reglas satánicas.
- "Natas" o "Satán", deletreado al revés.
- El antiguo símbolo místico del pentagrama, o estrella de cinco puntas dentro de un círculo, acompañada a veces por la cabeza de una cabra.
- Una cara del demonio.
- Velas, porque cumplen importantes funciones en los rituales satánicos.
- Cabras, un símbolo de Satán.

- Corazones sangrando, rotos, agujereados.
- Imágenes vestidas con batas negras o rojas.

Recuerde que estos símbolos pueden ser sugestivos, pero no una evidencia necesariamente rígida. Los niños pueden dibujar inocentemente velas chorreadas, cuchillos con sangre y corazones sangrantes, al igual que obtienen una patada violenta del kungfu o de las películas de Rambo. Esos dibujos no son preocupantes, pero yo observaría cualquier conexión con los símbolos de mi lista. Ese es el momento de realizar preguntas directas:

"Eso es un pentagrama. ¿Sabes qué representa?"

"¿Por qué estás dibujando una cabeza de cabra? ¿Significa algo en especial?

"Los números '666' tiene un significado específico. ¿Sabes cuál es?"

La mayoría de los niños no conocen estos significados simbólicos. Generalmente, se interesarán por su explicación sobre la vinculación con el satanismo, pero se sentirán felices de dejar de utilizarlos. Siempre comienzo a preocuparme cuando un niño continúa realizando esos dibujos o, peor, responde fácilmente mis preguntas sobre los significados simbólicos. Podría ser una señal de que el niño está explorando el credo satánico o ya está profundamente comprometido.

Considere esta posibilidad cuidadosamente. Por un lado, a pesar de toda la atención que generalmente se le da a las actividades desarrolladas por los cultos, muy poca gente toma este camino. Por otro lado, usted no debe ignorar la persistente aparición de consignas satánicas en la ropa, posters, tatuajes o joyas de su hijo.

Sin embargo, no es una buena idea compartir sus preocupaciones con su adolescente. En este aspecto, creo que necesita hablar con un experto, antes de compartir sus temores con un niño que podría estar seriamente comprometido con el satanismo. Busque a alguien que haya tenido experiencia con niños atraídos por los cultos. El profesional puede ayudarle a determinar si sus temores son justificados o no.

El comprenderá las posibles relaciones entre los problemas emocionales de un niño y el culto satánico o la hechicería. Sabrá cómo comenzar a tratar el problema sin agravarlo. Usted necesitará su guía.

INDICIOS EN LA ROPA: UN RESUMEN

Si su hijo se viste tan provocativamente o grotescamente que la gente se detiene para mirarle, intervenga. Si su intervención falla, acuda a un profesional.

Si el estilo de vida de su hijo incluye un entrañable amor por la suciedad y usted no puede disipar este encanto, no dude en buscar ayuda de un profesional.

No permita ropa que promocione el uso de drogas o alcohol. Si la Guerra Provocadora aumenta, vea el capítulo 12, sobre drogas.

Finalmente, si sospecha que su hijo está comprometido con lo oculto, en un grado malsano, no le diga nada, pero busque un profesional experimentado que pueda brindarles ayuda a ambos.

RECREO

Algunos de los problemas que mencioné en este capítulo tienen su lado humorístico, sin embargo ha sido depresivo. ¿Alguna vez podrá relajarse? A pesar de que parezca improbable, su adolescente no es muy diferente al Dalai Lama, quien actualmente es el líder espiritual más reverenciado del Tibet, y una de las figuras más admiradas del mundo por su sabiduría y su valor.

Elegido durante su infancia como la reencarnación de

sus trece predecesores, el joven Dalai Lama fue sometido a una rigurosa instrucción para prepararle para sus deberes sagrados y políticos. Aun así, cuando era un adolescente no pudo resistir la tentación de escabullirse hasta el garaje del palacio y sacar uno de los cuatro coches para dar un paseo. Lo atraparon porque estrelló el vehículo contra un árbol. Un niño bueno que hizo algo malo, aunque como todo el mundo sabe, resultó muy bueno. Hay esperanza. Siga leyendo.

5

Siguiendo la corriente

–No puedes engañarme, jovencita. Saliste otra vez con ese odioso muchachito, ¿verdad?

–¿Cómo puedes hablar así de él? Es la única persona que realmente se preocupa por mí.

–Oh. ¿Por eso te robó los veinticinco dólares de la billetera la semana pasada?

–Ya te expliqué eso. Deseaba comprar algo y sorprenderme.

–Oooh.

–Nunca comprendes. Le odias porque sus padres no tienen mucho dinero.

–Sabes que eso no es verdad. Le juzgo por su comportamiento, y ha sido bastante dudoso en lo que a ti se refiere.

–Eso demuestra lo que sabes. El realmente me ama. Nos amamos.

–¿Entonces, por qué estabas llorando cuando llegaste a la puerta?

–Cállate. El me ama.

Llevaba a Zach y a tres amigos al cine, cuando comenzaron a jugar a un juego muy revelador: ¿qué padres odiaban más a otros niños?

Al parecer, los padres de Tom no toleraban a mi Zach (¿qué?), y la mamá y el papá de Dick detestaban la presencia de Harry. Tom le provocaba náuseas a los padres de Harry, y los padres de Jack no sabían quién les gustaba menos, si Dick o Harry. Sin embargo, todos los padres de este coro de disconformidades coincidían en una cosa: cuando su propio hijo se había descarriado, le había conducido el hijo de otra persona.

Me reí porque yo había estado haciendo lo mismo durante toda la semana, culpando a Harry porque Zach no regresaba temprano. Los niños también se rieron cuando les sugería que inventaran un nuevo chico en la ciudad y le culparan cuando estuvieran en problemas.

Culpando o no a Harry, aprendí de mis niños adoptivos que tratar de separar una amistad de adolescentes es tan simple como tratar de separar la yema de la clara de los huevos después de haberlos batido.

Amigos como estos...

Si uno miraba de cerca a Cathie, con sus doce años, podía ver su rostro aniñado debajo de las capas de maquillaje. La mayoría de la gente observaba su floreciente figura y veía a una adolescente de diecinueve años. Los amigos de su misma edad se alejaban, como sucede a menudo cuando un niño parece más maduro, y ella sintió que no tenía otra elección que reunirse con un grupo mayor.

Actualmente, esos niños son ciudadanos asentados y muy trabajadores, pero en aquella época eran una pandilla de salvajes. "¡Soy malo!" proclamaban sus camisetas. Era una verdad proclamada.

Naturalmente, los padres de Cathie los detestaban, pero no podían evitar que saliera con ellos. Cuando la dejaban sin salir, esperaba que sus padres se durmieran y se escapaba para dar paseos nocturnos. Estas aventuras salieron a la luz cuando una mañana la policía despertó temprano a mamá y a papá. Cathie había sido arrestada paseando con sus amigos mayores en un coche robado.

El incidente pareció dividir el grupo. Dos de sus integrantes fueron enviados a un centro de detención, Cathie parecía corregida, y sus padres respiraron aliviados. Todo siguió bien durante casi dos meses, cuando hubo otro arresto por el mismo delito. Los policías advirtieron a los padres de Cathie que la próxima vez la enviarían a un juez de menores.

Terminó el año escolar, y la mamá y el papá de Cathie la enviaron a un campamento de verano, con la esperanza de que "recapacitara". En lugar de ello, sus amigos se reunieron con ella y provocaron su expulsión. La enviaron a la casa de un familiar, y Cathie contactó con la pandilla y huyó para participar en una excursión de la Muerte Agradecida. La policía tardó tres semanas en encontrar a la pandilla. Cathie fue llevada a casa, y algunos de sus amigos fueron arrestados por poner en peligro el bienestar de una menor.

Debido a que sus padres presentaron cargos, Cathie se negaba a hablarles, y pidió una reubicación. Después de dos semanas con nosotros, volvió a huir con sus amigos. Finalmente, pasó dos años en un centro de rehabilitación, donde todos eran como los amigos que sus padres tanto detestaban.

¿Qué podrían haber hecho? Después de la segunda aventura nocturna, probablemente deberían de haber desistido en sus esfuerzos por separar a su hija de sus amigos. En lugar de eso, deberían haberse concentrado en lo que Cathie estaba haciendo mal. Ella debería haber sido responsabilizada por sus acciones. Al culpar a sus amigos, estos padres no comprendieron la verdadera causa de su problema: la tendencia de Cathie a hacer cosas malas.

La influencia de los amigos

La sabiduría popular siempre entrega mensajes claros, ya sea en lenguaje sencillo: "El que se acuesta con perros, amanece con pulgas" o en lenguaje más erudito: "Las comunicaciones malignas corrompen los buenos modales."

Sí, los amigos influyen sobre su hijo. A veces, pueden influir para que haga cosas malas. En grupo, hasta el adolescente de mejor comportamiento probablemente haga algo que no se atrevería a hacer solo, ni siquiera lo pensaría. Al igual que los padres de Cathie, usted lograría muy poco al tratar de separar adolescentes que se sienten fieles unos a otros. En realidad, probablemente arriesgaría su relación con su hijo.

Su objetivo debería ser preocuparse por las actitudes y comportamiento de su hijo, no por sus amigos y su comportamiento. Mantener la calma sobre los supuestos amigos peligrosos es bastante duro. Sin embargo, cuando la mala influencia aparece en forma romántica, su trabajo será aún más duro.

Con mi hija no

Como lo señalé antes, a menudo recuerdo sorprendida el buen juicio innato que mis padres tenían en las situaciones difíciles.

Si un niño como Frank, mi primer amor verdadero, hubiera aparecido para salir con una de mis hijas adoptivas, me hubiera inquietado. Un desertor de la escuela secundaria, estaba en libertad vigilada por robar la radio de un auto. Para mí era Romeo, pero para mis padres y mis amigos, era un "rufián". Al parecer estaba en una senda antisocial.

Mis padres me manifestaron su desaprobación, pero sabiamente, no intervinieron. Esperaron y esperaron y esperaron. Después de tres años que les debieron de haber parecido interminables, Frank y yo rompimos nuestra relación. Si hubieran tratado de separarnos antes, cuando nuestro romance seguía su curso natural, nos hubiéramos fugado.

A largo plazo, a Frank le fue bien. La libertad vigilada fue suficiente como para enderezarle. Pero crecimos separados por razones que no tienen nada que ver con que él fuera un niño malo. Qué desastre hubiera sido si nos hubiéramos fugado y casado por la reacción de mis padres. En lugar de ello, se aseguraron de que siguiera sus reglas, y siempre me culpaban a mí, no a mi amigo, cuando me equivocaba.

Diciembre-mayo: romances

Las diferencias de edad en los romances de adolescentes ponen en funcionamiento la alarma paterna. ¿El integrante mayor de la pareja no conducirá al más joven a caminos perversos? ¿No existe siempre una especie de explotación?

Veamos a Jim, un adolescente alto, delgaducho y con cara dulce. El director de su prestigiosa escuela preparatoria dijo que fue el muchacho más brillante que engalanó sus aulas, pero que era extremadamente modesto y cortés. Cuando vino a casa tenía catorce años, pero parecía de diecinueve, y allí estaba el problema. Sus padres trataron de romper su romance con una mujer de veintiún años, pero fracasaron. Fueron a la Corte, acusando a la amiga de violación, e insistieron en que Jim fuera reubicado. El juez ordenó que terminara el romance.

Siguiendo las directivas de la Corte, vigilamos las entradas y salidas de Jim, su correspondencia y llamadas telefónicas, pero no fue suficiente. Los amantes fueron descubiertos encontrándose en la escuela a la hora del almuerzo, y la Corte envió a Jim a un centro de rehabilitación, fuera de la ciudad, durante el resto del año escolar. El amor no sólo sobrevivió; prosperó. Y también el odio del muchacho por sus padres y por el sistema judicial. Actualmente, está casado con la mujer mayor. Quizás así debió de ser. O quizá las cosas hubieran sido diferentes, si sus padres hubieran sido tan pacientes como los míos.

Generalmente, el muchacho es el mayor en estas alianzas entre diciembre y mayo. Con alguna frecuencia, las niñas eran enviadas a nuestra casa con la esperanza de que la separación terminaría con la relación con el muchacho u hombre mayor. De todos aquellos intentos, no recuerdo uno solo en el que los padres y la Corte pudieran terminar con un romance que un muchacho deseaba mantener encendido.

¿Y qué sucede con una pareja como la de mi Nancy y Carl, su amante homicida? Uno no puede darse por vencido cuando, como en este caso, su conducta patológica puede conducirla a la muerte. Cuando uno está convencido de que su hijo está saliendo con alguien que es peligroso, debe actuar rápidamente.

Niéguese a dejar entrar al amigo en su casa, y manténgase firme en su decisión. Reconozca que comprende lo que su hija encuentra atractivo, y luego explíquele las razones específicas por las que se opone a la relación. Mientras tanto, trate de arreglar una separación que parezca que no tiene nada que ver con el problema. ¿Hay alguna excursión de la iglesia, un campo de deportes, o una reunión familiar que la mantengan fuera de la ciudad por un tiempo? Si no tiene un tío rico que pueda llevarla a Europa, como en las novelas del siglo diecinueve, quizá pueda subvencionar secretamente a la prima Alicia para que lleve a su hija a Disney World con su familia. Si las cosas están muy mal, los padres han llegado a pedir un traslado de trabajo a otra parte del país. Es importante encontrar un ardid que aleje a su hija de su amado.

Si eso no es posible, no le permita salir. Si la relación continúa, no le permita salir en tres oportunidades más. Si eso falla, pruebe una Intervención Cariñosa y trate de negociar una separación.

Pero si la unión continúa, hay una sola opción: retroceder. Tendrá que aceptar la relación. El objetivo más importante en estas situaciones es mantener una relación cariñosa con su hijo, aun cuando la otra parte odiada deba ser invitada a su casa. Es mejor perder esta batalla que toda la guerra, como lo hicieron los padres de Jim.

Si la situación es dolorosa para usted, no trate de enfrentarla solo. En un grupo de apoyo para padres, encontrará gente con la que puede compartir su dolor y ayudarle para que aprenda a controlar las cosas. Un consejero profesional puede alilviar su carga y ayudarle a mantener una relación cariñosa con su hijo. Sobre todo, esa línea de comunicación debe mantenerse abierta.

Controle el comportamiento,
no a los amigos

¿Siempre retrocede?

No lo haga. Enviar a Cathie a un campamento de verano fue un buen movimiento, pero sus padres esperaron demasiado para entrar en acción. La manteca aún estaba en la sartén chamuscándose.

Para realizar algún progreso, debe actuar rápidamente. Propóngase conocer a todos los nuevos amigos de su hijo, especialmente los más queridos, lo más pronto posible. Atráigalos con un frigorífico lleno, y un susurrante VCR. Ofrezca el original de La Noche de la Muerte Viviente. Emociónelos con el "fantasma" de "Tres Hombres y un Bebé" o con su equivalente más reciente. Ofrézcase a llevarlos a sus casas. (Cuando los niños se liberen y comiencen a hablar en el coche, usted podría ser la quinta rueda; y se sorprenderá de lo mucho que se enterará indirectamente sobre sus amigos y sus actitudes.)

Yo comenzaría a preocuparme si su hijo no desea traer sus amigos a casa. Después de un período normal de timidez en la adolescencia, a la mayoría de los niños les agrada llevar a casa amigos que saben que les gustarán a sus padres. Muy pocos llevarán a alguien que sospechan que no les agradará a sus padres. Si sabe que su hijo está viendo a alguien que usted nunca conoció, averigüe por qué.

Yo no sólo trato de conocer a los amigos de mis hijos sino que también trato de conocer a sus padres. La mayoría de las veces, ellos también desean conocerme, y luego nos compadecemos unos a otros sobre lo difícil que es criar a nuestros hijos en el mundo actual. Ayuda mucho y probablemente previene algunos malos entendidos. Al principio, Zach y Danny no estaban muy complacidos con mi propuesta, pero se tranquilizaron cuando comprendieron que mi regla era criticar a sus amigos lo menos posible.

No, yo no iba a caer en esa trampa, como los padres de Cathie. Si a veces los amigos pueden meter en problemas a un niño, rara vez un niño bueno puede ser forzado por los amigos a hacer algo que sabe que está mal.

Aunque yo era una adolescente Miss Recta, andaba con una pandilla porque admiraba su heroísmo. Creo que deseaba tener lo mejor de ambos mundos, pero sabía que algo los separaba.

Un hermoso día de primavera, mis amigos "malos" me sugirieron que me escapara de la escuela para ir a ver un recital de Johnny Ray. Nunca hubiera hecho eso por mí misma. Más aún, me sentí tan culpable que nunca me volví a escapar de la escuela. Conservé mis amigos, y ellos siguieron escapándose de la escuela, y diciéndome todo lo bueno que me perdía. Pero había aprendido lo que me servía a mí y a mi conciencia. El beneficio, aunque hubiera sido Elvis, no valía la pena.

Mi amado Frank también aprendió que no podía hacerme hacer cosas que yo consideraba malas. Por eso, cuando trataba con mis niños adoptivos, ya conocía una importante verdad: a menos que una parte del jovencito desee hacerlo ni sus amigos ni su amante pueden conducir a un niño bueno hacia abajo del buen camino.

Dos veces encontré niños cuya influencia sobre otros era excepcionalmente fuerte y peligrosa. No eran malos amigos: cada uno a su manera, era un empresario con mis niños como víctimas.

Mickey, cuya inteligencia oscurecía la de Andrew Dice Clay, disfrutaba de todas las maldades que hacía. A pesar de lo mucho que me disgustaba su placer por la crueldad, algunos de sus chistes me hacían reír, ya que era muy hábil para reunir gente. Encantó a mis niños y los manipuló, adivinando instintivamente su debilidad.

Otro niño hábilmente manipulador, una verdadera hormona caminando, vio nuestra casa como una especie de comercio sexual. A cada nueva niña que llegaba, la perseguía. Muy pronto, aprendí todas sus mejores frases. Podía repetirlas a su última conquista y confeccionar una lista de las niñas cuyos corazones había roto, aunque rara vez se desanimaba.

Mickey y la Hormona eran lo suficientemente peligrosos como para ser excepciones a la regla, y tuve que declararlos extralimitados ante algunos de mis niños adoptivos. Pero eso no siempre funcionó. Tuve que realizar otros intentos. "No tengo intenciones de encerrarlos o de enviarlos a vivir a otro lado", les dije a mis niños, "pero si me meten en problemas cuando están con Mickey, duplicaré las consecuencias. Si llegan tarde a casa, se quedarán sin salir cuatro días en lugar de dos. Si se escapan de la escuela con él, se quedarán sin salir ocho días en lugar de cuatro. ¿Entendido?"

Con los amigos de su hijo, los cuales probablemente no serán tan peligrosos como estos, deberá admitir que el pegamento fue colocado y los amigos están unidos para siempre... o por el tiempo que ellos quieran.

Trate de aminorar las críticas sobre el amigo que le disgusta o desagrada. Realice sus comentarios negativos de manera casual. Tenga tanto cuidado con los sentimientos de su hijo como si fuera un amigo adulto al que le gusta salir con alguien que usted no tolera. Recuerde que un ataque frontal provocará que su hijo defienda al amigo. (La única vez que mi padre abandonó su frialdad y realizó algunos comentarios desagradables sobre Frank, estuvimos muy cerca de fugarnos.) Y no repita sus críticas o preocupaciones. A su hijo no tiene que recordarle que a su madre o a su padre no les agrada su amigo o su interés romántico. El lo recordará.

No diga: "Tendrás que dejar de salir con Rob. Tiene un problema alcohólico." Esto no lo conducirá a ninguna parte, aunque Rob beba y conduzca y haya tenido dos accidentes serios estando ebrio. Además, Rob no es su problema prioritario. Su trabajo consiste en concentrarse en el mal comportamiento de su hijo.

Lo que diga debe estar dirigido directamente a su hijo y a su sentido de responsabilidad por sus acciones, sin importar lo que haga Rob. "Me preocupa tanto tu seguridad, que si averiguo que estás subiendo a coches y paseando con alguien que ha estado bebiendo, te quedarás sin salir durante un mes."

Este planeamiento deja fuera de escena a Rob. Le permite tratar el tema principal: su determinación para que su hijo comprenda y siga las reglas, sabiendo que usted lo hace responsable de sus acciones.

Continúe siendo cariñoso

Si critica tanto a un mal amigo que llega a enajenar a su hijo, puede caer en la trampa tendida por alguien que es realmente una mala influencia.

Para controlar a Nancy, Carl la separó de sus padres y de cada uno de sus amigos. Se ganó su odio y rompió los lazos que los unían. Como consecuencia, ella se volvió completamente dependiente del hombre que la mató. Sus padres se rindieron, dejaron de hablarle, decidieron que ya no era más su hija. Quizá si no lo hubieran hecho, Nancy hubiera dejado a Carl mucho antes de tener su hijo. Cuando trató de dejarle, sintió que no podría regresar a casa ni contactarse con su madre o con su padre.

No permita que su desagrado por un amigo de su hijo arruine su relación con su niño.

Afortunadamente, la relación que lo preocupa probablemente involucra a un amigo que es básicamente bueno, no un antisociable como Carl. El amigo podría tener serios problemas. Podría estar contribuyendo con los problemas de su hijo. Pero su pregunta debería ser: ¿por qué mi hijo necesita este amigo particular, o grupo de amigos, o interés romántico? ¿Cuál es la atracción?

Resumiendo:

Cuando su hijo se junte con una pandilla que tiene problemas con la ley o le agrada correr riesgos, o cuando se enamore de alguien que usted no soporta, no culpe a los amigos por el problema.

Reconozca que el problema está en el comportamiento de su hijo. Allí es donde debe centrar sus energías.
Trabaje en el problema, pero tenga paciencia.
Continúe queriendo al niño, sin importar lo que suceda.
Repito: continúe queriéndole.

Recreo:

Este capítulo comenzó con un tono elevado, pero temo que todas estas historias sobre malas relaciones puedan haberle deprimido.

No cometamos el error de los diarios, que se concentran solamente en las malas cosas que suceden. El objetivo de este libro es puntualizar problemas. Naturalmente, tengo que hablar sobre muchas experiencias que fueron desagradables, y no todas terminaron bien para las familias involucradas.

Pero no olvidemos las cosas buenas. La adolescencia es un maravilloso tiempo para abrir puertas y ventanas, aun cuando durante el proceso caigan algunas paredes. Oh, sí. Aun con todos los forcejeos, y las contrariedades, la mayoría de ustedes están pasando un gran momento en sus vidas. No perfecto, pero de constantes cambios y desafíos. Y en algún lugar de ese desgarbado cuerpo adolescente está el niño que estimaban y el adulto que será uno de sus mejores amigos en los años venideros.

Ahora, regresemos al trabajo...

6

La hice en la escuela

—¿Por qué no estás haciendo tu tarea?

—La hice en la escuela.

—Muy bien. Me agradaría corregírtela.

—Bueno, gracias, pero no podrás.

—¿Por qué?

—No está aquí.

—¿Cómo?

—Me refiero a que la hice en el salón de estudios.

—Oh, muy bien. Entonces podrás utilizar el tiempo de esta noche para adelantar tus estudios. Eso te ayudará a regularizar tus notas.

—Sí, seguro, pero dejé todos mis libros en la escuela.

—Comprendo. Entonces no estás preocupado por tu examen de mañana... Estás preparado.

—¿Qué?

—Mañana es viernes, ¿verdad? Siempre tienes examen de geometría los viernes.

—Oh.

David está de acuerdo. Por lo menos la mitad de las canas que me salieron durante nuestros años de padres adoptivos se debieron a mi inquietud, enojo, preocupación por mis "alumnos de las diez". Ibamos a la escuela tan a menudo para resolver problemas académicos que algunos estudiantes creyeron que estábamos en la facultad. Teníamos muy buenas relaciones con el director, el secretario, el decano, el psicólogo social, el asistente social, el bibliotecario, los consejeros, la mayoría de los maestros, el personal de mantenimiento, y, por supuesto, el personal administrativo.

Había dos clases de problemas académicos: tratar de que los niños fueran a la escuela; y tratar de que estudiaran. En la segunda categoría sitúo el vandalismo, las peleas, porque lastimarse en la escuela es una forma de no asistir.

En este capítulo, cuando hablo de notas bajas, me refiero a otra clase de problemas escolares. Todos tienen las mismas causas.

Promesas rotas

Todos decimos que la escuela secundaria es el pasaporte al éxito. Trabaja duro, obtén buenas notas, el mundo es tuyo.

Para algunos de mis niños adoptivos, este mensaje alentador se convirtió en la Gran Mentira. Realistas o no, decidieron que no importaba lo que se esforzaran en la escuela, nunca podrían ir al secundario. Su desilusión, su desencanto, me rompía el corazón. No podía tolerar verlos desistir.

Sheneque vino con nosotros a los doce años porque, en lenguaje legal, había estado presente en la ejecución de un delito. Como no tenía padres que se ocuparan de ella, había estado viviendo con una hermana en una casa de prostitución, aunque ella no la practicaba. Con un rostro dulce, delgada, pobremente vestida, y aterrorizada de vivir en una ciudad tan "elegante", Sheneque se adaptó bien a nosotros. Era una magnífica imitadora, y destacaba realizando las acciones rutinarias de Whoopi Goldberg. Y tenía un sueño. Como adoraba a los niños pequeños y ellos a ella, Sheneque deseaba convertirse en maestra jardinera.

A diferencia de la mayoría de nuestros niños adoptivos, ella anhelaba anotarse en la escuela desde el primer día. Todas las noches se reunía con los pocos leales, en la mesa de la cocina, y revisaba una y otra vez sus tareas, leía y pedía ayuda cuando no comprendía algo. Estaba decidida. Aunque posiblemente era más brillante que la mayoría de los niños de su edad, estaba en un grado inferior. Nuestra escuela era la décima a la que iba en siete años. Pero era la mejor, y eso la alentaba.

Después de permanecer seis meses con nosotros, la trasladaron a una casa adoptiva de largo plazo. Eventualmente, perdimos contacto con ella, pero eso es una señal de que todo está bien. Cuando nuestros niños adoptivos se vinculan con otras personas, rara vez volvemos a saber de ellos.

Un día, recibí una llamada de la custodia de Sheneque. ¿La recibiríamos otra vez? "Ella ya no es la dulce Sheneque", nos advirtió.

Dijimos que sí, pero me sentí hundida en la tristeza. A los dieciséis, Sheneque se había convertido en Sheneque la sexy. Durante los tres meses que estuvo con nosotros, cometió uno o dos actos de prostitución en nuestra elegante y tranquila ciudad de clase media. Debido a eso, fue trasladada a otro hogar. Muy pronto, se estaba vendiendo en las calles de Manhattan, y consumía drogas. Supongo que habrá muerto de sobredosis o de SIDA.

Una noche, esta nueva Sheneque se sentó conmigo en la misma mesa de la cocina donde había trabajado tan duro, hacía solamente cuatro años.

"Estudié mucho, ¿verdad?" me preguntó.

"Sí, realmente lo hiciste. ¿Qué sucedió con el sueño?"

Se rió con tristeza. Era el viejo clamor de Whoopi Goldberg.

"Kathy, ¿una muchacha negra sin dinero, y sin familia? La única escuela a la que voy a entrar es a esta de las calles."

Nada de lo que le dije durante las semanas siguientes la convenció. Incluso le prometí que David y yo le ayudaríamos a pagar de nuestros bolsillos, pero había perdido la fe en su sueño. No solamente los niños de la minoría sino también los estudiantes brillantes, de clase media, abandonan la escuela cuando pierden la fe en su habilidad para realizar sus expectativas. Pueden culpar a la sociedad en general, a sus maestros, a sus compañeros revoltosos, pero en realidad han perdido la fe en su capacidad para aprender y tener éxito. Si su hijo se está atrasando, puede estar compartiendo la desilusión de Sheneque.

Darrell, el hijo gentil pero tremendamente obstinado de profesionales muy trabajadores, fue enviado con nosotros cuando tenía quince años. Sus problemas habían comenzado el año anterior en la escuela. Un buen estudiante que deseaba ser médico, no había conseguido calificaciones para la escuela secundaria. Convencido de que le cerrarían las puertas de la facultad de medicina, perturbado porque sus dos hermanos mayores obtenían las máximas calificaciones en la escuela, Darrell el destacado estudiante se convirtió en Darrell el destacado tunante.

Después de haberse escapado durante cuarenta y cinco días de la escuela, sus frustrados padres pidieron ayuda al tribunal de familia. Su permanencia con nosotros no cambió nada. Se levantaba, desayunaba, y salía con los demás niños... y se escapaba. Cuando comencé a llevarle a la escuela, me saludaba en la puerta principal, entraba con sus compañeros... y se escapaba. Estaba decidido a que nadie le diría qué tenía que hacer. Estaba convencido de que, a él, la escuela no tenía nada que ofrecerle. La promesa se había roto.

Después de seis semanas con nosotros, Darrell había pasado los límites de la paciencia de la Corte. Fue enviado a un centro de "tratamiento residencial", una mezcla de escuela y hospital psiquiátrico. Aun cuando lo obligaban a asistir a las clases, no adelantaba... hasta que un consejero descubrió que el muchacho adoraba a los animales. Esta historia termina felizmente. Hoy, Darrell estudia exitosamente zoología en una universad estatal, para especializarse en ecología animal. El secreto: su consejero encontró un camino para demostrarle que la promesa rota podía enmendarse.

Excesivas preocupaciones escolares

Usted, al igual que su hijo, probablemente no sea inmune a los efectos de la promesa. Uno de los peligros es que usted se involucre demasiado en su funcionamiento escolar. Una excesiva presión paterna puede crear o exacerbar problemas en la clase.

Ariel, tan tímida que se escondía detrás de su largo pelo castaño, era dulce, adorable, y siempre trataba de complacer. Noche tras noche, hacía crujir los libros en la mesa de nuestra cocina, tratando de hacer las cosas lo mejor posible.

Una noche me pidió que la ayudara a concentrarse, quedándome con ella. Después de casi diez minutos de observar una página, levantó la vista con lágrimas en las mejillas.

"No puedo hacerlo", se quejó. "Deseo hacerlo, pero no puedo."

¿Sus notas eran tan malas? No, era una estudiante sobresaliente, que amaba apasionadamente el arte, pero sus padres deseaban una perfección académica. Cuando obtuvo una B+ en un curso de lengua altamente competitivo, la sacaron de una clase de arte extracurricular. Aunque Ariel amaba a sus padres y deseaba complacerlos, la presión fue demasiada. Comenzó una espiral descendente. Empezó a tener problemas en los estudios, sus notas bajaron más aún, y finalmente huyó. Cuando sus padres la trajeron, su comentario final lo dijo todo: "Llámanos cuanto tus notas se regularicen."

Ella no podía lograrlo, sin importar lo mucho que se esforzara, pero sus padres nunca lo comprenderían. Actualmente, Ariel asiste a una escuela comunitaria local, y realiza trabajos de arte, que los demás consideran dotados de talento y sensibles. Sus padres no comparten su éxito. Rara vez le hablan. No está logrando lo que ellos exigían.

Afortunadamente, pocos padres presionan a sus hijos hasta ese extremo. Pero eso no significa que los jovencitos, incluyendo el suyo, no se sientan inmensamente presionados para colmar sus expectativas de la promesa americana.

Bajando las calificaciones

¿Recuerda a Jennifer, la atleta sobresaliente, que estaba guardando pastillas para dormir, para matarse si no lograba entrar en Stanford? Bueno, Stanford la rechazó, pero fue aceptada en un colegio de la Liga Ivy. No tomó las pastillas, pero se deprimió tan seriamente que tuvo que ser hospitalizada.

En este caso, los padres le habían pedido a su hija que se tranquilizara. En realidad, el padre de Jennifer, cuyos padres lo habían presionado para que entrara en un colegio muy poderoso, sintió que le habían robado un tiempo valioso en sus años de adolescencia. Pero Jennifer no escuchó. En la competitiva sociedad actual, las presiones inhumanas son constantes, completamente separadas de la influencia paterna.

Un cliente joven en mi consultorio privado, trató de quitarse la vida cuando averiguó que su cociente intelectual era solamente de 111. Tenía la idea equivocada de que las facultades de leyes no aceptaban postulantes cuyo cociente intelectual fuera inferior a 126. Para él, la vida no tenía sentido si algún día no podía practicar la abogacía.

Esto es insano. De algún modo, usted debe proteger a su hijo para que no sea víctima de estos valores distorsionados. Todos los niños están en peligro cuando medimos el valor personal solamente por la actuación profesional... niñas brillantes como Ariel, al igual que estudiantes de nivel medio y menos dotados de talento.

Usted debería encontrar tiempo para discutir estos asuntos con su hijo. Aun un comentario casual demostrará su posición. Hágale saber que usted está convencido de que la escuela sólo califica la actuación académica. El es una persona íntegra con muchos atributos más importantes que sus calificaciones en geometría o francés.

En un episodio de Roseanne Barr, las notas de su hija bajaron de A a C porque se negó a disecar a un sapo. Con una sonrisa y un abrazo, Roseanne le dijo: "Las escuelas no te dan una A por mantener tus creencias, pero yo sí."

Para su hijo, usted es el último calificador. Hágale saber que su escala de calificaciones cubre toda la escala de sus cualidades y logros personales.

Cuándo preocuparse

"Preocuparse y esperar" es la mejor política ante los primeros signos de un retraso, una falta de comentarios o una exclusión de la escuela. Una intervención dura probablemente sería inútil o contraproducente cuando el problema es que una nota ha bajado de A+ a A, o incluso de B a C.

Coméntelo al pasar. Pregunte si hay algo de qué hablar. ¿No? Bueno, mencione casualmente que la mayoría de los estudiantes tienen problemas de concentración en algún momento de sus carreras académicas, pero que eso generalmente pasa.

Luego, espere a ver qué sucede en el próximo período. A menudo, la nota más baja empujará al jovencito a esforzarse más. Si no es así, y esto continúa durante más de un semestre, es el momento de realizar acciones más enérgicas.

Refuerzo para calificaciones en baja

¿Qué sucede cuando uno tiene tres rabinos para resolver un problema legal? De acuerdo con la antigua broma, uno obtiene cuatro opiniones.

Lo mismo sucede cuando los padres discuten cómo tratar los problemas escolares. Tenemos las propuestas duras, como estos comentarios de una de mis sesiones de *Tácticas para Padres*:

"Uno tiene que estar sobre la tarea escolar de un niño en todo momento. Hay que saber cuáles son sus tareas, cuándo debe entregarlas, y cómo las está realizando."

"Los niños necesitan mucha vigilancia y organización cuando se trata del trabajo escolar."

"Mis hijos saben que no pueden salir durante la semana. No me importa si tienen entradas para la Serie Mundial. La escuela es primero."

"Un buen padre mantiene a sus hijos trabajando y es el socio del maestro."

Otros padres tienen propuestas más flexibles, como los míos cuando subía y bajaba en la lista de honor de la escuela secundaria. Ellos creían que los niños aprendían si un maestro hacía bien su trabajo. Nunca me reprendieron por mis tareas o por mis calificaciones, a menos que hubiera algo extraño en mis pautas. Por ejemplo, mis D en geometría estaban bien, pero un salto de una B+ en inglés provocaba comentarios sospechosos. Este estilo estaba bien para mí, pero era injusto para uno de mis hermanos. Debido a una pequeña incapacidad de aprendizaje necesitó organización y supervisión.

Los padres de David eran más autoritarios. Eso funcionaba bien con sus hermanos, pero él podía obtener una A sin estudiar. Obligado a estudiar de una manera organizada en casa, se resintió tanto que aprender se convirtió en menos divertido y más difícil.

Moraleja: usted debe ser flexible, aprendiendo qué propuesta es la mejor para cada adolescente.

Los estudiantes con un buen desempeño escolar consideran el colegio como su trabajo, no como un método de ganar el amor paterno. No están abrumados por las presiones de la competencia.

¿Cómo se forman? Generalmente, los padres de un estudiante dependiente utilizan una propuesta bastante rígida en la escuela primaria, cuando los niños desean complacer a los adultos y necesitan aprender cómo estudiar. En esos primeros años escolares, conviene insistir sobre horas de estudio regulares y realizaciones de las tareas para el hogar. Sin embargo, cuando un niño entra en la adolescencia, los padres tienen que alejarse. El adolescente debe hacerse responsable de su funcionamiento escolar.

No sé si usted tomará este consejo como un padre que conozco. Cuando cada uno de sus hijos ingresó en séptimo grado, él se alejó completamente de los asuntos escolares. Los niños decidían por sí mismos cuándo estudiar, ir a la cama, e ir a la escuela. Cuando estaban enfermos redactaba una nota, pero no hacía nada si deseaban estar todo el día en casa. Cuando los maestros pedían una entrevista, insistía en que el niño estuviera presente y tomara todas las decisiones.

Creo que los primeros años de este proyecto fueron demasiado duros. Un hijo fracasó en todos sus cursos durante dos semestres. Tuvo que asistir a una escuela de verano y también pagarla. Pero se licenció a tiempo, y con honores. En esta familia, la política extrema funcionó.

Sin embargo, la mayoría de nosotros debería adoptar una propuesta menos radical. Creo que el objetivo óptimo para los padres es poder desentenderse de una constante vigilancia escolar en el noveno grado. Comience antes, quizás en el primer período del séptimo grado, tratando de definir el primer paso de su hijo hacia la total responsabilidad por su tarea escolar. Podría decirle algo así:

"Ingresar en séptimo grado será un gran cambio en muchos sentidos. Ya eres lo suficientemente grande como para controlar algunas cosas solo. ¿Por qué no probamos si estás listo para ocuparte de tu tarea escolar?"

"No voy a intervenir mientras tus calificaciones sean aceptables. El año pasado tuviste un promedio de 86. Mientras puedas mantenerlo, puedes decidir cuándo y cuánta tarea hacer. Y si, sin nuestra ayuda puedes hacerlo mejor, será tu decisión hacerlo así."

Una vez que establezca este convenio, pueden suceder muchas cosas, esté preparado. Si las calificaciones de su hijo mejoran, comuníquele lo contentos que están. ¡Lo está haciendo mejor sin su ayuda! Si comienzan a bajar, no diga nada, hasta que rompan el umbral de la aceptabilidad. Antes de eso, aunque parezca que se está gestando una mala tendencia, mantenga el convenio. Su hijo podría corregirse solo, y eso es lo que usted desea que aprenda: cómo interpretar el mensaje de las calificaciones en baja y responder a él.

Aun cuando las calificaciones bajen debajo de un límite aceptable, le sugeriría que esperara un semestre, si puede tolerarlo. Las calificaciones bajas motivarán rápidamente a la mayoría de los niños, después de su primera prueba temeraria de libertad. Si no puede esperar, dígale a su hijo que sabe lo decepcionado que debe de estar con las calificaciones bajas. Pregúntele si necesita alguna sugerencia sobre la organización de sus horas de estudio. ¿Necesita un rincón de estudio especial? ¿El séptimo grado tiene nuevos desafíos o maestros que requieren algunos ajustes? ¿Por qué cree él que sus calificaciones bajaron? Si decide que la respuesta tiene que ver con su inexperiencia para controlar la responsbilidad de sus estudios, tenga tacto, pero establezca su posición:

"Probablemente con tantas cosas nuevas que controlar en séptimo grado es demasiado pronto para que trabajes completamente solo. Regresemos a nuestro viejo método. Funcionaba, y este no, por lo menos por ahora. Quizá después de Navidad, cuando te hayas acostumbrado, o el año que viene, podemos probar a que trabajes solo."

La próxima vez que lo intente, quizá deba de pasar por la misma rutina, pero no desista. Periódicamente, deberá alentar a su hijo para que asuma su responsabilidad, sin embargo esté preparado para intervenir si no puede controlarla. Algunos estudiantes no adquieren la destreza hasta que están en el colegio secundario. Sin embargo, la mayoría encontrará sus alas en el décimo o undécimo grado.

Cuesta abajo

Ocasionalmente, nada de lo que haga puede detener la caída acelerada de la bola de nieve. Cada boletín trae calificaciones más bajas.

Primero, considere la posibilidad de que su hijo simplemente no pueda realizar el trabajo asignado. ¿Fue colocado en el nivel incorrecto en una clase o materia? ¿Tiene la preparación adecuada?... una consideración importante si se ha mudado de otro sistema escolar. ¿Tiene una de las dificultades de aprendizaje que no aparecen hasta el séptimo u octavo grado? Vea si su consejero escolar considera útil efectuar algunos exámenes. Más frecuentemente de lo que usted cree, un problema de vista u oído no diagnosticado es el culpable, aun cuando su hijo haya tenido controles médicos periódicos. Su hijo puede tratar de ocultar una pequeña disfunción, para no preocuparle, o porque no la reconoce, suponiendo que ve y escucha como los demás.

Si estas avenidas no conducen a ningún lado, deberá considerar el problema de la motivación débil. Cualquiera que haya sido su politica, "retroceda".

Supongamos que ha utilizado la propuesta del *laissez-faire*, dejándole a su hijo y a sus maestros los asuntos escolares, pero ahora está tan preocupado que no puede dormir de noche. Pruebe con un anuncio así:

"Sé que normalmente no me involucro en tus tareas escolares, pero parece que tienes problemas. Quizá necesites más ayuda de mamá y mía. Queremos verte con tus libros todas las noches después de cenar. Sin excepciones. Ambos estaremos cerca para ayudarte si lo necesitas. Creemos que esto es serio, ¿no te parece?"

Si el próximo boletín no muestra la mejoría que usted deseaba, establezca otro nivel de consecuencia. Durante las noches de la semana desconecte el teléfono y el televisor. O si le permite salir durante las noches, no se lo permita más. A los padres de un "cariño blando", estas restricciones no les parecerán fáciles, pero son perfectamente razonables... y probablemente funcionen.

Por otra parte, retroceder también es difícil para los padres de un "cariño duro". Cuando las calificaciones bajan a pesar del control que ha ejercido a través de los años, se verá forzado a decir algo así:

"Creo que mi intromisión en tu tarea escolar no es útil, por lo tanto renuncio. Ya eres lo suficientemente grande como para saber qué hacer. Sabes lo que está en juego. Al parecer, en este momento, tus calificaciones me importan más a mí que a ti, y no es saludable. De ahora en adelante, te arreglarás tú solo, a menos que alguna vez me pidas ayuda."

Si usted es del tipo de padre de un cariño duro, no solamente le costará decir esto sino que se enfrentará a un período de duras pruebas. Probablemente su hijo se dejará estar, y las calificaciones bajarán aún más.

Manténgase firme. Recuerde su objetivo: que su hijo comprenda que la escuela es su responsabilidad, no suya. Si no le pide ayuda, no le empuje. Cuando lleguen las calificaciones, comente algo así:

"Me parece que realmente tienes dificultades. Cuando estés listo para comenzar a trabajar, te ayudaré de la manera que pueda. Mientras tanto, haz lo que tengas que hacer. No puedo ayudarte hasta que la escuela sea tu responsbilidad."

Estos retrocesos generalmente funcionan, si les da un tiempo suficiente y no flaquea. Los retrocesos no funcionan de la noche a la mañana, porque su hijo debe convencerse de que no cederá otra vez. Una vez que haya retrocedido, manténgase firme.

Si no funcionan, quizás haya un problema mayor que requiere una evaluación o guía exterior. Seguramente, si las calificaciones bajan durante más de dos períodos, y se avecina el fracaso, es momento de intervenir.

"F": Para preocuparse

Primero, concéntrese en las razones más probables del fracaso.

¿Su hijo es un estudiante medio en una escuela muy exigente? ¿Un estudiante de nivel superior con otras cosas en la cabeza? ¿Un muy buen estudiante que ha comprendido que nunca estará entre los primeros de su clase? ¿Un estudiante esforzado que no es material de escuela?

¿Le está pidiendo a su hijo que actúe en su película en lugar de la de él?

Segundo, reconozca que a esta altura probablemente ha enloquecido al personal de la escuela. Necesita buscar una fuente exterior para una evaluación independiente... o un psicólogo particular, o un programa que se especialice en problemas escolares. Su escuela puede orientarle hacia esos programas, pero para respetar la privacidad de su hijo (y evitar el riesgo de parecer amenazador de la escuela), deberá contactar con su Departamento de Educación del estado. Además, las autoridades escolares le recomendarán servicios que ellos conocen bien. Asegúrese de encontrar a alguien que mantenga una buena relación con la escuela de su hijo.

No vacile si le remiten a un lugar en el que trabajan con problemas físicos o del desarrollo. Recientemente, una amiga mía no podía encontrar ayuda para su hijo, quien tenía un pequeño problema de aprendizaje. La respuesta fue una agencia que se especializaba en las necesidades de estudiantes retrasados y con impedimentos físicos severos. Para ellos, el problema de su hijo era pan comido.

Finalmente, vea los capítulos 12 y 13 para buscar pistas del fracaso escolar. Las calificaciones bajan rápidamente debido a la depresión o al uso de drogas.

Despistado

Enfrente la verdad, una vez que la haya conocido.

Quizás el máximo nivel académico de su hijo es una C+ de promedio, en los cursos no académicos. Quizá no podrá terminar la escuela secundaria, mucho menos los estudios superiores. Quizás es brillante, pero está decidido a abandonar antes de la graduación.

Suprima sus expectativas previas, y olvide las opiniones de los vecinos. El éxito en la vida, como sabrá, no está garantizado por un diploma de secundario o de terciario. ¿Quién es el que tiene más éxito? Probablemente usted estará de acuerdo en que es la persona que puede emplear sus energías en aquello que realmente le agrada hacer.

Deje de lado lo negativo (el fracaso escolar) y mire lo positivo. Utilice una Respuesta Cariñosa para descubrir lo que su hijo desea hacer. Vea lo que puede averiguar de las pruebas vocacionales y psicológicas. Anime a su hijo para que explore cualquier interés u opción que parezca atractiva. Si vive en New York City, no le parecerá muy sensato que su hija adolescente desee mudarse a Colorado para aprender a herrar caballos. Pero si la idea la entusiasma, evitará otros dos años de F en ciencias domésticas. (Elegí ese ejemplo porque le sucedió a una amiga en 1972, y ahora su hija Darlene es dueña de un comercio de herrería y aparejos en Wyoming.)

Si su hijo tiene un sueño que le parece poco práctico o peor, recuerde que ahora no significa para siempre. Es mejor para él que esté felizmente comprometido en algo que aburrido cumpliendo su tiempo en las clases. Busque escuelas alternativas que respondan a sus necesidades. Piense en caminos alternativos para una carrera viable.

Ultimos recursos

"Su hijo es tan inteligente que la escuela simplemente le torturará. Permítale que abandone, obtenga un trabajo, y un título equivalente, entonces le daré una recomendación que la ayudará a entrar en una buena facultad."

¿Esa es su peor pesadilla?

Cuando una psicóloga escolar se lo dijo a una amiga mía, se sintió aliviada. Sus dos hijas tienen problemas de aprendizaje y tuvieron dificultades en la escuela. Ninguna de las dos deseaba abandonar, como sucedió, pero mi amiga pudo sopotarlo, si el plan incluía estudiar para un título equivalente.

Muchos padres han considerado esta propuesta acertada, aunque muchos no hablan sobre ella. Solamente algunos profesionales aconsejarán abandonar. Pero un estudiante fracasado comienza a tener éxito si asume afanosamente la doble responsabilidad de un trabajo y de estudiar para un título equivalente.

Irónicamente, el saber que mi amiga y su esposo apoyarían esta clase de alternativa, les facilitó la escuela a ambas niñas. Sabían que permanecerían en la escuela para complacerse a sí mismas, no a sus padres.

Como David me recuerda ahora, Sheneque fue la única horrible excepción entre nuestros niños adoptivos que abandonaron. Otros no lo hicieron bien, pero la mayoría se mentienen con trabajos bien remunerados o con sus pequeños comercios. Otros, al ver la realidad del lugar de trabajo, regresaron a la escuela, o ingresaron en programas educacionales para adultos.

Cuando el último recurso se convierta en su recurso, destaque el potencial para un logro positivo:

1. No aumente los conflictos de su hijo considerando el abandono como un callejón sin salida.

2. No lo considere un "desertor". Está tratando de encon-

trar el camino hacia el éxito no tradicional que mejor se adapte a él.

3. No se enfade. Su hijo tendrá una gran necesidad de su ayuda, apoyo y guía. Se incomodará por las reacciones de sus amigos y sus padres.

4. Sobre todo, no aleje a su hijo de la manera en que lo hicieron los padres de Ariel. Un niño con el que no se puede hablar es un niño al que no se puede ayudar.

Resumiendo:

Cada uno de los problemas académicos que mencioné podrían requerir más de una propuesta. Es posible que usted deba controlar dificultades académicas y relacionadas con la escuela durante años. Cuando las cosas se calman, una situación de cambio en la escuela (una nueva materia, un nuevo maestro, una reordenación de amigos, una competencia extracurricular) podría provocar nuevas crisis.

Al igual que con otros problemas durante la adolescencia, no llegará a ninguna parte hasta que aprenda a ganarse la cooperación de su hijo, y eso quizá no suceda de la noche a la mañana. Con mi Respuesta Cariñosa puede seguir intentando, intentando, intentando. Pero recuerde que su objetivo no es convertir a su hijo en un estudiante ideal ni controlar su desarrollo: usted desea ayudarle a que aprenda a ser responsable de sus estudios y a que aprenda a aceptar las consecuencias de sus hábitos de estudio. A largo plazo, el niño que está motivado para obtener una B está mucho mejor que un niño obligado a obtener un A.

7

Esta vez
estoy diciendo la verdad

NIÑO: ¿Por qué no me crees?
PAPA: Siempre me mientes.
NIÑO: Eso es porque no me crees.
PAPA: Creo que no lo mereces.
NIÑO: De cualquier manera esta vez estoy diciendo la verdad. Lo juro.
PAPA: Eso dijiste la última vez.
NIÑO: Esta vez es diferente.
PAPA: ¿Cómo lo sé?
NIÑO: Porque lo prometo.
PAPA: Eso no es suficiente. No te creo.
NIÑO: ¡Ya nadie me cree!
PAPA: Eso es verdad.

"Mi papá tiene un Cadillac; es más bonito que tu coche."

"En la escuela tengo todas A."

"Terminé de limpiar la cocina."

"Mi mamá me va a regalar un abrigo de piel para Navidad."

"Voy a salir a pasear con Jane."

Estas mentiras, y muchas otras, tenían una fuente en nuestra casa: Susanne, la pecosa adolescente de catorce años. Su padre, un alcohólico sin trabajo, no tenía coche desde hacía años. Su madre nunca la llamaba, y mucho menos le enviaba regalos, ni siquiera para su cumpleaños. Fracasaba en todo menos en arte y gimnasia; siempre dejaba la cocina con montones de platos sucios en la pila y botellas medio llenas de leche sobre la mesa. Es verdad, salía de paseo con Jane, pero también con John y Harry, los niños que le habían prohibido ver.

Susanne mentía para alejarse del problema, para sentirse mejor, para evitar el trabajo. A veces, lo juro, mentía para mantener la costumbre.

En realidad, las mentiras habituales de Susanne le facilitaban la vida. Yo nunca me confundía, nunca dudaba, nunca me sorprendía. Dijera lo que dijere, probablemente era mentira. Era peor con los otros niños. Todos mentían por lo menos una vez en un asunto importante: algunos mentían ocasionalmente. ¿Cuándo podíamos creerles?

Al igual que la mayoría de los adultos, probablemente usted considere las mentiras como un serio quebrantamiento a la confianza. Cuando su hijo miente puede ser devastador, y peor aún cuando se aferra a su mentira.

No perdono la mentira, y también me hiere, pero aprendí que es una parte de la adolescencia como el surgimiento del desarrollo. Todos los padres de mi taller de Tácticas para Padres pescaron a sus hijos mintiendo. Cuando interrogué informalmente a amigos, estudiantes y colegas, todos admitieron que mintieron cuando eran adolescentes y pescaron a sus propios adolescentes mintiendo. Mi Zach era muy escrupuloso sobre decir la verdad cuando era un niño, incluso en las cosas más pequeñas. En la adolescencia, se le escapó más de una mentira. Dan, el alma de la honestidad a los diez años, aprendió a dilatar y esconder la verdad a los doce.

Un cínico podría decir que aprender a mentir es una importante habilidad de supervivencia adulta. No deseo estar de acuerdo, pero creo que debemos mantener las mentiras de nuestros hijos en perspectiva. ¿Nos escucharon decir "mentiras piadosas", socialmente útiles? ¿Escucharon al tío Don jactarse sobre la deducción de sus impuestos?

Definición de una mentira

No todo lo que no es verdad es una mentira.

El padre de Susanne nunca tuvo un Cadillac, pero cuando trabajó como chófer, conducía limousines Cadillac. ¿Ella estaba recordando las cosas de la manera en que deseaba que hubieran sido? Cuando creemos en nuestras propias distorsiones, sólo nos mentimos a nosotros mismos.

El abrigo de piel de la mamá y las calificaciones A en el boletín eran pura fantasía, pero Susanne estaba negando la realidad, esperando lo mejor, en un acto de autodesilusión. No mintiendo.

¿La cocina? Bueno, en realidad estuvo una hora dando vueltas y de alguna manera quedó más limpia.

Pero el paseo implicaba una mentira de omisión, un claro intento de engañarme sobre los dos muchachos. Cuando uno trata con niños, esa es mi definición simple de una mentira: el intento de engañar.

Las mentiras de omisión son las más comunes de los adolescentes. Muchas Guerras Provocadoras se incrementan cuando un jovencito no menciona un hecho importante, pero se dirá a sí mismo que no mencionar algo no es realmente mentir. El responde con veracidad, pero solamente a lo que usted le pregunta. De alguna manera, esta mentira por omisión es una señal de una conciencia activa.

Cuándo preocuparse

No busque problemas. Si no tiene una sólida razón para pensar de otra manera, presuma que su hijo está diciendo la verdad. En las situaciones un poco sospechosas, otórguele el beneficio de la duda. Si el problema con las mentiras es más importante, lo averiguará muy pronto.

Antes de provocar un pleito, considere las normas de mentiras de su familia. Muchas familias aceptan las "mentiras piadosas". Yo no, pero comprendo que mis amigas y familiares me consideren un poco chiflada al respecto. Pero mi reputación de puntillosa honestidad me daba la autoridad moral para reprender a un jovencito por una mentira piadosa. No me preocupaba demasiado esa clase de mentiras, solamente deseaba mantener nuestra perspectiva sobre la verdad como un objetivo ideal. Si las mentiras piadosas son aceptadas en su casa, no tiene por qué preocuparse cuando su hijo diga una. Pero si le sorprende en una mentira seria, es momento de preocuparse... sí, una mentira seria es una señal peligrosa. ¿Por qué? Piense por qué mintió. Tenía que ocultar una mala acción o un problema. Sea lo que fuere, era algo tan problemático que no podía decirle la verdad.

Sin embargo, no estalle. Trate de llegar al fondo de la mentira atentamente. Si su hijo no dice otra mentira seria durante el próximo mes, relájese. Pero si se produce otra mentira seria en el transcurso de los próximos treinta días...

Controlando las mentiras

Primero, asegúrese de comprender su propia conducta y expectativa acerca de las mentiras. Veamos mi lista preliminar:

1. ¿Sus reglas son razonables? ¿Las explicó adecuadamente? Si existen demasiadas reglas o parecen irracionales, los adolescentes torcerán un poco la verdad, luego más y más. David y yo basamos todas nuestras reglas en tres premisas básicas: nada ilegal, nada peligroso, nada que viole seriamente los derechos de los demás. (Nosotros y nuestros niños adoptivos no siempre coincidíamos sobre las definiciones exactas de estos conceptos, pero ellos nos dieron un marco de trabajo.)

¿Qué es peligroso? Algunos padres prohíben el monopatín, pero permiten el fútbol o patinar cuesta abajo. Para mí, estas reglas no tienen sentido, por eso no permitiría que mis hijos condujeran un auto deportivo, pero les permitiría bucear o esquiar. Soy tan inconsistente como cualquier otro padre, pero mis hijos no tienen excusa para equivocarse con mis reglas extravagantes.

El tema de los derechos también es confuso. En un extremo, algunos padres creen que tienen el derecho de controlar todo lo que hace un niño. En el otro, algunos adolescentes piensan que tienen derecho a hacer lo que deseen. Encontrará racionalidad en algún lugar intermedio entre estos dos extremos.

2. ¿Sus reglas son compatibles con las establecidas por otras familias de su comunidad? Muchos niños adoptivos vinieron a nosotros debido a los conflictos que surgieron cuando sus padres extranjeros trataron de imponer los patrones de comportamiento de sociedades más tradicionales. Una niña grecoamericana había huido de su casa porque su madre insistía en acompañarla a la escuela, en encontrarse con ella a la hora del almuerzo, y en acompañarla de regreso de la escuela. Se sentía sofocada y ridiculizada ante los ojos de sus compañeros.

3. Cuantas menos reglas, mejor. Las reglas de nuestra casa durante los años de paternidad adoptiva apenas llenaban una página, a doble espacio, pegada sobre la puerta del frigorífico.

113

4. Las reglas deberían poder ser cumplidas. Las maldiciones, obscenidades, apodos y amenazas verbales estaban todas prohibidas en nuestra casa, por ser consideradas "lenguaje ofensivo". La ofensa infringe mi derecho a un ambiente hogareño agradable; la hostilidad conduce a las peleas. Sin embargo, sé que esta proscripción sólo podía cumplirse en mi presencia, un hecho que incorporé a mi regla.

"Yo no puedo controlar cómo les hablan a sus amigos, pero en mi presencia espero que respeten estas reglas", les explicaba. Los niños comprendían los límites y obedecían la regla.

5. Comprometa a su hijo para que establezca las reglas. ¿Qué cree él que es razonable? Negocie, y dobléguese cuando sea posible, pero manténgase firme sobre cualquier cosa ilegal. La ley establece que la edad para poder beber es a los veintiún años, y esa ley siempre debería ser obedecida en sus premisas. No se deje engatusar ni confundir con el argumento de que "los adultos lo hacen". La mejor propuesta es una que probablemente utilizaron sus padres: "Sí, algunas leyes no tienen sentido, pero aun así deben ser obedecidas." Un niño inteligente puede rebatir esta lógica, pero no deje que eso lo perturbe.

¿Cuánta rigidez?

He aquí un lema apropiado: sea duro con la conducta, blando con la persona.

En realidad, demasiada rigidez casi obliga a un niño a mentir. Cuando revise sus reglas también revise sus castigos. Consulte con amigos, un consejero, un padre educador, para ver qué piensan. Si un padre me cuenta que dejó sin salir a su hijo durante dos semanas porque llegó cinco minutos tarde, le advierto que está siendo excesivamente estricto. Prácticamente está aterrorizando a su hijo para que mienta, y así pueda ocultar un pequeño error.

Si sus reglas y sus castigos no son muy estrictos pero su hijo continúa mintiendo, averigüe qué está ocultando... luego ocúpese de la maldad.

Trate a la mentira como un problema separado.

Su hijo debe aprender que mentir provoca consecuencias. Si uno miente lo suficiente, nadie cree una palabra de lo que uno dice.

No etiquete a su hijo como a un mentiroso después de su primera mentira seria. En lugar de ello, hágale una advertencia. Señale que la verdad es preciosa, es frágil, y que una simple mentira puede quebrantarla para siempre.

A mis niños adoptivos, les decía algo así después de la primera mentira:

"Deseo creerte, Susanne. Deseo saber que si tengo que defenderte de las mentiras de alguna otra persona, eres realmente una persona honesta. Pero cuando me mientes, me haces dudar. Por favor, no me vuelvas a mentir."

Después de la siguiente mentira:

"Susanne, esta es la segunda vez que me mientes, hasta donde yo sé. Realmente me cuesta creerte. Una mentira más, y la confianza que creía que teníamos se va a romper."

Después de la tercera mentira, la confianza realmente quedaba destruida. No volvía a creerle al niño. Siempre pedía una prueba.

"Me mentiste antes, así que no puedo creer nada de lo que dices. Si realmente vas al cine, como dices, tráeme la entrada cuando regreses."

Esta propuesta volvía absolutamente locos a algunos de mis mentirosos confirmados.

"Pero, Kathy", se quejaban, "no te estoy mintiendo".

Probablemente no, pero mantenía mi postura. Incluso cuando sospechaba que el habitual mentiroso estaba diciendo la verdad, insistía en una prueba. Eventualmente, comprendían la seriedad de mentir y las cosas cambiaban.

Cuando estaban listos para reformarse, negociábamos una vuelta a la confianza. Tenían que prometer decir la verdad, toda la verdad, y nada más que la verdad. Cuando sintieran la tentación de mentir, debían decir "ojalá" o "creo".

Por mi parte, diseñé una estrategia de tres puntos. Primero, siempre elogiaba a cualquier mentiroso reformado por decir la verdad, cuando una mentira le hubiera evitado problemas. Segundo, reducía las consecuencias de una maldad que era confesada honestamente. Finalmente, estaba de acuerdo con volver a ser una creyente otra vez, si podían pasar treinta días sin mentir.

A pesar de muchas contrariedades, esta estrategia funcionó hasta con Susanne. No se convirtió en el George Washington de las historias de Parson Weems, pero mintió mucho menos. Con alguna ayuda, algún día podría aprender a no mentir más.

Pequeñas o grandes mentiras, un montón de mentiras indica que su hijo tiene problemas emocionales. Alguien como Susanne probablemente necesitaba más ayuda que la que yo pude brindarle; los mentirosos constantes deberían recibir ayuda profesional. Las mentiras de su hijo, aunque no sean patológicas, deben ser analizadas en el contexto del problema que está ocultando.

Resumiendo:

No se alarme sobre las mentiras, a menos que, y hasta que pesque a su hijo en una mentira. (Y no investigue, Sherlock.)

Tome la primera mentira seria como una oportunidad de reforzar el valor de decir la verdad.

Si las mentiras continúan, concéntrese en encontrar la causa subyacente.

Preocúpese por la conducta que su hijo está ocultando con sus mentiras.

Ocúpese de esa conducta.

Tenga en cuenta: quizá la parte más dura de este capítulo es el consejo de explorar y analizar su propia actitud hacia la mentira. La mayoría de nosotros no deja de pensar en ello. Sea honesto consigo mismo antes de juzgar la tendencia de su hijo a encubrir la verdad.

¿Cómo se comporta si lo pescan mintiendo... y su hijo está observando? ¿Cuál es su justificación, y es mejor que la que él usó el otro día para su mentira?

Cualquiera sean sus patrones, debería definirlos lo más claramente posible (para usted y para su hijo), y luego compartir el dolor de tratar de vivir en conformidad con ellos.

Ahora veamos algunos de los problemas que trata de ocultar la mentira.

8

Tareas peligrosas

MAMA: Debe haber sido otra niña. No puede haber visto a mi niña en una motocicleta. Ella siempre es muy cuidadosa.

VECINA: Era Kelly. Además ella no iba conduciendo. Iba aferrada a uno de esos muchachos de campera de cuero de la avenida.

MAMA: ¿Qué? Kelly todavía no sale con nadie.

VECINA: Sí, mi hija dijo que usted no lo sabía. Su hija teme que averigüe sobre la reputación del muchacho.

MAMA: ¿Qué?

VECINA: De cualquier manera, Kelly lo conoció hace un par de meses, cuando fue trasladado nuevamente a una escuela regular.

MAMA: ¿Qué?

VECINA: No hizo nada realmente malo. La policía le atrapó circulando sin casco.

MAMA: Oh.

VECINA: Y a mucha velocidad, por supuesto.

MAMA: Oh.

VECINA: Probablemente es un buen muchacho. Sólo un poco propenso a los accidentes.

Nuestros hijos nacieron para llevarnos adonde tememos ir. Pero cuando su hijo hace cosas peligrosas como un medio de vida, tiene razón en preocuparse.

Seth, "el arrastrado"

Beanpole Seth, un vecino de trece años, que siempre usaba gafas gruesas, me parecía un tragalibros local... hasta que un día yo iba trotando por un camino sinuoso de la colina, y vi a Seth deslizándose colina abajo acostado sobre un monopatín, junto a los coches y camiones que le pasaban muy cerca. Su rostro iba a treinta centímetros de un camino de piedras.

Esa noche durante la cena, mis niños me explicaron que Seth se estaba "arrastrando", y utilizaba su monopatín como si fuera un trineo. Cuando más temerario era el niño, cuando el camino estaba más congestionado y sinuoso. Y mis dos hijos habían probado este "deporte". (Después de todo, yo no lo había prohibido... ya que no sabía que existía.)

La madre de Seth se había negado a que tuviera un monopatín, algo que Seth consideró irracional. No era un mal niño, sólo creía que ella no sabía de qué estaba hablando. Ahorró su dinero, se compró su tabla, y la escondió cuidadosamente. De alguna manera, la sobreprotección de su madre le dio una excusa para llegar al límite. Seth se convirtió en el "arrastrado" más temerario de la zona.

Recientemente, leí un artículo sobre una práctica peligrosa que es popular entre los pobres de muchos países centro y sudamericanos. "Surf sobre trenes", uno se desplaza sobre los vagones del tren como si fuera una tabla de surf.

Una vez más, mis muchachos comentaron alegremente:

"Oh, sí, lo hacíamos muchas veces", dijo Zach. "Un día Joe subió a un tren con la idea de ir hasta el siguiente pueblo, y terminó en un expreso que no se detuvo hasta Grand Central. Tiene el récord de toda la escuela."

"Bueno, espero que haya aprendido la lección", respondí.

"Sí, aprendió cómo leer los horarios de las estaciones."

"Zach, ¿aún lo practicas?"

–Por supuesto que no."

Gracias a Dios, pensé.

"Ahora tengo mi permiso de conducir."

Oh.

Conduciendo arriesgadamente

Cuando mis muchachos eran niños, repetían entusiasmados nuestros lemas de seguridad cuando viajábamos. "La velocidad mata", chillaban con convicción.

Luego Zach obtuvo su permiso de conductor.

"Estuve conduciendo a más de ciento cuarenta kilómetros por hora", confesó recientemente, o alardeó.

"Pero no en este coche", repliqué. Una de mis estrategias para controlar el problema de la velocidad, es negarme a comprar un auto de alta potencia.

"Pero tengo amigos con coches más potentes."

Así es, y prohibirle que ande con sus amigos es una regla que no puedo poner en práctica.

Por eso, al igual que usted, cuando por la noche suena el teléfono y Zach aún no está en casa, me atemorizo hasta que averiguo que todo está bien.

Historieta:

Cuadro 1: Muy bien, Carrie...

Cuadro 2: ¡Vámonos!

Cuadro 3: ¿Le dijiste a tu papá adónde iremos esta noche, Cindy?

Cuadro 4: No...
Cuadro 5: En la forma en que yo lo veo...
Cuadro 6: Es más fácil obtener perdón que permiso.

¿Se siente aliviado porque tiene una niña y ella cree que viajar a más de cuarenta por hora le desarreglará el cabello? Después de todo, las estadísticas muestran que las adolescentes conducen mucho menos temerariamente que los muchachos.

Reconsidere. Las muchachas han encontrado sus propias maneras de coquetear con el peligro que puede lisiar, arruinar o terminar con una vida.

Cómo se arriesgan las muchachas

Por lo común, su hija correrá riesgos de dos clases. Irá donde no debería ir. Se involucrará con gente que a usted no le agrada.

Cherise, una dulce adolescente de quince años, tenía los ojos más celestes que vi, fuera de las películas de Paul Newman. Sus padres reconocían su peligrosa combinación de belleza e inocencia, y declararon fuera de los límites un callejón de bolos situado cerca de un bar, donde se reunían rufianes. Pero como sus amigos iban allí, consideró una tontería los temores de sus padres.

Una noche, mientras estaba jugando a los bolos, un estudiante buen mozo comenzó a coquetearle. Después de que ella perdió un juego, su ofrecimiento para dar un paseo parecía una buena idea. Aunque Cherise nunca habría subido al auto de un extraño, este joven era educado, bien definido y encantador. El parque cercano tenía senderos bien iluminados para caminar debajo de los árboles.

Después de un rato, fueron debajo de la luz de la luna. Cherise permitió que la tomara de la mano y la besara. Cuando el beso fue más allá de lo que ella deseaba, no pudo apartarse. Cuando forcejeó, el gentil estudiante la abofeteó y la tiró al suelo. Afortunadamente, en ese momento se acercó otra pareja, y Cherise pudo escapar y pedir ayuda. De otra forma, probablemente la hubiera violado.

Había corrido dos de los riesgos típicos de las adolescentes: caminar por calles peligrosas; ser amistosa con un extraño potencialmente peligroso.

Y no olvide que las muchachas imitan a los muchachos. En la pandilla que se "arrastraba" con Seth había por lo menos una muchacha. Zach afirma, con envidia, que conoce muchachas que conducirían más rápido de lo que él se atrevería.

Control de daños

¿Qué puede hacer para proteger a sus hijos y que no corran riesgos extremos? Francamente nada. El estado frunce el entrecejo ante la práctica de atar a los niños a la pata de la cama.

Ni siquiera la policía puede evitar que los niños se arriesguen. Cerca de nuestra casa hay una peligrosa cantera llena de agua. Nadar allí es ilegal, pero los niños se escapan antes de nadar en las piscinas de sus padres o en Long Island Sound. La vigilancia policial sólo incrementa la aventura. Los niños siempre se las ingenian para saber cuándo pueden nadar y zambullirse en la piscina llena de piedras, sin ser atrapados por los policías. Si estas necesidades son normales en la adolescencia, si uno tiene un control limitado sobre sus adolescentes, ¿cómo puede mantener la cordura?

Primero, no se convierta en Nelly la nerviosa ni en Charlie el cauteloso. Restrinja su tendencia natural a realizar advertencias en toda ocasión. Son contraproducentes. Uno pierde credibilidad preocupándose demasiado. Cuando Seth descubrió que el monopatín no era tan arriesgado como su madre temía, comenzó a tomarla menos seriamente. Empezó a probar otras cosas prohibidas.

Los padres prudentes suavizan las advertencias.

Segundo, canalice el anhelo de su hijo por el peligro hacia senderos más seguros. La madre de Seth debió haberle permitido practicar skate, mientras insistía sobre medidas de seguridad razonables. Inadvertidamente empeoró una situación peligrosa. Se enteró de la "arrastrada", encontró la tabla, y la donó al Ejército de Salvación. Su hijo, enfurecido por lo que consideró un atropello de sus derechos, ahorró otra vez su dinero, y se compró otra tabla. La actuación de su madre le había enseñado que debía esconderla mejor y que debía "arrastrarse" sólo de noche. Y no usaba galones reflectantes.

Tercero, ayudaría... si no es demasiado tarde... que alentara a su hijo para que participara en actividades rudas en sus años de infancia. Una dolorosa panzada podría enseñarle a un niño cómo medir los peligros de zambullirse en una cantera llena de piedras. Golpearse la cabeza cuando se cae del triciclo podría (y dije "podría") ayudarle a comprender que debe usar un casco cuando anda en motocicleta. El niño que adquiere sus ideas sobre la invulnerabilidad física de las películas de acción y de la televisión, tendrá problemas. Probablemente los niños pequeños escucharán más sus advertencias que los adolescentes, y quizás internalice el mensaje básico. Los adolescentes van a vivir para siempre.

Hacer frente a la invulnerabilidad

Si su buscador de peligros no le escucha, deberá recibir instrucción profesional. Probablemente usted no pueda explicarle con precisión por qué es peligroso conducir a mucha velocidad en determinadas situaciones, o exactamente cuándo la velocidad mata, pero un experto sí.

Mi primer novio me enseñó a correr carreras, hacer trompos, y a zigzaguear, así que hice oídos sordos a las advertencias de mis padres sobre mi manera arriesgada de conducir. Ellos no podían saber más que mi Amante Cascajo. Lo único que recuerdo de las instrucciones de mi padre eran sus ocasionales quejidos de temor. Sin embargo, hoy en día recuerdo tres reglas de seguridad que me enseñó Mr. Flag, el profesor de conducción de la escuela. Puedo estacionar con una sola mano en el volante gracias a que lo escuché.

Como padre, uno les enseña muchas cosas a sus hijos. Cuando se convierten en adolescentes debe dejar que alguien más les enseñe.

Aun así, uno tiene control en otras áreas. Creo que usted estaría loco si le da a su jovencito un coche que pueda ir de 0 a 70 en tres segundos, o que le permita viajar a 90, 100 o 120. ¿Le dio un arma cargada cuando tenía cinco años?

Si yo gobernara el mundo, ningún automóvil podría ser construido para viajar a más de ciento treinta por hora... o quizás a noventa. El año pasado, tres adolescentes de nuestra pequeña ciudad murieron en accidentes automovilísticos por conducir a mucha velocidad. Mi corazón acompaña a esos padres, pero creo que fueron tontos al darles a sus hijos autos deportivos con motores de alta potencia. También restringiría el acceso a las motocicletas y a las lanchas.

Como ya lo admití, estas estrategias no evitaron que

mis hijos corrieran riesgos. Pero esa no es razón para dejar de intentarlo. Tomar medidas preventivas, por lo menos le dará una tranquilidad de espíritu. Sabrá que hizo lo mejor.

Experiencias arriesgadas

Los lugares y los amigos peligrosos deben ser tratados igual que los coches rápidos y los deportes arriesgados: permitir algunas exploraciones tempranas que provoquen accidentes menores. Su hijo aprende a tratar por sí mismo con cada uno de los peligros.

Cuando yo tenía trece años, mis padres me permitieron que por primera vez regresara del cine caminando yo sola, estipulando que lo haría por el camino más largo y seguro. Naturalmente, corté camino por el callejón oscuro que me habían prohibido expresamente. De pronto. escuché pasos detrás de mí. Corrí de allí lo más rápido que pude. ¿Un asaltante, un raptor, un vecino que tomaba un atajo? No lo sé. Sé que esa fue la última vez que crucé sola ese o cualquier otro callejón.

De tal madre, tal hijo. A los diez años, Daniel entró en una pandilla de muchachos que no me gustaban. Uno tenía una reputación muy bien ganada de intimidar a otros niños. A pesar de mis advertencias, mi hijo no podía alejarse. A las pocas semanas, el intimidador golpeó a un amigo de Danny. Eso le hizo sentir incómodo, pero la atracción aún era fuerte. Después de casi tres meses, el intimidador intimidó a Daniel, y eso concluyó con su pertenencia a la pandilla. Fue mejor que aprendiera de unos empujones, a que luego sintiera una atracción fatal durante la adolescencia por una pandilla armada con cuchillos y pistolas.

Conclusión: cuanto más pueda experimentar su hijo mientras esté bajo su ala, mejor será su habilidad para manejar los riesgos en el futuro. Usted debe tratar de desprenderse de algunos de sus temores lo antes posible.

Cómo responder

Ultimamente, la vida les enseña precaución a los adolescentes. ¿Cómo debería responder usted mientras este proceso educacional avanza?

Piense que es probable que una de las tres cosas le suceda a su hijo cuando se involucra en una práctica realmente peligrosa: puede huir con ella; herirse; o infringir la ley y ser capturado.

En el primer caso, hay muy poco que pueda hacer. No puede castigar por algo que no sabe. Y me parece que no es correcto sacar conclusiones basadas en rumores. Algunos padres lo hacen, pero yo trato de olvidar el rumor y actuar con indulgencia. Yo puntualizo que los rumores viajan rápido, y que espero que estén impulsados por aire caliente. No acumule rumores a su montón de preocupaciones. Limítelas a lo que sabe, no incluya lo que otros creen que saben.

En el segundo caso, generalmente la herida ya es suficiente castigo. No trate de aumentarla. Cuanto mayor es la herida, más consuelo necesita el niño... no un sermón. Es importante aprender que la vida está llena de heridas. Aprendemos esa lección al herirnos.

En el tercer caso, cuando a su hijo le atrapan por infringir la ley, no debe cometer el serio error de llegar y sacarle de la cárcel. Cuando no estoy cerca, no puedo evitar que Zach salga con amigos temerarios o exceda la velocidad máxima. Pero me niego a pagar cualquier multa por exceso de velocidad que le pongan. Y después de eso, puedo guardar las llaves del auto en mi bolsillo durante bastante tiempo.

Hábitos mortales

Algunos niños no solamente coquetean con el peligro, se convierten en adictos.

Debe preocuparse por dos posibles problemas: una adicción a hábitos peligrosos; o la aparición de cualquier hábito peligroso que tenga un origen emocional o sea autodestructivo.

La adicción comienza porque las prácticas peligrosas elevan la adrenalina. O porque a un niño le agrada el alivio que siente después de sobrevivir a una actividad peligrosa. Estas adicciones se pueden convertir en tan tenaces como un hábito a la droga. De la misma manera, ellos necesitan dosis cada vez más fuertes de la conducta adictiva, siempre más riesgos peligrosos.

Si cree que su hijo podría tener este problema, vea el capítulo 12 sobre uso de drogas. Si cree que requiere asesoramiento, comience con la gente de rehabilitación de drogas, pero quizá no sea fácil encontrar a alguien que realmente comprenda la adicción psicológica al peligro.

Autodestrucción

Desde el momento en que aprenden a caminar, algunos niños se balancean desde la azotea, mientras que otros se balancean en una hamaca... y muy lentamente.

El que lo hace desde la azotea es potencial adicto al peligro, del tipo autodestructivo. Probablemente lo tilden de "propenso a los accidentes". John, el hijo de una amiga, es un miembro fundador del club del hueso roto del mes, pero en su caso, la causa emocional es dolorosamente evidente. Un padre alcohólico abandonó a la familia. El muchacho necesita ayuda, y los "accidentes" son súplicas por el amor que su padre no le dará.

¿Cuándo el promedio de accidentes de su hijo es una señal de problemas? Bueno, para hacer una comparación burda tomemos a mi hijo Danny, que podría ser considerado como alguien que se balancea del primer piso. Durante los dos últimos años, se rompió un tobillo en un entrenamiento de fútbol, se lastimó un pulgar mientras peleaba, y se dislocó un dedo en la clase de gimnasia. Ciertamente no es alguien que se balancea de una hamaca, pero estas lesiones no parecen excesivas para un adolescente activo hecho de carne y hueso.

En el mismo período John tuvo una muñeca rota, un tobillo roto, ligamentos de la rodilla lesionados, una costilla rota que le hirió un pulmón, y dos contusiones. Estuvo ocho semanas escayolado, y casi todos los meses requiere puntos de sutura. Me atemoriza pensar en su forma de conducir. Su madre piensa que es torpe. Creo que está peligrosamente equivocada.

¿Usted vive con Danny el Brioso, o con John el Arriesgado?

He aquí una especie de línea de partida: si su hijo tiene tres accidentes que requieren puntos o uno o dos días de reposo, en un período de seis meses, usted podría necesitar ayuda.

Hable con el médico, entrenador, o consejero de su hijo. Piense en una evaluación de un psiquiatra o un psicólogo. Lea el capítulo 16. Y haga caso omiso de mi advertencia sobre una reacción excesiva: en este caso, es mejor arriesgarse y ser Nellie la Nerviosa o Charlie el Cauto. Sus temores podrían ayudar a salvarle la vida a su hijo.

Esperanza y oración

Uno no puede prevenir lo inevitable: en algún momento, casi todos los adolescentes intentarán algo que es tontamente peligroso. Por algún milagro, la mayoría escapará ilesa. Con suerte, también la mayoría se corregirá por su roce con las lesiones o la muerte.

(¿Se atreve a confesarle a su hijo el riesgo más peligroso que corrió cuando era adolescente?)

La mayor parte del tiempo, todo lo que puede hacer es

rezar, si cree en el poder de la oración. O tener esperanza. Esas oraciones y esperanzas no deben quedar sin respuesta, porque prácticamente todos los adolescentes se convierten en adultos, que luego aprenden a preocuparse por sus propios niños.

Tenemos razón al preocuparnos por las prácticas peligrosas. Pero cuando hemos hecho todo lo que podíamos, también tenemos derecho a reconocer que los excesos están con nosotros y nuestros hijos.

9

Aventuras...
peligrosas y algo más

MUCHACHO: ¿Por qué me caliento? Ella también deseaba hacerlo.

MUCHACHA: Yo lo hice porque él dijo que me amaba.

MUCHACHO: Bien. Ella sabía que sólo salíamos.

MUCHACHA: Yo estaba enamorada de él. No pensaba en cosas como condones y todo eso.

MUCHACHO: Estamos en los noventa, ¿verdad? Tiene que saber cómo cuidarse. ¿Qué se supone que debo hacer, darle una lección sobre su período?

MUCHACHA: De cualquier manera lo hicimos un par de veces. No lo planeamos. Nos dejamos llevar.

MUCHACHO: Sí, es verdad. Hicimos lo natural.

MUCHACHA: Es horrible tener que llevar todas esas cosas antes de salir. No me gusta pensar en ello.

MUCHACHO: Sí. Y sé que es limpia. Me refiero a que uno depende de las muchachas agradables que se cuidan solas.

MUCHACHA: Y él conoce una forma para no meterse en problemas.

MUCHACHO: Sí.

MUCHACHA: Una depende de los muchachos para saber estas cosas.

Cuando se trata del poder del sexo, su poder como padre es frágil. Piense en escenas de su propia adolescencia.

Para David y para mí, los años de padres adoptivos nos trajeron lo virginal, lo no virginal, y lo promiscuo. Gran parte de nuestra vigilancia estaba dedicada a prevenir a los adolescentes sexualmente activos para que no procrearan o adquirieran enfermedades de transmisión sexual. Sin embargo, después de dos meses de intensa preocupación, aprendimos la primera de muchas lecciones sobre los límites de nuestro control.

Sólo requiere un minuto

Michelle, una bella rubia de catorce años, fue nuestra maestra. Era egocéntrica, aburrida, hipercrítica y obsesionada por su aspecto. Imagine a Marilyn Monroe, con la ventaja de crecer rica y consentida. No era fácil que a uno le agradara. Sin embargo, los muchachos de la casa le perdonaban las faltas de su personalidad. Aunque ella parecía indiferente ante sus amigos maduros, ellos no se daban por vencidos.

Un día, realicé un descubrimiento sorprendente. La casa estaba resplandeciente y los niños se comportaban correctamente en la Levine Open House anual, a la que iban muchos trabajadores sociales, gente de la comunidad y autoridades. A mitad de la fiesta, Michelle se acercó y me llevó nerviosamente hacia un costado.

"Kathy, tienes que conseguirme una cita con el equipo de Paternidad Planificada. Tienes que hacerlo ahora mismo."

"Pero, Michelle, hay cincuenta personas dando vueltas por la casa y el jardín. Si estás embarazada, ¿por qué no me lo dijiste ayer o anteayer? ¿Por qué ahora mismo? Vamos a tener que esperar. Mañana conseguiremos turno con un médico."

"Tú no comprendes, Kathy. Sammy y yo acabamos de tener relaciones sexuales. Ahora me siento descompuesta, y estoy segura de que estoy embarazada. Deseo abortar hoy mismo."

Ya bastante exasperada, le respondí: "Michelle, hace cinco minutos, Sammy y tú estaban ayudando en la cocina. ¿Y ahora me dices que tuvisteis relaciones sexuales?"

"¿Crees que mentiría sobre esto? Fuimos a la despensa y lo hicimos de pie. Sólo tardamos unos minutos. Nos pusimos contra la puerta para que nadie pudiera entrar. Ahora me siento descompuesta, y será mejor que me haga un análisis ahora mismo, o le diré a toda esta gente lo que sucedió."

El chantaje no funcionó. Convencí a Michelle que su descompostura probablemente se debía a un exceso de tarta de chocolate. No estaba embarazada, aunque quiso ir al equipo de Paternidad Planificada y obtener píldoras anticonceptivas.

Pero la lección importante para los Levine fue la escena en la despensa. Lección uno: sólo lleva unos minutos. Los padres que creen que saben dónde están sus hijos y qué están haciendo, deberían reconsiderarlo. Su vigilancia no puede asegurar una prevención del embarazo.

Ahora, más que nunca, las realidades de la vida están ligadas con la realidad de la vida paterna: su control es limitado, y en algunas áreas no existe. Usted puede influir sobre las decisiones de su hijo acerca de las cosas sexuales, pero no debe esperar más que eso: influir.

¿La vida era más fácil hace un tiempo? Eso es un mito. La educación sexual, especialmente para las niñas, puede resumirse en una palabra: no. Se supone que los muchachos deben probar; las muchachas ganan respeto diciendo que no. De acuerdo con el mito, todo ha cambiado, y la virginidad es una pesada carga de la cual hay que desprenderse lo más pronto posible. De pronto, se duda de la muchacha que dice que no. Para algunos, parece que los muchachos fueran los verdaderos ganadores en esta inversión de valores, y las muchachas fueran explotadas, pero la libertad sexual de los sesenta, setenta y ochenta no siempre era completamente libre para los muchachos.

Los padres no siempre saben lo que es mejor

Kelvin, con su pelo pelirrojo, pecas y nariz chata, parecía uno de esos niños a los que atrapan robando manzanas en una película de Walt Disney... dañino, pero bueno como el oro. Sin embargo, cuando una noche me pidió hablar en privado, me enteré de que había estado probando otra clase de fruta prohibida. Su novia de trece años le había dicho que pensaba que estaba embarazada, y estaba por aprender otra lección: nuevos significados del antiguo Doble Patrón.

"¿Qué voy a hacer?" preguntó, sin saber que esa pregunta podría fastidiar a cualquier mujer.

"Nada" le respondí, "excepto ayudar a decidir a tu novia qué desea hacer".

"Pero ella desea abortar", se lamentó. "En realidad, dice que va a abortar sin importar lo que yo desee. Pero el aborto es un asesinato. Es un pecado."

"Kelvin, no todos están de acuerdo con que el aborto sea un crimen, pero no tienes nada que decir en esto. Ella debe decidir." Agrandó los ojos como si yo hubiera comenzado a desvestirme. "La naturaleza lo estableció así. El bebé está en su cuerpo, no en el tuyo."

"No es justo", dijo por fin, y salió de la habitación.

Esto desató muchas discusiones acaloradas en nuestra casa. Los muchachos y las muchachas tenían diversas opiniones sobre las responsabilidades sexuales de los muchachos. Algunos de mis niños adoptivos comentaron que si el período de una noviecita se atrasaba "era problema de ella". Algunos demostraron indiferencia: "Probablemente no es mío." Pero la mayoría se preocupó tanto como su pareja sobre la posibilidad de un embarazo.

Para mí, preocuparme no es suficiente. El muchacho debería estar dispuesto a hacer algo sobre el problema. Ese se convirtió en uno de mis criterios para ayudar a un jovencito a decidir si realmente estaba listo o no para una vida sexual activa. Así se lo explicaba:

"La mayoría de los adolescentes obtienen más dolor que placer del sexo. No os riáis. Mirad a vuestro alrededor. Pero si realmente pensáis que sois lo suficientemente grandes como para tener sexo, creo que debéis probarlo... quiero decir, conseguid un control de natalidad y usadlo."

Personalmente, no creo que la mayoría de los adolescentes sean lo suficientemente maduros como para controlar las intimidades sexuales y sus consecuencias. Ciertamente, Kelvin y su novia no lo eran, aunque él aprendió gradualmente a enfrentar la realidad de su situación personal. Comprendió que debía ser sexualmente responsable si no deseaba ser partícipe de un aborto. Decidió que si obedecía los dictados de su creencia religiosa probablemente debería de abstenerse del sexo antes de casarse.

La mayoría de mis niños adoptivos no deseaba elegir esa opción. Y yo no creo que el sexo, aunque sea manejado de forma inmadura, sea malo. El sexo no se encuentra en mi lista de las cosas malas que hacen los niños buenos, a menos que sea sexo irresponsable.

Dobles mensajes

Para algunas personas, el "sexo irresponsable", se define como "sexo antes del matrimonio".
Para mí, existen otras definiciones.

● Dejar que el sexo suceda, en lugar de realizar una decisión consciente para ponerlo en práctica.

● No utilizar métodos de anticoncepción, cuando uno no puede mantener o no desea un bebé.

● No protegerse de las enfermedades.

● Explotar a otro.

Si usted es un padre que cree que el sexo prematrimonial es malo, algunos de los siguientes consejos le serán de mucha utilidad. Apoyo su derecho a mantener sus valores. Pero en una sociedad que constantemente promociona las glorias del sexo, un énfasis excesivo en la castidad podría crear más problemas que prevenirlos.

He aquí el doble mensaje: los anuncios promueven los deleites del sexo, la familia y las figuras de autoridad promueven la castidad. Los adolescentes confundidos no realizan una elección consciente para practicar el sexo. Kelvin y su novia, por ejemplo, consideraban el sexo "malo", por eso no estaban preparados. Después de cinco meses de salir, una noche se "dejaron llevar". Después se arrepintieron, y prometieron no volver a hacerlo. Pero la muchacha no era una virgen y había terminado una represión. La próxima vez fue más fácil, y la siguiente, y la siguiente.

La excusa de ser arrastrado, aunque legítima, alivia la culpa de un adolescente por desear hacer lo prohibido. No brinda tiempo para una preparación responsable para el sexo. Al igual que muchos adolescentes, Kelvin permitió que el deseo suprimiera la conciencia. No estaba explotando a propósito a su novia. También para las niñas, dejarse llevar suprime la responsabilidad individual. Jerome Kagan cree que esta clase de pensamiento es parte del paisaje cultural: "Los americanos creen que ser abrumado por un sentimiento justifica cualquier acción que surja del mismo."

Por lo menos a Kelvin realmente le importaba su novia. Tenía posibilidades de aprender a ser responsable. Demasiados adolescentes no ven más allá del doble patrón que es tan actual y destructivo como lo era cuando yo estaba creciendo.

Doble patrón, doble atadura

Los padres de Clarissa estaban seguros de que iban a hacer lo correcto. Como los dos habían tenido experiencias sexuales positivas antes de casarse, hablaron cuidadosamente con su hija sobre el sexo con responsabilidad. A los trece años, ella se sentía bien consigo misma, cómoda con su cuerpo y sus cambios. Decidió que sería como la heroína de la novela Forever, de Judy Blume: haría el amor antes de casarse, pero estaría enamorada, estaría protegida, sería astuta.

A los quince años, cuando su ginecóloga me la envió para que la aconsejara, Clarissa estaba gravemente deprimida. Tres meses antes, había practicado un aborto. Eric, el padre adolescente, ya no la encontraba deseable como cuando se negó a acostarse con él. Cuando entró en mi oficina, Clarissa tenía un aspecto deprimente: espalda inclinada, labios hacia abajo, ojos constantemente llenos de lágrimas.

"Sueño día y noche con mi bebé, con el bebé que maté", finalmente pudo decirme. "Mamá y papá se han comportado estupendamente, mamá me dice una y otra vez que en realidad no maté al bebé, pero yo sigo pensando qué hubiera sido... y no puedo librarme de esos pensamientos. Dentro de un par de meses tendría un bebé. Incluso sueño que aún estoy embarazada... ojalá tuviera que hacerlo todo otra vez."

"¿Qué cambiarías?", le pregunté suavemente.

"Diría que no. Nada de sexo hasta que estuviera lista para tener un bebé. Y si el muchacho no puede esperar, adiós muchacho."

Su historia no es extraordinaria. Ella y Eric, de diecisiete años, salían desde hacía seis meses, uniéndose cada vez más emocional y físicamente. Cuando él le entregó su anillo de estudiante, ella decidió poner en práctica el plan que ideó a los trece años, pero su ginecóloga no podía atenderla de inmediato. Una noche, cuando ya la espera fue demasiado larga, Clarissa y su primer novio serio hicieron el amor... con gran pasión, sin protección.

Se acostaron tres veces más, usando condones. Clarissa estaba muy feliz, pero repentinamente Eric le anunció que se estaban comprometiendo demasiado. Deseaba salir con otras muchachas. En realidad, había estado saliendo con otra al mismo tiempo. Salían "en serio" cuando Clarissa descubrió que estaba embarazada. Nunca le dijo nada a Eric sobre su bebé.

Actualmente, después de superar su dolor por el bebé, su pérdida de inocencia, y el golpe devastador a su fe en el amor que todo lo puede, Clarissa se está recuperando bien. Se convenció de que el aborto no era un asesinato. También la ayudó escribirle una carta a Eric, siguiendo mi consejo, que le informara tranquila y claramente sobre su comportamiento que había sido sexualmente irresponsable, emocionalmente abusivo y explotador. (No sabemos qué efecto provocó esa carta en Eric; Clarissa era la tercera muchacha que dejaba plantada después de algunos meses de romance que terminaban en relaciones sexuales.)

Aun todos los Eric del mundo están siendo influidos por la llegada del SIDA. En la mayoría de las comunidades de clase media, los adolescentes creen que los condones están "in". En una escuela suburbana, una pandilla de quinceañeros celebra los cumpleaños entregándole al agasajado condones para un año. Pero uno no puede confiar en el temor del adolescente al SIDA para asegurarse de que su hijo se protege en cada relación sexual. Recuerde que es inmortal, y la pasión es una excusa para casi todo.

Qué pueden hacer los padres

Defina su objetivo.
Decida cómo espera lograrlo.

Por ejemplo, ¿desea que su hijo permanezca virgen hasta que se case? A pesar de las actitudes sexuales permisivas que parecen prevalecer en nuestra sociedad, podría tener éxito.

Veamos cómo algunas sectas religiosas fundamentalistas mantienen castos a sus hijos: crean un ambiente en el cual todos los adultos están de acuerdo en enseñar a sus hijos que las relaciones sexuales son un acto sagrado permitido sólo en el matrimonio. Generalmente, mantienen a las muchachas y a los muchachos separados y ocupados, pero también les brindan formas de descarga física segura. Los judíos practican muchas danzas unisex que los colman físicamente y los elevan espiritualmente. Esa actividad puede encaminar los impulsos sexuales y alentar la castidad, y los niños se sentirían satisfechos de hacer solamente lo que la familia, los amigos y los líderes grupales consideran bueno y correcto.

Finalmente, al promover casamientos tempranos, muchas sectas ayudan a poner los relojes biológicos y las normas de castidad de la comunidad en una mayor armonía. Actualmente, en muchas partes del mundo, como en nuestro propio pasado reciente, el matrimonio entre medio-adolescentes es una realidad. Si usted está decidido a que su hijo permanezca casto antes del casamiento, podrá cumplir mejor con su objetivo si lo anima para que se case joven, quizás inmediatamente después de licenciarse. Si ambos coinciden en esa limitación unos años antes, él también tendrá un objetivo definido... una ayuda para su determinación.

Sin embargo, actualmente a muchos padres les importa menos la castidad que controlar la entrada de un niño en la sexualidad adulta.

Este objetivo es razonable y generalmente asequible. Asegúrese de conocer las idas y venidas de su hijo. No le permita permanecer mucho tiempo sin acompañante con un muchacho, aunque a usted le agrada y confíe en él. Desaliente las citas tempranas. En lugar de ello, aliéntele para que desarrolle muchos intereses diferentes, incluyendo algunas actividades físicas enérgicas. Si usted sigue estas orientaciones (y habla francamente con su hijo sobre el sexo y la responsabilidad sexual) estará haciendo todo lo que puede para evitar que se vea envuelto demasiado joven en las demandas y confusiones de la sexualidad adulta.

Charla sobre sexo

Otra lección invalorable de mis niños adoptivos: nos obligaron a hablar sobre sexo con nuestros hijos mucho antes de lo que lo hubiéramos hecho de otra manera. También me ayudaron a sentirme cómoda formulando y respondiendo preguntas sobre sexo. Me ayudaron a definir mis ideas y a dar a conocer mis opiniones.

Llevó tiempo aprender todo esto, a pesar de la vehemencia de mis maestros adolescentes, así que tenga paciencia consigo mismo. A pocos padres les resulta fácil hablar sobre los pájaros y las abejas, pero una charla abierta sobre la responsabilidad sexual es el requisito previo necesario para prevenir una relación sexual temprana. Es la única manera en que puede comenzar a cumplir con su responsabilidad sobre la educación sexual de su hijo.

Los adolescentes también se sienten incómodos en estas conversaciones. ¿Por qué? Una razón, generalmente desconocida, es que hablar de sexo despierta los sentimientos sexuales. Para muchos amantes, una charla sobre sexo es el comienzo de la estimulación sexual. Un niño que comienza a sentir toda clase de sentimientos sexuales, se sentirá incómodo si los mismos asoman durante una charla con sus padres.

Otro problema es, cuando los padres tocan el tema del sexo, la sugestión escondida de que es el momento de que el niño se convierta en sexualmente activo. He aquí un doble mensaje:

"Quiero que sepas sobre control de la natalidad, hijo, pero espero que no actúes basándote en ese conocimiento."

Este problema no puede ser evitado. Si desea que su hijo sea sexualmente responsable, tiene que compartir el conocimiento sexual con una persona que es capaz de una sexualidad adulta.

Si ha estado evitando este tema, hoy es el día para cambiar su camino... con la velocidad apropiada. Decídase a tener una charla con su adolescente antes del próximo fin de semana a esta misma hora. Incluso si ya habló con su hijo bueno cuando comenzaba su adolescencia, no vendrá mal mantener una charla de revisión.

Permítame darle un plan para las primeras conversaciones sobre sexo.

Reúnase con su hijo cuando está viendo por televisión un episodio de alguna comedia que presente adolescentes y sus problemas: "¿Quién manda?" "The Cosby Show", "Roseanne", "Mis dos papás". Las posibilidades son, un argumento retorcido o usar algunos de los chistes como trampolín para hablar sobre responsabilidad sexual. Al día siguiente, mencione el show cuando su hijo regrese de la escuela, observe su reacción, e inicie una discusión sobre las complicaciones de su comportamiento sexual.

Si tiene vídeo, alquile una película orientada a los adolescentes como The Sure Thing, Footloose, The Breakfast Club, o Risky Bussiness. Esta semana, véala usted solo. Luego desarrolle su argumento. ¿Qué mensaje desea hacerle comprender? ¿Qué es lo más importante que su hijo debería saber sobre sus pensamientos acerca de la responsabilidad sexual? (Por ejemplo, el primer mensaje que yo traté de transmitir fue que existía una cosa llamada sexo responsable.) A la semana siguiente, véala con su hijo.

Usted encontrará sus propios temas, pero permítame sugerirle un par de propuestas. Footloose, por ejemplo, es buena para discutir sus temores como padre, si desea que su hijo permanezca casto hasta el matrimonio. Si usted cree que su adolescente es sexualmente activo, o si no se opone al sexo prematrimonial, The Sure Thing es más adecuada.

He aquí lo que le dije a un niño adoptivo cuando vimos juntos Footloose:

"Esos padres están preocupados porque sus hijos lleguen demasiado lejos. Todos los padres nos preocupamos por eso, porque no nos gusta ver que nuestros hijos se lastiman. Tú decides cuándo mantener relaciones sexuales, pero me gustaría que supieras lo que pienso sobre esas cosas. Quiero que sepas que existe algo llamado responsabilidad sexual."

O después de ver The Sure Thing con un niño:

"Esa película era una lección sobre responsabilidad sexual. No sé si alguna vez te dije lo que pienso sobre qué es el sexo responsable. Dame cinco minutos y te lo explicaré. Es una idea simple, pero podría ser lo más importante que debes aprender en este momento."

Con estas clases de introducciones, un buen comienzo asegura la mitad del trabajo, pero tenga preparado con tiempo el resto de su argumento. He aquí cómo sigue el mío, pero el suyo será producto de sus propias creencias y objetivos:

"Espero que siempre seas sexualmente responsable. Quiero decir, que no siempre te dejes llevar... Elegirás ser sexualmente activo. Pensarás en el asunto con tiempo. Y también usarás anticonceptivos y te protegerás de las enfermedades. Si no puedes hacerlo, no has pensado lo suficiente sobre estar preparado para utilizar el sexo. Finalmente, trata de no lastimar ni explotar a tu pareja."

"También pienso que cuanto más esperes para tener sexo, hay más probabilidades de que te comportes de una manera responsable. Mientras tanto, puedes aprender mucho sobre sexo explorando tu cuerpo, o acariciando. De esa manera, estarás más preparado para un sexo adulto y para ser una mejor pareja a largo plazo."

Oh, sí, yo sugiero la masturbación como un paso intermedio hacia el coito. Las niñas, especialmente, necesitan oír este mensaje. A diferencia de los muchachos, ellas no tienen permiso para masturbarse. Usted puede sentirse incómodo con este tema, pero escuche esto: la masturbación no es ni física ni emocionalmente insalubre, en sí misma, y puede retrasar la precipitación hacia un compromiso sexual.

Ensayo

Una vez que tenga su argumento, ensáyelo.

Si está viendo un programa de televisión y uno de los personajes se comporta irresponsablemente, finja que le está dando su charla sobre sexo a él. Es un ejercicio realmente útil para concentrarse. O ensaye con un amigo. Ambos se divertirán mucho, y probablemente él tendrá algunas buenas sugerencias. Los participantes de los grupos de mis Tácticas para Padres tardan cuatro o cinco semanas en poder hablar cómodamente sobre sexo.

Tan pronto como se sienta cómodo con la idea en general, imagine que está conversando con su hijo. Durante una semana, tome nota de las oportunidades que surgen naturalmente en la vida cotidiana de su familia, y piense cómo puede obtener ventaja de ellas. Practique mentalmente, hasta que esté preparado.

Finalmente, hágalo. Puede ser formal: sentarse con su hijo a ver uno de los shows o películas de la televisión. O aprovechar el momento: esperar una oportunidad que se presente durante una conversación.

Si titubea o se sonroja, dígale a su hijo por qué:

"A mi mamá y a mi papá les costaba hablar sobre sexo, y a mi también, pero voy a tratar de hacerlo. Tenme paciencia. Tengo que decirte lo que pienso sobre la responsabilidad sexual."

Cuando haya terminado, pida gentilmente una respuesta:

"¿Esto te sorprende? ¿Te gustaría preguntarme algo? ¿Tienes una opinión diferente? ¿Tus amigos piensan diferente?"

Yo no espero milagros de una primera conversación sobre sexo. Mi argumento sugerido es lo ideal, no la norma. Quizá su hijo balbucee desconcertado, o busque la salida más rápida. Aun así, debe intentar dejar una puerta abierta para una discusión más prolongada. Cuando un niño adoptivo no podía mantener una conversación sobre sexo, yo retrocedía:

"Veo que necesitas pensar un poco más en esto. En este momento no te sientes cómodo. Está bien. A muy pocos niños les gusta hablar sobre sexo con sus padres. Pero debo hacerte conocer mi posición. Es parte de mi trabajo como madre. Recuerda: si alguna vez deseas hablar sobre sexo, siempre estoy aquí. Si prefieres hablar con algún otro adulto, también está bien. Piensa en estas cosas, ¿está bien? Y háblalas con algún adulto en el que confíes. Lo importante es ser responsable."

Siempre les sugería buscar consejos sobre anticoncepción y los enviaba a sus trabajadores sociales, médicos particulares o al equipo de Paternidad Planificada. En casa siempre había folletos de este equipo, pero mis niños adoptivos, al igual que la mayoría de los adolescentes, rara vez elegían ir allí. Pensaban que esas visitas anunciaban que ya estaban sexualmente activos. En lugar de ello, preferían una clínica. Los niños y las niñas se resisten a las discusiones sexuales con un médico que conocen desde su infancia. Por lo menos, los muchachos pueden comprar condones. Como, de cualquier manera, las niñas a esta edad necesitan un examen ginecológico, pida uno con un médico que su hija no conozca personalmente. En ese contexto, una conversación sobre responsabilidad sexual será menos incómoda.

Siempre, aunque pudiera lograr muy poco, me aseguraba de que mis niños escucharan la Regla Levine: alguien que no está preparado para hablar sobre control de la natalidad con un profesional o con sus padres, no está preparado para utilizar su sexo.

Además, a alguien que tiene que pedir permiso a sus padres para usar su sexo, debería decírsele siempre que no, fuerte y claro. Ese jovencito no es lo suficientemente grande, o no está emocionalmente maduro para usar su sexo. Usted puede explorar un poco sus sentimientos, averiguar qué sucede, pero no puede darle permiso a su hijo. La elección debe ser de él. Usted puede aclarar su posición y compartir sus sentimientos sobre la responsabilidad sexual, pero debe entender que no puede decidir por él. No permita que le obligue. Nunca.

A propósito, creo que debería alentar a su pareja para que comparta los temores sobre las conversaciones sexuales. Algunos padres realizan juntos la conversación sobre los pájaros y las abejas, pero la mayoría prefiere hacerlo por separado. Su hijo merece saber cuál es la posición de cada uno de ustedes. Usted no desea que piense: "Oh, mamá es anticuada, pero papá comprenderá."

¿Y si no están de acuerdo? Dudo de que sería la primera vez. Estamos en el mundo real, no en el de los libros de autoayuda que propician la unidad entre los padres y muchos otros temas. Piensen seriamente en sus diferencias. ¿Son pequeñas o realmente van al fondo del asunto? Es muy probable que concuerden en las cosas básicas; enfatícenlas.

Pero si el golfo que separa sus criterios es más ancho que el que separa a Florida de México, confiéselo. Dígale a su hijo que usted y su pareja no están totalmente de acuerdo. (El no se sorprenderá, en este momento de la vida familiar.) Dígale que comprende que deberá escuchar el otro punto de vista con una mente abierta. Recuérdele que las opiniones diferentes no son necesariamente destructivas. A menudo, es probable que las opciones realistas puedan ser descubiertas al considerar una amplia gama de opiniones.

A largo plazo, ambos padres deben ser realistas:

1. Esta decisión de ser sexualmente activo pertenece a su hijo, no a ustedes.

2. Sin embargo, usted tiene derecho a suponer que, al tomar su decisión, a su hijo no le agradaría beneficiarse con algunas opiniones de adultos.

3. Por lo tanto, asegúrese de que su opinión sea escuchada.

4. Reconozca que ha hecho todo lo que podía.

Sexo irresponsable: dos peligros

Una enfermedad, posiblemente fatal, e hijos no deseados, son los dos resultados desastrosos del sexo irresponsable.

No es difícil encontrar protección para ambas cosas. Se puede obtener información en la escuela y en la televisión. La mayoría de las instituciones de la sociedad alientan a los adolescentes sexualmente activos para que elijan un sexo seguro. Entonces, ¿por qué los índices de embarazos adolescentes y de enfermedades venéreas no descienden de manera espectacular?

Un viernes por la noche, tres de mis niñas se reunieron para lavar los platos, así tendrían más tiempo para prepararse para un baile de la escuela. Nancy, una linda quinceañera, de pelo castaño, y ojos celestes, que actuaba como si fuera mucho más grande, murmuró: "Creo que lo haremos."

Yo la escuché. Sabiendo que le gustaba un muchacho, le pregunté: "Si estás planeando hacerlo, ¿qué planeas usar para no quedar embarazada?

"Lo que uso siempre", me respondió. "Estoy en los días en los que no hay problema."

"Pero tuviste tu período la semana pasada. Aunque el ritmo funcione, ahora es el momento de decir que no. No estás segura durante la mitad de la segunda semana."

Con la ayuda de un folleto de salud pública, gané la prolongada discusión que sobrevino. Nancy reconoció el peligro de tener "poco conocimiento". Esa noche no fue al baile. Pidió una cita con el equipo de Paternidad Planificada pa-

146

ra la semana siguiente, porque sabía que deseaba sexo pero no un bebé.

La mayoría de los adolescentes están en conflicto acerca de tener sexo o no... tanto que inicialmente no pueden hacer planes para protegerse. De acuerdo con la Fundación para la Defensa de los Niños, menos del 50 por ciento de los adolescentes utiliza métodos anticonceptivos cuando tiene relaciones por primera vez. Cuando crecen el uso se incrementa.

Sin embargo, algunas niñas desean desesperadamente tener bebés.

Riva Jones, nacida antes de que sus padres se casaran, tenía una personalidad burbujeante y un aspecto tierno, que atraía enjambres de muchachos. Su cariñoso padre, recordando sus indiscreciones juveniles, estaba tan decidido a mantenerla casta que la seguía literalmente día y noche. La llevaba a la escuela, la recogía para volver a casa, controlaba sus llamadas telefónicas, elegía sus amigos, la llevaba a la iglesia y a los ensayos del coro... y a correr.

Cuando Riva vino a vivir con nosotros, David y yo éramos escépticos sobre las historias de los deberes de su padre como centinela, pero muy pronto nuestros ojos se abrieron. El hombre estaba perturbado. Todas las mañanas, allí estaba Mr. Jones observando mientras su hija cruzaba nuestro jardín, caminaba por la vereda, giraba a la derecha, y recorría los últimos 50 metros hasta la escuela. La esperaba cuando regresaba a nuestra casa. Los fines de semana, se sentaba en su automóvil desde la mañana hasta la noche. Por lo menos tres veces por día llamaba para pedirme que me asegurara de que Riva no estuviera sola con esos muchachos que vivían con nosotros. Finalmente, le pidió a la Corte que trasladara a su hija a un hogar de niñas adoptivas.

No es sorprendente, con esta clase de incentivo paterno, que Riva tuviera su primer hijo a los dieciséis años. Casi siempre, un control excesivo produce el efecto contrario al que usted está buscando. Puede convertir lo prohibido en algo más atractivo. El control excesivo da la impresión de que la tentación debe de ser demasiado fuerte para que el niño la pueda resistir solo.

Quizás en el caso de Riva, había una necesidad de tener un hijo. Para ambos sexos, el concebir un hijo es un pasaporte para la mayoría de edad. Hoy en día, este acontecimiento normal en otra época (la paternidad de los adolescentes) es inquietante por dos razones: nuestra sociedad no necesita cantidades y cantidades de niños para sobrevivir: necesita ciudadanos que estén bien educados. Como algunos niños no pueden obtener un título académico, pero no tienen problema en engendrar un hijo, convertirse en padres es la única manera de obligar al mundo y a sus padres a que los reconozcan como adultos.

Mantener la puerta abierta

Durante su conversación sobre sexo, puntualice en el mensaje que usted siempre estará allí para ayudarle si tiene algún problema sexual. Esto no es tan fácil como suena. Señale que aun las niñas sexualmente responsables y las mujeres mayores pueden quedar embarazadas. El control de la natalidad no es cien por ciento efectivo.

Y no eluda los hechos fundamentales. Conocí a varias muchachas que se negaron al coito, pero quedaron embarazadas después de muchas caricias. En un caso, al parecer el muchacho usó su semen como lubricante. En otro, el muchacho eyaculó cerca de la vagina de su pareja. Como ella nunca había tenido relaciones sexuales, esta pareja creyó que su himen aún era una barrera. Aclárele a su hijo que todas las caricias que conduzcan a la eyaculación pueden conducir a un riesgo de embarazo.

Esto significa que una niña buena puede ser sexualmente responsable y aun así quedar embarazada. Quizá le gustaría decir algo así en su conversación sobre sexo:

"Ser sexualmente responsable significa no engendrar un bebé. Pero si te quedas embarazada, o engendras un hijo, lo mejor que puedes hacer es conseguir la ayuda que ambos necesitan lo antes posible. No me sentiría feliz si engendras un hijo, pero estaría allí para ayudarte."

Y esté preparado para cumplir con esa promesa, en el peor de los casos.

Cuando descubra que podría convertirse en abuelo antes de lo pensado, enfrente la verdad: quizá piense que tiene control sobre la situación, pero en realidad sus opciones son relativamente limitadas.

Legalmente, no puede obligar a su hija a abortar, a dar el bebé en adopción, o a criar al bebé sola. Tampoco puede echarla de su casa, aunque puede negarse a que regrese a casa con el bebé en brazos. Ustes es responsable del mantenimiento de su hija hasta los dieciocho años; no es responsable de mantener a su nieto. Sus derechos a participar en cualquier decisión que afecte al bebé de su hija son limitados. Dependen de la prueba de paternidad. Generalmente, se considera que están subordinados a los derechos de la madre, padre y abuelos maternos, en ese orden. Busque consejo legal inmediatamente si desea ejercer algún vínculo legal sobre el hijo de su hija.

Además de los aspectos legales, su objetivo principal en esta situación es el mismo para su hijo o su hija: acompañarle en esta situación potencialmente dramática con apoyo y amor. Tendrá que vivir con la decisión que él o ella tome. Si eso le molesta, porque tiene una fuerte determinación sobre una opción particular, como aborto o adopción, debe evitar la tentación de decirle a su hijo qué debe hacer. Aunque sea un padre muy comprensivo, selle sus labios. Si es necesario, busque consejo para usted, y otro consejero para su hijo/a. (Si aún no lo ha hecho, quizá desee ver el capítulo 17, para decidir cuándo un consejo exterior es una buena idea.)

Su Respuesta Cariñosa debería comenzar con la pregunta: "¿Qué necesitas de mí?" Eso mantiene su enfoque en el lugar al que legítimamente pertenece.

No decidirá el destino del bebé, pero usted decidirá con qué contribuirá o no... tiempo, vinculación emocional, lugar en su casa, dinero.

Tenga clara una cosa: cuando comienza la gestación, su rol en la vida de su hija se restringe dramáticamente. Ahora ella tiene otra vida en la que pensar. Usted puede escuchar, proporcionar el consejo solicitado, decidir cuánto desea involucrarse. Más que nada, puede concentrarse en dar una Respuesta Cariñosa.

Amor del mismo sexo

El amor homosexual es una variedad del amor que, como puede suponer a esta altura, no integra mi lista de cosas malas.

Nadie comprende por qué algunas personas se sienten sexualmente atraídas por miembros de su propio sexo. Lo que sí sabemos es que la atracción sexual es variable, y a menudo está determinada por las normas culturales tanto como por las preferencias personales. Las mujeres modestas de Africa occidental, por ejemplo, llevan el torso desnudo, pero se cubren totalmente las piernas, las cuales son consideradas altamente eróticas. En su barrio sucede lo inverso. Vea las bellas bañistas regordetas de 1890, las muchachitas anoréxicas de 1920, las estrellitas neumáticas de 1950... La naturaleza no estableció una idea heterosexual uniforme. Y esta plasticidad se adapta bien a los humanos; significa que todos tenemos una mayor oportunidad en el juego del apareamiento.

Quizá también signifique que algunos de nosotros preferiríamos compañeros del mismo sexo. Los expertos creen que cerca del diez por ciento de los hombres y las mujeres de todas las poblaciones humanas son homosexuales. En algunas sociedades sexualmente liberadas, el porcentaje podría aumentar, pero no más del dieciocho por ciento.

Digan lo que digan las estadísticas, siempre fue y será verdad que algunos niños son eróticamente atraídos por miembros del mismo sexo... sin importar lo que diga la sociedad ni lo que sientan los padres. Uno no puede legislar excitaciones sexuales.

Mientras todos los demás están jugando a "El muchacho encuentra a la muchacha", explorando su sexualidad, algunos exploradores adolescentes descubrirán que el argumento debería ser escrito nuevamente. Y podrían averiguar que tienen un papel más rudo que interpretar. Los adolescentes no desean ser diferentes: ser homosexual es ser diferente en un área en la que están pensando durante la mayor parte del tiempo. Usted no puede ayudar dando certezas a un adolescente que ha descubierto que prefiere el amor del mismo sexo. El sabe bien que, en América, ese descubrimiento generalmente no es considerado una causa de grandes celebraciones.

Una cosa que todos los padres y adolescentes deberían aprender es que el sexo es algo continuo. Si algunas personas son exclusivamente heterosexuales y otras exclusivamente homosexuales, la mayoría se encuentra en un punto intermedio. El famoso investigador Kinsey propone una gradación de siete pasos desde el heterosexual, pasando por el bisexual hasta el homosexual. Ni usted ni su hijo deberían preocuparse si él se excita durante una clase de lucha o en algún otro momento inesperado de contacto físico íntimo con el mismo sexo. Todos somos criaturas sexuales... mucho más durante la adolescencia. Ciertos toques, ciertas actividades, nos excitan sin importar quién es la pareja. Una niña no es homosexual a menos que prefiera el amor del mismo sexo durante la mayor parte del tiempo. La bisexualidad significa gustar del amor heterosexual y homosexual por igual. Un heterosexual prefiere el amor del sexo opuesto la mayor parte del tiempo. El desconocimiento de estas simples distinciones les provoca a muchos adolescentes una confusión innecesaria. Los niños pueden desear suicidarse cuando se equivocan sobre sus sentimientos sexuales.

Al principio, casi todos los homosexuales luchan contra sus sentimientos, tratando desesperadamente de no ser "diferentes". Varios de mis niños adoptivos se sentían atraídos por miembros de su mismo sexo, pero ninguno pudo discutir su homosexualidad conmigo. La actitud de la sociedad, aun en nuestra era, es relativamente permisiva, no alienta esta clase de relaciones. La propagación del SIDA no ayuda.

Por lo tanto, si su hijo no puede hablar sobre sus sentimientos por el mismo sexo, no debe culparle. Si lo ha hecho, usted actuó muy bien, teniendo en cuenta todas las presiones que existen en la sociedad.

Muchos padres han aceptado los sentimientos de su hijo por el mismo sexo. Se han creado grupos de apoyo y se pueden consultar a través de cualquier agencia que trabaje con comunidades homosexuales. Reuniéndose con otros, usted puede aprender cómo discutir el tema con su hijo, a tratar con los hermanos, a controlar sus propios sentimientos de culpa o vergüenza, y a aceptar la individualidad de su niño bueno.

Si está convencido de que la homosexualidad es algo malo, creo que no se sentirá bien. A través de todo este capítulo, refiriéndome a cualquier manifestación o práctica de un sentimiento sexual, he insistido en un tema, que vale la pena repetir aquí: usted puede hacer conocer sus opiniones, pero no puede controlar el comportamiento de su hijo.

Enfréntelo.

El sexo adolescente, en todas sus formas y tamaños, lleva a su hijo a la mayoría de edad y lo aleja de su hogar. Las exploraciones sexuales forman parte de la naturaleza, al igual que el amor paterno. No cometa el error de enfrentarlos.

10

¡Y no volveré a casa!

–¿Desde dónde llamas? ¿Dónde has estado?

–No te lo voy a decir, papá. No quiero volver a casa. Sólo quería que no os preocuparais.

–¡Que no nos preocupáramos! ¿Te vas de casa y no vuelves en toda la noche y se supone que tu mamá y yo no debemos preocuparnos?

–Sabía que ibais a sentiros así.

–Vuelve a casa y lo discutiremos.

–No quiero.

–Eres nuestra hija, y tienes que estar en casa. ¡Ahora mismo!

–Adiós, papá. Saluda a mamá de mi parte.

–¿Qué manera de hablar es esa? Tu mamá está descompuesta por la preocupación.

–Adiós, papá.

–¿Dónde estás?

–Adiós.

Durante nuestros años de padres adoptivos, lo primero que hacíamos David y yo, todas las mañanas, era ir dormitorio por dormitorio contando narices. Por lo menos la mitad de estos niños habían huido de casa... de su propia familia, de hogares adoptivos, de hogares grupales.

A menudo, había una cama vacía. Algunos niños regresaban, pero de otros no volvíamos a tener noticias. Incluso ahora, cuando leo sobre un cuerpo no identificado, me pregunto si no será uno de mis niños adoptivos extraviado.

Si su hijo ha huido, aunque sea por una hora o dos, usted necesita leer cuidadosamente este capítulo. La huida crónica, a largo plazo (la que termina en la prostitución o en otras aventuras peligrosas) generalmente comienza con excursiones cortas. Aprenda a controlar este comportamiento, así podrá ayudar a que su hijo rompa un hábito potencialmente destructivo.

Al mismo tiempo, debe observar de cerca el comportamiento de su hijo antes de reaccionar excesivamente. En algunos casos, huir es una declaración de independencia. Por otra parte, un niño que viola una regla (por ejemplo no salir) quizá tenga miedo de regresar a casa durante algunos días. A pesar de que estas dos clases de vuelos puedan disgustar a los padres, a menudo pueden conducir al crecimiento y fortificación del carácter, si usted los controla adecuadamente.

Declaración de independencia de Sara

Una noche, Sara, de catorce años, y sus padres tuvieron una fuerte discusión. Ella deseaba que su habitual toque de queda de las diez y media se prolongara cuando iba con sus amigos a la pista para patinar, que cerraba a las once y media. Sus padres deseaban que regresara antes de que cerraran, que era cuando comenzaban las peleas en el estacionamiento de la pista. Sara estaba segura de que podía cuidarse. Cuando sus padres establecieron su oposición, a pesar de sus súplicas conmovedoras, Sara tomó sus patines y salió, golpeando la puerta principal.

"Si no puedo quedarme hasta las once con vuestro permiso", gritó, "lo haré toda la noche sin él".

Sara era propensa al drama, así que sus padres no tomaron en serio esta amenaza. Pero se hicieron las once, las once y media, y luego la medianoche. A las doce y cinco sonó el teléfono. Era la mejor amiga de su hija: "Sara va a pasar la noche en mi casa; quería que supierais que está bien."

Sus padres me llamaron en seguida. El padre de Sara enfurecido, deseaba ir a recuperar a su hija a la casa de su amiga; su madre estaba indecisa. Mi consejo: llamen a los padres de la amiga para confirmar que Sara está allí, explíquenles que estaba enfadada por un desacuerdo sobre algunas reglas, y pídanles si puede quedarse hasta que se tranquilice. La madre de Sara estaba mejor para realizar esta llamada. Le sugerí que la hiciera corta y simple, y que comprendieran que esta era una típica escapada adolescente... irritante, pero divertida.

Durante los dos días siguientes, la pródiga Sara cambió de lugar. Cada noche, llamaban amigas diferentes. Cada noche, su madre, siguiendo mi consejo, decía algo así:

"Dile a Sara que la queremos, pero que esta no es forma de arreglar las cosas. Cuando se calme, debería venir a charlar a casa. Pero si desea vivir aquí, tendrá que atenerse a nuestras reglas, aun cuando crea que no tienen sentido."

En cada oportunidad, la madre de Sara insistía en hablar con los padres de la amiga para explicarles lo que estaba sucediendo. Si era necesario volvía a llamar hasta que encontraba a un adulto para poder explicarle lo que estaba sucediendo. Al demostrar preocupación y una razonable tolerancia, la madre de Sara se ganó el apoyo y la simpatía de las amigas y los padres de su hija, quienes trabajaron para que Sara regresara a casa.

Después de tres días, Sara entró en la casa después de la escuela, con la cabeza erguida y los ojos relampagueantes. Su madre estaba preparada. Sin vacilar, abrazó a su hija y le dijo que la familia se iba a reunir esa noche en mi oficina para hablar de lo sucedido. Siguiendo mi consejo ni ella ni su esposo, que aún estaba furioso, dijeron nada sobre la huida.

En nuestra reunión, realizamos un convenio para tratar la seriedad del problema y los potenciales prejuicios posteriores. De antemano, los padres de Sara y yo habíamos acordado que la huida era una estrategia de una Guerra Provocadora y tenía que ser castigada. Eso no era negociable. De otra manera, ella convertiría la huida en un hábito para lograr lo que quería. Sus padres le dijeron que habían decidido dejarla sin salir durante un mes. Ella se quejó, pero quedó claro que aceptaría este castigo como razonable. Sin embargo, ella argumentó persuasivamente que sus padres eran sobreprotectores (especialmente su padre), y que le habían impuesto reglas que eran más estrictas que las que tenían que obedecer sus amigos. Su padre la escuchó sin provocar un enfrentamiento. Se sorprendió al enterarse de que ella era la única entre sus amigos, en los cuales él confiaba y le agradaban, cuyo toque de queda de las diez y media era inviolable, sin importar qué acontecimiento se produjera. Prometió revisar sus reglas sobre el toque de queda una vez que hubiera terminado el mes de castigo.

Los padres de Sara no tenían interés en ganar una batalla de las Guerras Provocadoras, deseaban resolver el problema. Siguiendo mi sugerencia, se reunieron con los padres de los amigos de su hija que practicaban patín, para discutir el problema. El resultado fue que la mayoría de los otros padres también estaban preocupados sobre las peleas, pero habían cedido. Juntos, los adultos idearon un nuevo plan. Los niños podrían patinar hasta la hora de cierre, pero cada semana uno de los padres los iría a buscar a todos, los llevaría a McDonald's a tomar algo, y luego los llevaría a sus casas. Los niños no estaban cien por ciento felices con este plan, pero tuvieron que acceder. Sus padres habían formado un frente unido.

En cuanto a Sara, nunca más volvió a huir. Actualmente, piensa que sus padres son más tolerantes después del episodio; y ellos creen que ella aprendió una valiosa lección. Quizá los tres tengan razón. Lo más importante es que pueden recordarlo y reírse de lo que sucedió.

Pero esta situación tenía muchas cosas que la favorecían. Los padres de Sara eran razonables, sus reglas no eran para nada incompatibles con las que prevalecían en la comunidad. La relación entre padres e hija era generalmente positiva.

Más tarde, hablaremos de casos que requieren una acción más fuerte. Pero primero veamos otro de los problemas más fáciles: el jovencito que no regresa a casa como se esperaba.

La semana de Joey en la ciudad

Joey, un adolescente sexy, de dieciséis años, con ojos sensuales del estilo de Johnny Depp, no huyó de la casa. Una noche no regresó a casa. A pesar de lo que pudieran pensar las muchachas por su aspecto, sus padres sabían que era un muchacho tímido que trataba de hacer lo correcto. La noche en cuestión, les dijo que iba a ir a una fiesta. Cuando no apareció a tiempo ni llamó, su madre estaba furiosa.

Esperó una hora después de su toque de queda antes de llamar a la fiesta. Alguien le informó que Joey ya se había ido. Llamó a sus amigos, pero ninguno admitió saber dónde se encontraba. No notificó a la policía, pero al mediodía del día siguiente llamó a todos los hospitales y clínicas. Cuando ya estaba por llamar a la policía, Joey llamó y explicó que se quedó dormido en el sofá de la casa de un amigo.

Por supuesto que esa no era toda la historia.

No se había dormido, se había desmayado, después de obtener un ojo negro y un labio partido en una pelea. Joey, el tranquilo, acostumbraba a sostener una botella de cerveza en las fiestas, para mantener las apariencias. En realidad, no le gustaba beber. Pero esta vez, por alguna razón, decidió beber el contenido, comenzó a discutir, y le golpearon. Había evitado ir a casa porque sus heridas provocarían muchas preguntas que no deseaba responder.

Una hora después de la primera llamada, Joey volvió a llamar y le dijo a su madre que iría a pasar el fin de semana a la casa de un amigo en el campo. Ella le respondió que no lo hiciera, pero él cortó. Planeaba estar lejos de casa hasta que su rostro cicatrizara completamente, pero después de cuatro días se quedó sin amigos que le encubrieran. Mientras tanto, su madre no dormía de noche, sin saber dónde estaba o qué podría explicar este extraño comportamiento. Su padrastro, un hombre de difícil convivencia pero encariñado con Joey, estaba preocupado por su esposa y enojado con su hijo.

Cuando Joey finalmente tuvo que enfrentar la situación, le dejaron sin salir, perdió su asignación, y no pudo usar el teléfono durante dos meses. Tardó seis meses en restablecer su amistad con su padrastro. Joey aprendió a regresar a casa cuando le esperaban.

Sara y Joey tipifican las razones comunes por las que huyen los niños buenos: para probar algo a sus padres o para evitar ser castigados por mala conducta. Este comportamiento es tan normal como Tom Swayer y Becky Thatcher. Esencialmente su estrategia es triple: preocuparse hasta que la situación se resuelva; reaccionar con fuertes consecuencias para el niño; esperar para ver si se produce otro episodio. Si su hijo no vuelve a huir, archive el acontecimiento en su depósito de recuerdos. Puede recordarlo cuando su hijo tenga sus propios hijos.

¿Debería obligar a su descarriado adolescente a que regresara a casa?

Cómo hacer para que regresen a casa

¿Habría que llamar a la policía? No en casos como los de Sara y Joey.

En ambas situaciones, los padres sabían que sus hijos estaban a salvo y con amigos. Llamar a la policía hubiera aumentado las hostilidades innecesariamente.

En ese caso, si la escuela está en actividad, es mejor llamar a su consejero o a un maestro respetado. Algunas escuelas tienen un trabajador social, que debería ayudarle a encontrar una solución rápida. Si alguien en la escuela accede a ayudarle y sugiere que se acerque para una reunión conjunta, hágalo inmediatamente. Una advertencia: probablemente no sea una buena idea involucrar a las autoridades de la escuela si su hijo tuvo dificultades en alguna materia o es considerado un alumno problema.

Definitivamente, habría que haber llamado a la policía si Sara no hubiera convencido a su amiga para que llamara por teléfono la primera noche. A menudo, su policía local puede darle un buen consejo, si usted le explica la situación honesta y completamente.

Y debería llamarla si su hijo permanece alejado más de tres días, lo cual es bastante tiempo para enfrentar los hechos y regresar a casa. Prevenga a su hijo o la persona que contacte primero, y establezca un plazo definitivo para el regreso antes de llamar a su distrito.

Otro factor que hay que tener en cuenta para llamar o no a la policía es el enfado de su hijo. Si tuvieron una pelea y él no regresa hasta mucho tiempo después de su toque de queda, podría estar haciendo algo peligroso o tonto, por despecho. ¿Cuánto tiempo debería esperar antes de llamar?

Bueno, es improbable que las autoridades policiales de la mayoría de las comunidades se preocupen antes de que hayan transcurrido por lo menos veinticuatro horas. Su experiencia les sugiere que su hijo se puede enfriar y regresar sano y salvo. Si usted vive en una ciudad pequeña, la policía podría entrar en acción más pronto, particularmente si su hijo tiene sólo doce o trece años. Aun así, probablemente debería esperar veinticuatro horas en la mayoría de los casos, a menos que tenga razones para sospechar algo malo.

En lugar de ello, yo esperaría hasta la mañana siguiente y comenzaría a comentar lo sucedido entre familiares y amigos. Hágales saber que está preocupado y que apreciaría una llamada telefónica. Cuando uno de nuestros niños adoptivos permanecía fuera toda la noche, esta táctica generalmente era suficiente para que alguien me dijera lo que estaba sucediendo. Si no sabía nada del niño dentro de las veinticuatro horas de su toque de queda, daba mi ultimátum: el niño tenía dos horas para regresar a casa, o llamaría a la policía. Como madre adoptiva yo tenía la obligación legal de hacerlo, pero podría funcionar muy bien con su niño descarriado. No utilice un tono amenazador. Concéntrese en sus propios sentimientos. Explique que usted está atemorizado, que está preocupado porque hubiera sucedido algo terrible, está desesperado y no sabe qué hacer.

Generalmente su hijo le llamará por teléfono y debe estar preparado para manejar cuidadosamente la conversación. Su estrategia se debe ajustar a las características de la situación. Si no sabe por qué su hijo se fue de casa, simplemente pídale que regrese. Explíquele que, aunque no sabe qué está sucediendo, está seguro de que pueden arreglar juntos lo que provocó su huida. Exprésele su alivio al saber que se encuentra bien.

Pero si su hijo se va, tratando de imponer un cambio en las reglas, recuérdele que se preocupa por él, y luego aclárele que su huida no servirá como chantaje para que cambie sus restricciones. Dígale algo así:

"Oí que crees que nuestras reglas no son razonables, y sin embargo deberás ajustarte a ellas cuando decidas regresar a casa. La elección es tuya."

Quizá usted se sienta atemorizado de realizar esta clase de ultimátum, especialmente después de la preocupación que tuvo que soportar. Pero créame: si la huida es "experimental" y no un síntoma de un problema que necesita atención profesional, su hijo regresará a casa, aunque no le prometa un cambio en las tediosas reglas.

Eso no significa que se dará por vencido. Podría continuar provocándolo.

No vacile. Permanezca tranquilo. Recuerde nuestras respuestas mágicas para las Guerras Provocadoras:

Sí.

No.

¿En serio?

Caramba.

Um...

Cuando su hijo llame, admita su queja, pero no cambie sus reglas. Diga algo así: "Sí, comprendo que desde tu punto de vista mis reglas no parecen completamente justas, y quizá no sea fácil vivir con ellas, pero así son las cosas. Te quiero y deseo que puedas vivir en casa, pero tengo que establecer las reglas que creo correctas, estés de acuerdo conmigo o no."

Si su hijo no cede, pruebe sus propias variaciones de mi jugada: "Regresa cuando te hayas enfriado." Aprendí esta propuesta porque muchos de nuestros hijos adoptivos eran fugitivos crónicos. Algunos incluso provocaban peleas para tener una excusa para huir, pero cuando se iban me aseguraba de decirles que regresaran cuando se hubieran calmado. Esto ayudaba a disipar su culpa o su vergüenza y les facilitaba el regreso.

De manera similar, si su fugitivo es provocativo cuando llama, respóndale:

"Parece que todavía no estás listo para regresar a casa. Ojalá lo estuvieras, pero acepto que puedas necesitar más tiempo para pensar las cosas. Te quiero. Sé que las cosas se pueden arreglar. Cuídate, y regresa a casa cuando estés listo para vivir con nuestras reglas."

O quizá debería usar una política diferente:

"Estoy de acuerdo contigo en que ahora que eres mayor necesitamos revisar algunas de nuestras reglas. Pero esta no es la forma de hacerlo. Por ahora la decisión es tuya: regresa a casa cuando estés listo para analizar tu comportamiento en lugar de quejarte por nuestras reglas. Cuando puedas demostrarnos que puedes controlarte con más madurez, pensaremos en revisar nuestras reglas. En este momento, tu comportamiento lo hace imposible."

Ambas exposiciones colocan la pelota en el campo de su hijo, indicando que el regreso al hogar es una señal de que se ajustará a sus reglas. Después de que haya tomado esa decisión, usted tiene la opción, como los padres de Sara, de volver a evaluar sus reglas. Puede idear una forma de revisarlas periódicamente, según cómo responda el desarrollo de su hijo.

Llamar a la policía

Si no recibe esa llamada telefónica dentro de las tres horas de su plazo, debería llamar a la policía.

No se sienta perturbado. Usted no es el único. En *All Grown Up and No Place to Go*, David Elkind estima que se informa de más de un millón de adolescentes fugitivos por año. El cree que el número sólo toca la punta del iceberg, ya que los informes oficiales no contemplan las huidas "experimentales".

No abuse del código telefónico policial. Esta no es una emergencia policial, no importa lo preocupado que esté. Llame a la policía local durante las horas regulares y pida hablar con el oficial encargado de la sección juvenil. Si su distrito no tiene, el operador del ordenador le comunicará con el oficial indicado.

Sea conciso y sincero. Explique lo que ha sucedido y lo que ha hecho hasta ahora. Pida consejo. Le pueden solicitar que realice una presentación para buscar una persona perdida, o si prefiere puede esperar. Si elige realizar la presentación, deberá brindar una detallada descripción física de su hijo y de la ropa que llevaba la última vez que le vio, junto con una foto reciente. Finalmente, comparta con la policía cualquier idea que pueda tener sobre el posible paradero de su hijo o sobre otras personas que podrían ayudar en la investigación.

No espere una respuesta inmediata de la comunidad. Se realizarán informes, algunas llamadas telefónicas, y todas las patrullas estarán alertas. A menos que en su caso haya algún factor extraordinario, usted deberá realizar la mayor parte del trabajo para encontrar a su hijo, por lo menos durante la primera semana. La policía ya lo ha visto antes. No son insensibles. Es sólo que la experiencia les ha demostrado, y a mí también, que su buen niño regresará pronto a casa.

Y cuando lo hace, ¿qué?

Cuando el hijo pródigo regresa

Si su hijo regresa espontáneamente, le sugiero que realice algunas pequeñas variaciones de mis tácticas para las llamadas telefónicas. La propuesta depende de la razón de la fuga: ¿un delito? ¿O una estrategia para cambiar reglas?

En el primer caso, reciba calurosamente al malandrín y llévelo a la cocina para comer algo. Restablecida la normalidad, caliente la pizza que quedó para él y prepare un té para usted... o lo que acostumbre a hacer su familia. Cuando se siente, asegúrele a su hijo que no le rechazará, no importa lo que haya hecho. Explíquele que supone que huyó porque hay algo que teme asumir ante usted y su esposo. (Quizá pueda compartir algún momento en que sintió el mismo impulso en sus años de adolescencia.) Solicítele que se lo cuente en ese momento, porque desea ayudarle, pero no puede hacerlo hasta que sepa qué sucede.

Usted es el adulto y tiene que permanecer tranquilo y controlado, pero interiormente esté preparado para lo peor. Su hija podría estar embarazada. Su hijo podría haber embarazado a su novia o contraído una enfermedad venérea. Acusaciones de las autoridades de la escuela, parachoques doblados o luces rotas, pérdida de chaquetas o de relojes... cualquiera de estas desgracias adolescentes son difíciles de admitir ante los padres.

Escuche bien, y considere la posibilidad de que está recibiendo sólo parte de la verdad. Su hijo podría estar probando su reacción ante noticias apenas inquietantes antes de contarle lo peor. Por el momento, enfrente lo que tenga.

Su primera reacción debería ser: "¿Qué necesitas que haga para ayudarte?" Haga lo que su hijo le pida, a menos que sea ilegal o implique alguna clase de engaño o evasión de la responsabilidad que usted no puede aprobar.

Si el niño que regresa huyó como una estrategia para salirse con la suya, usted ya estableció su posición en la última llamada telefónica, si siguió mis sugerencias. Recíbale calurosamente, y luego señale gentilmente que se siente contento de que desee regresar a casa y ajustarse a las reglas de la familia. Diga algo así:

"Es agradable que estés otra vez en casa. Sé que nuestras reglas no siempre tienen sentido para ti, pero te queremos y este siempre será tu hogar. ¿Qué necesitas para sentirte bien otra vez? ¿Tienes hambre? ¿Quieres ir a tu habitación y cambiarte, o ducharte, antes de discutir las consecuencias?"

Generalmente, su hijo optará por algo para comer o una ducha, dilatando un poco la inevitable conversación sobre las consecuencias.

Las consecuencias son esenciales para los dos tipos de fugas. Será más fácil cuando el problema en sí mismo sea una consecuencia (embarazo, multas o cárcel, enfermedad), pero aun así debe haber un castigo separado para el acto de huir. Como regla general, yo tomo la consecuencia de una violación al toque de queda y lo multiplico por el número de días que el niño no ha estado en casa. Si una pelea encendió la fuga, agregue un castigo adicional. Si la mala acción no tiene su propio castigo, agregue una consecuencia por el mal comportamiento a su castigo por la fuga.

Por ejemplo, a Sara la dejábamos sin salir durante una semana, por llegar treinta minutos más tarde. Por estar fuera tres días, se quedaba sin salir veintiún días, más una semana adicional por provocar una pelea.

Generalmente, Joey se quedaba sin salir durante dos días por una violación a su toque de queda. Estuvo ausente durante seis días, por lo cual (según mi regla) debía quedarse sin salir durante doce días. No había peleado en casa, pero habría sido razonable agregar una semana por beber, otra por involucrarse en una pelea en la fiesta. Según mis normas, el castigo de sus padres al dejarle sin salir durante seis meses, fue excesivo. Sin embargo, Joey no lo creyó, y eso fue crucialmente importante. El sabía que su padrastro era severo, y comprendió que había preocupado mucho a su madre.

Usted se preguntará por qué sugiero menos castigo por no regresar a casa después de haber hecho algo malo que por provocar una pelea y luego huir. En el primer caso, el temor del niño por regresar a casa ya es una admisión parcial de un mal comportamiento. En el segundo, usted se enfrenta con el problema mayor de su hijo que trata de cambiar sus reglas mediante una conducta inapropiada, que no debe permitir que continúe.

Sin embargo, cuando un problema tenga sus propias consecuencias tristes, sea firme pero justo. Uno de nuestros niños adoptivos se fugó durante una semana cuando su novia quedó embarazada. Aunque huyó de nosotros, huyó hacia el problema, hablando con ella y tratando de decidir qué debían hacer. Ella decidió realizar un aborto, una decisión que él respetó pero que consideró muy dolorosa. Yo no agregué nada a nuestro castigo por fugarse. Nuestra regla era un día sin salir por cada violación al toque de queda; duplicado por fugarse, por lo tanto lo dejamos catorce días sin salir.

Para resumir, fugarse una o dos veces, en la mayoría de los casos, es un intento para tratar de evitar el castigo por un mal comportamiento, o para tratar de cambiar las reglas familiares. En cualquiera de los dos casos, su objetivo es que su hijo regrese a casa sano y salvo, y recibirle con calidez y preocupación. Luego, aclare que fugarse no es el camino correcto para manejar esta situación, y ciertamente no le convencerá para que cambie ninguna regla. Finalmente, debe imponer consecuencias que sean razonables pero también una llamada de atención.

Fugas habituales

Si usted sigue mi consejo y su hijo se fuga por tercera vez, se podría estar gestando un serio problema. Cuando fugarse o permanecer toda la noche fuera sin permiso se convierte en un hábito, quizá deba tomar algunas medidas adicionales.

Jimmy, un pelirrojo, de cara regordeta, tenía catorce años cuando vino a nuestra casa, y un intenso dolor siempre visible en sus ojos castaños. Sus labios estaban tensos, sus hombros encorvados, su expresión al borde de las lágrimas.

165

Era uno de seis hermanos, y había huido de su casa por primera vez cuando tenía once años, y su madre murió de cáncer. Estuvo ausente durante tres días. Eso estableció una norma. Cada vez que algo lo hería, desaparecía durante un par de días y luego regresaba. Su padre se acostumbró a este comportamiento, pero las Cortes entraron en acción cuando Jimmy comenzó a huir de la escuela. Al vivir con nosotros este hábito aumentó. Si algo le perturbaba en nuestra casa, desaparecía. Si estaba de visita en su casa y había un problema, corría a nuestra casa. Al igual que la mayoría de las fugas crónicas, el comportamiento de Jimmy era una fuga del dolor. Si su hijo tiene este problema, su objetivo es doble: averiguar la causa del dolor; y ayudarle a vivir con el dolor en lugar de huir de él. Jimmy no aprendió a enfrentar el dolor hasta que tuvo algunas sesiones con un buen terapeuta. Pudo comprender lo que estaba haciendo, y las fugas terminaron.

Otro motivo para fugarse habitualmente, y probablemente no sea su caso, o no estaría leyendo este libro, es el abuso físico, sexual o emocional.

Algunos de nuestros niños adoptivos tenían una buena razón para abandonar la situación de su hogar. Muy pocos huyeron y les fue bien, muchos aún viven en la calle, y por lo menos tres, que yo sepa, murieron.

Por si existe una posibilidad entre quinientas de que su caso sea de abuso, permítame bosquejarle las formas más comunes.

El abuso sexual es un cruce de la barrera del incesto. En su forma más estridente implica el coito, pero existen formas más sutiles. A veces, es una relación inadecuadamente sexualizada que usted no practicaría frente a un sacerdote o un rabino. No se engañe. Si cualquier contacto con su hijo no pasa ese examen, deténgala.

El abuso físico tiene infinidad de variedades. Golpear, que es el más común, no es un abuso cuando no es más que una bofetada al año. (Tampoco es el método disciplinario preferido.) Sin embargo, las bofetadas semanales son abusivas, como cualquier bofetada o golpe que deje marcas físicas. Si ha golpeado tan fuerte a su hijo que le ha dejado marcas en más de tres oportunidades, usted necesita ayuda profesional. Las quemaduras son la segunda forma más frecuente de abuso paterno, y son intolerables. Uno nunca tiene una razón legítima para quemar a su hijo. El abuso físico también incluye encerrar a su hijo en una habitación o armario, o atarlo con sogas, cadenas, esposas o cables.

Menos fácil de restringir es el abuso emocional, pero aquí van algunas pistas. Si usted cree que su hijo es malo, si casi siempre está enfadado con él, o nunca siente afecto por él, o pasa la mayor parte del tiempo diciéndole que no es bueno, es altamente probable que usted esté siendo emocionalmente abusivo. Si esto es así, busque ayuda. Cada día que pasa está dañando más seriamente a su hijo.

Debería considerar todas estas formas de abuso si el niño no vive con usted o es un fugitivo crónico. Como prueba, pida que el niño regrese a su custodia, o a un ambiente neutral. Si el comportamiento cesa, es probable que el ambiente anterior fuera tóxico o abusivo. Sin embargo, no realice acusaciones de abuso hasta reunir información específica y verificable. Luego haga los cargos solamente con la ayuda de un abogado.

Pero si las fugas continúan, aun en el ambiente neutral, es posible que su hijo esté seriamente perturbado.

Mary Ellen y Brian

Mary Ellen, que creía que era una bruja y le gustaba que la llamaran Vampira, había sido internada tres veces por agudos episodios psicóticos antes de venir a vivir con nosotros. Se maquillaba el rostro de blanco y los ojos de negro, afirmaba que veía fantasmas, y frecuentemente hablaba con los "espíritus de los amigos" que los demás no podían ver. Era una fugitiva crónica, y se iba de casa por lo menos una vez por semana, como lo había hecho de la casa de su madre y de un hogar adoptivo para grupos.

Brian, otro memorable fugitivo, era alto, fuerte, buen mozo, al estilo de Sean Connery, fue uno de los pocos niños que estuvieron a nuestro cuidado, que ganó su asignación durante diez semanas seguidas. Pero si uno hablaba un rato con Brian, comprendía que algo andaba mal. Estaba emocionalmente vacío. No recuerdo haberle visto reír, mostrar enfado o tristeza, o sonreír sinceramente. Un día desapareció. No volvimos a verle. Cuando arreglé sus pertenencias, encontré su diario. Había escrito que las voces le habían seguido de su casa a la nuestra, y ahora le hablaban a través de la lámpara de nuestra sala. Al igual que Mary Ellen, Brian era un psicótico.

Estos casos extremos quizá no tengan nada que ver con su experiencia, pero mientras que los problemas de Mary Ellen eran inmediatamente evidentes, los de Brian no. Si su hijo huye frecuentemente y no regresa a casa, debería solicitar una evaluación psiquiátrica. Un niño que huye repetidamente es un niño que necesita ayuda.

Cuando un niño se pierde

No tengo ninguna fórmula mágica para recuperar a un niño que ha huido y se encuentra perdido después de una semana o más. Probablemente usted ya intentó todo lo que yo puedo sugerirle.

1. Manténgase en contacto con los amigos de su hijo. Asegúrese de que sepan que usted desea saber que está vivo y bien; y que desea arreglar las cosas, por eso puede volver a casa. Pídales sugerencias.

2. En todos los lugares apropiados, coloque carteles ofreciendo una recompensa por cualquier información que conduzca al paradero de su hijo.

3. Llame a todos los números telefónicos de emergencia para fugas. Asegúrese de que comprendan que usted está preparado para hacer cualquier cosa que fuera necesaria para contactar con su hijo perdido.

4. Contrate a un detective privado que se especialice en localizar a personas perdidas.

5. Reúnase con algún grupo de apoyo.

Además, preste especial atención al capítulo siguiente. Es probable que un niño que ha estado perdido durante un largo tiempo regrese a casa custodiado por la policía.

11

Historias policiales

–¿Hola?

–¿Es la casa de la familia Nelson?

–¿Sabe qué hora es? ¿Quién demonios habla?

–¿Señor Nelson?

–¿Qué desea?

–Habla el sargento O'Toole del distrito cuarenta y nueve. Tenemos a su hijo David bajo custodia.

–Oh, Dios mío.

–Le agradeceríamos que viniera lo antes posible. Tenemos un pequeño problema aquí.

–¿Está herido? ¿Se encuentra bien?

–El está bien, señor Nelson. Pero es posible que alguien presente cargos contra él. Necesitamos resolver esto.

–Pero él nunca estuvo en problemas.

–Sí, señor. ¿Cuándo cree que podría llegar aquí?

Hay pocas cosas que sean tan terribles para un padre como la llamada telefónica que le informa que su niño bueno está bajo custodia policial. Durante nuestros años de paternidad adoptiva, David y yo recibimos innumerables llamadas de la policía... algunas serias, algunas no tanto.

Estaban los arrestos fuera de control: por correr frenéticamente con amigos; por participar en una pelea; por atacar una propiedad en un acceso de furia. Estaban los delitos menores, como la ratería en las tiendas, pero también había problemas con drogas, robo de coches, asaltos y hurtos. Quizás usted piense que su hijo, particularmente si usted vive en las afueras de la ciudad, no tiene esa necesidad de los niños de la ciudad de cometer esa clase de delitos... y no lo hará. Piense otra vez.

Una mañana de un Día de Acción de Gracias, nuestra llamada para despertarnos provino del departamento de policía local: "Hemos recibido una llamada de la policía de Port Chester. Desean que quiten su camioneta. Está mal estacionada en la avenida Lincoln, cerca de Lyon Park."

Estábamos desconcertados. David había comprado el vehículo el día anterior, en un comercio de venta de coches usados, y lo había estacionado en nuestra entrada para coches. Lo primero que pensó fue que el vendedor o uno de sus empleados se había guardado una llave y había robado la camioneta durante la noche. La verdad se encontraba en una nota pegada en la puerta de entrada. Zach, que en aquel momento tenía catorce años, lo explicaba todo:

Queridos mamá y papá:

No sé cómo vais a perdonarme.

Sé que yo no voy a perdonarme. No sé cómo pude ser tan estúpido. Si me echan para siempre, lo comprenderé. Será lo que merezca.

Anoche, después de que os acostarais, algunos amigos y yo tomamos el coche para dar un paseo. Tuve un pequeño accidente, y el auto está estacionado en la avenida Lincoln, en Port Chester.

Aquí están las llaves. Por favor, perdonadme. No volveré a hacer algo tan estúpido. Lo prometo.

Cariños
Zach

El Día de Acción de Gracias fue tenso. Nuestro niño bueno había recorrido ochenta kilómetros con el auto durante su paseo, perdió el control sobre unas hojas mojadas, chocó contra un árbol y rompió la parte delantera por un valor de 1.200 dólares (en un auto sin seguro). Estábamos desanimados y atemorizados, aunque nos ayudó saber que nuestro hijo se sentía culpable, y comprendió nuestro enfado. Sin ninguna insinuación, prometió trabajar hasta pagar los gastos. Encontró un trabajo como mozo, el cual detestaba, pero lo cumplió hasta que la factura estuvo completamente pagada.

Instantáneamente, al igual que muchos padres, David y yo nos echamos la culpa. Además de nuestras imperfecciones humanas de todos los días, teníamos que dedicar mucho tiempo a nuestros niños adoptivos. ¿Habíamos descuidado a Zach? ¿Los niños adoptivos eran (como afirmaba mucha gente de la comunidad) una mala influencia para los niños buenos? Tuvimos un período difícil de dudas y autocríticas.

Sin embargo, lentamente comenzamos a ver los perfiles de un cuadro diferente. Por los amigos y vecinos, nos enteramos de que tomar el coche de la familia para un paseo se había convertido en un rito entre los muchachos de trece y catorce años de la ciudad. Un muchacho de octavo grado había estado conduciendo el segundo coche de su familia por los caminos de Westchester County durante semanas. Le atraparon cuando su madre llegó un día a casa inesperadamente en el momento en que él estaba dando marcha atrás por el camino de entrada. Se asustó y chocó contra un árbol. Un muchacho de catorce años había adquirido el hábito de pasear en el jeep de su padre después de la medianoche. Sus padres no lo supieron hasta que llamó la policía diciendo que le habían arrestado por conducir a mucha velocidad en la Interestatal 95. Estas historias también nos dieron una perspectiva de las escapadas de nuestros niños adoptivos. Antes de venir a vivir con nosotros, un diminuto muchacho de trece años había sido atrapado conduciendo un autobús escolar robado. (Sombras de algún líder espiritual tibetano...)

Después de considerar todas estas cosas, nos sentimos aliviados de que Zach hubiera fracasado y le descubrieran en su primera vez. Descubrimos que otros padres se sintieron aliviados al saber que sus hijos no eran los únicos niños buenos que hacían algo malo. Y los conductores juveniles se sentían aliviados cuando los atrapaban. "No podía detenerme", comentó un muchacho, "pero estaba asustado, y no lo disfrutaba. Me alegré cuando la policía me desvió".

Entre paréntesis, estos niños no se dieron cuenta de que, además de conducir sin permiso, podían ser arrestados por robo de coche. Algunos de nuestros niños adoptivos habían sido arrestados nada más que por robar el coche familiar.

Los niños de las afueras se preocupaban más por el enfado de sus padres que por la confrontación con la ley, por eso mantenían sus paseos en secreto. Y las muchachas podían ser tan tentadas como los muchachos. Incluso en mi generación, una noche una amiga "tomó prestado" el auto familiar y demolió el lado del acompañante al rozar un árbol. Lo llevó a la casa y lo estacionó en la calle, con el lado chocado hacia fuera. A la mañana siguiente, cuando sus padres descubrieron su coche chocado, estaban desconcertados, ya que ninguno de los dos recordaba haberlo estacionado donde estaba. Pero nunca sospecharon de su hija. Recientemente, me contó que pelearon durante años por el incidente, culpándose el uno al otro. "Aún me siento mal", me confesó mi amiga, "pero nunca les dije la verdad, y creo que nunca lo haré".

Los paseos en coche sin permiso no es el único coqueteo con el delito menor que seduce a los adolescentes buenos de nuestra pequeña y tranquila comunidad. Muchas cadenas de drogas han sido rotas en varias escuelas de la zona. Debido a mis niños adoptivos, acostumbraba a mirar la hoja de arrestos diarios, y varios nombres sospechosos de consumir drogas provenían de las "mejores" familias. Uno de los adolescentes que iba a mi consultorio, me confesó que había robado joyas por valor de doscientos dólares antes de tomar conciencia. Nunca la descubrieron. Otros clientes me han contado sobre la venta de recetas para adquirir drogas, robo de bolsos en supermercados, y aprovecharse de cualquier oportunidad para robar. Ninguno de estos niños buenos fue atrapado. Eventualmente, y por decisión propia, dejaron de hacer cosas malas.

¿Más ritos? No lo creo. En realidad, no creo que la mayoría de los adolescentes esté involucrada en esta clase de comportamientos, y creo que no debería preocuparse porque su niño bueno se habitúe a infringir la ley. Por el contrario, suponga que respeta la ley, hasta que los hechos demuestren lo contrario. Quizá se sienta tentado a actuar como detective. Usted sabe que el mundo está lleno de peligros acechando en el camino de su niño bueno, y que los adolescentes no tienen el mejor juicio posible. Es terrible que uno tenga tan poco control sobre sus vidas. Aun así, inclínese hacia el lado del pensamiento positivo. Si pierde su fe, los acontecimientos lo educarán lo suficientemente rápido.

David y yo cometimos el error de jugar al detective cuando comenzamos a ser padres adoptivos, pero muy pronto advertimos que nunca descubrimos algo que ya no supiéramos. También aprendimos que no teníamos esperanza de prevenir a un jovencito decidido a cometer actos ilegales. Finalmente, nuestro descubrimiento era perjudicial porque desgastaba la confianza. Interfería en nuestra relación cariñosa con el niño, convirtiéndonos casi en su enemigo.

Por otro lado, debe observar cuánto dinero tiene su hijo y cómo lo gasta. Las alarmas deben encenderse ante repentinas adquisiciones de ropa costosa, joyas, equipos, o cosas por el estilo. Si usted está ordenando la ropa de su hijo y descubre un escondite de radios de coches, no es culpable de un trabajo detectivesco intruso. Ha encontrado una señal obvia para entrar en acción.

Qué hacer

La primera vez que su hijo infrinja la ley, apriete el botón del pánico hasta la mitad. Manifieste su descontento fuerte y claro, imponga las consecuencias apropiadas... y luego observe y espere.

Las consecuencias siempre deben adaptarse al delito y al niño. El ofrecimiento de Zach para pagar los daños fue apropiado. Sin embargo, si el coche hubiera estado asegurado, le habría exigido el dinero para pagar la prima. Su mejor respuesta es siempre un castigo razonable para un niño convenientemente arrepentido.

También, Zach se disculpó inmediatamente en su nota, mientras nosotros dormíamos tranquilamente y sin saber nada. Prometió no volver a ser tan "estúpido". Pagó la reparación, aceptó nuestro "castigo", y cambió su comportamiento. Nos hubiéramos preocupado (y con razón) si hubiera infringido la ley y no hubiera demostrado arrepentimiento, no se hubiera disculpado, y no hubiera pagado los daños. Si su transgresor adolescente no muestra ninguna de estas tres actitudes, usted tiene serios problemas por delante. Sería especialmente inquietante una incapacidad para demostrar arrepentimiento después de infringir una ley a sabiendas (no del tipo de cruzar una calle sin tener en cuenta las señales de tráfico, sino una acción ilegal que generalmente se trata en las Cortes criminales). Probablemente, esta actitud indica la necesidad de un consejo profesional, y debería utilizar una Intervención Cariñosa (vea el capítulo 15) para obtenerlo.

Un importante indicador de remordimiento saludable es la reacción de su hijo ante el "castigo". Actualmente esta palabra es evitada por la mayoría de los profesionales; como habrá notado, tratamos de hablar de consecuencias. Pero una petunia, aunque se la llame de otra manera, es una petunia: las consecuencias dolorosas castigan. La forma de castigo adecuado, aplicado de la manera adecuada, puede ayudar a mejorar a su adolescente errante.

Para ser "adecuado", el castigo tiene que tener sentido para el niño. No suponga que su hijo siente que ha hecho algo malo, aun si ha infringido la ley. Como parte de su Respuesta Cariñosa, primero tiene que investigar su punto de vista acerca del incidente completo. Pregúntele qué piensa que está mal sobre la conducta ilegal. Por ejemplo, Zach no se consideró un ladrón de coches, aunque le hubieran arrestado si hubiéramos presentado cargos. Sí consideró que estaba mal conducir sin permiso, hacer algo que sabía que nosotros prohibiríamos, y dañar nuestro auto en un accidente. Estas eran las cosas malas por las que consideraba que debía ser castigado.

Una vez que sepa qué cree su hijo que hizo mal, permítale que participe en la determinación del castigo. Al darles esta oportunidad, muchos de mis niños adoptivos se asignaban castigos que yo consideraba demasiado duros. Como adulto, debe recordar el propósito del castigo: detener el mal comportamiento. La severidad en sí misma no previene una repetición o empeoramiento de la conducta no deseada. Para que los castigos o consecuencias sean efectivos, tienen que cumplir con tres criterios: ajustarse al delito; ajustarse a su hijo; y detener el mal comportamiento de su niño bueno. Si pasan tres meses después del castigo y no se produjo ninguna repetición, puede dejar de preocuparse.

No se preocupe por actuar como juez y jurado cuando la ley no estipula consecuencias. La policía no realizó cargos por el paseo en coche sin permiso de Zach; por eso David y yo tuvimos que castigarlo. Algunos de mis niños adoptivos eludían con éxito a las autoridades cuando robaban en las tiendas. Sin embargo, si yo los atrapaba, se aplicaban las consecuencias del mandato Levine. El ladrón tenía que devolver el contrabando al administrador del comercio y disculparse. Luego no podía ir a ningún comercio durante un mes.

Trato con la policía

La primera regla para tratar con las autoridades policiales quizá le sorprenda. Sin duda usted le enseñó a su hijo estas dos cosas: respetar a la policía, y siempre cooperar y ser veraz. Pero cuando a su hijo le arrestan y le llevan a la comisaría, debería negarse respetuosamente a contar su historia hasta recibir asesoramiento legal, aunque sepa que es completamente inocente.

Inocente o culpable, adulto o niño, todos tenemos el derecho constitucional de hablar con un abogado antes de responder cualquier pregunta. Enseñe a su hijo a ejercitar ese derecho. Esto no significa que deba hacer una escena, y demandar chillando para ver a un abogado. En lugar de ello, cualquier niño menor de dieciocho años debería explicar que desea cooperar pero que uno le ha ordenado que no dé más información que su nombre y dirección hasta que los llame por teléfono. Tómese su tiempo para prepararse para esta eventualidad. Explíquele a su adolescente que hay ocasiones en que la policía debe detener a cualquiera para interrogarlo, y que debe aprender a decir algo así:

"Mis padres me han dicho que, sea culpable o inocente, no debo responder a ninguna pregunta hasta que ellos estén presentes. Por favor, permítame que los llame. Contestaré sus preguntas cuando ellos estén aquí."

Cuando reciba la llamada, puede decidir si llama o no a su abogado. Sin embargo, siempre es conveniente buscar la opinión de un abogado cuando alguien es cuestionado sobre un posible comportamiento delictivo. Si los cargos en contra de su hijo son más serios que los de exceso de velocidad, deberá contactar inmediatamente con un abogado.

¿Cómo puede asegurarse de que su hijo seguirá sus indicaciones? Explíquele que un niño "inocente" paseando con un amigo infractor puede ser considerado cómplice de un delito. Responder preguntas sin su presencia o la de un abogado, puede brindarle a la policía suficiente información para presentar cargos contra él.

Por favor, no lea incorrectamente entre líneas. Apoyo

a la policía, los respeto por su trabajo duro y peligroso, y creo que la mayoría no se aprovecharía de su niño inocente. Sin embargo, su trabajo es ver que los cargos confirman una sospecha. Su trabajo es educar a su hijo para que proteja sus derechos, comportándose de una manera cooperativa.

Usted también debe ser colaborador, aunque sienta que la policía está totalmente equivocada, arrestó falsamente a su hijo, o posiblemente le ha maltratado. Los casos se tratan en las Cortes, no en las comisarías. No se involucre en discusiones sobre culpabilidad o inocencia. Si la policía está en error, su abogado puede pedir un juicio civil. Si, por otra parte, usted cree que la policía arrestó a su hijo en un acto delictivo, deberá mantenerse en silencio. Su abogado es quien deberá hablar. En todos los casos, creo que la mejor táctica general es suponer, por el momento, que la policía ha actuado responsablemente, de acuerdo con los hechos que conocen. No complique las cosas ganando enemigos gratuitos.

Si la policía le informa que no se efectuarán cargos, puede pasar a buscar a su hijo sin consultar con un abogado. En la comisaría le dirán qué sucedió, qué sucederá después, y qué tiene que hacer para que le entreguen a su hijo. Generalmente, le hablarán sobre un mejor comportamiento. Rara vez, le darán sugerencias sobre mantenerle en línea. Le pedirán que firme un formulario indicando que retiró a su adolescente. Cuando sea necesario le darán un emplazamiento para presentarse en la Corte.

No complique más las cosas tratando de discutir qué sucedió hasta que haya completado su tarea con la policía y se haya retirado de la comisaría. A mis niños adoptivos, generalmente les decía algo así: "Bueno, me alegro de que estés bien... No me alegra haber tenido que venir a buscarte aquí, pero hablaremos sobre eso y sobre lo que sucedió cuando lleguemos a casa."

La mayoría de los niños se sienten incómodos y tienen tantos deseos como usted de llegar a casa. Se fastidiarán. Pero si su hijo todavía está enfadado y desea provocar más problemas, acepte sus sentimientos pero niéguese a discutir los méritos de sus quejas. Una respuesta un poco incómoda, debería llevarlos hacia la puerta:

179

"Por supuesto, estás disgustado, pero ahora no es el momento ni el lugar para hablar de eso. Hablaremos cuando lleguemos a casa."

Si su hijo continúa quejándose, olvide el tacto:

"El coche está en la entrada. Está abierto. Cierra la boca y ve a esperarme en el auto. Iré en seguida."

Cuando se haya ido, discúlpese por los problemas que haya causado, complete los papeles, y despídase. No se exceda en la conversación. Usted y su familia ya hicieron una gran mella en la lista de pagos públicos.

Si se formularon cargos o si su hijo fue liberado, lo primero que usted desea hacer en casa es conocer los hechos. Insista en la verdad. Si el incidente es el resultado de un mal comportamiento, debe trabajar para evitar una repetición en el futuro. Generalmente, la discusión de haber sido detenido puede considerarse un castigo suficiente para un primer delito que no produjo cargos.

Si se formularan cargos y usted cree que su hijo es inocente, ayúdele a ganar su caso. Incluso si un comportamiento inadecuado le colocó en el lugar equivocado a la hora equivocada, el comparecer ante la Corte y todo lo relacionado con eso será un castigo suficiente.

En custodia policial

Permanezca lo más tranquilo posible si la policía o su hijo le llaman para informarle que ha sido detenido por una denuncia. Eso significa que existen evidencias que les indican a las autoridades que él ha cometido un delito.

Si le llama su hijo, recuérdele que coopere pero que no responda preguntas hasta que usted y su abogado lleguen al lugar. Dígale que contactará inmediatamente con el abogado y llegará lo antes posible. Dígale que trate de calmarse y asegúrele que usted está de su lado. Después de cortar, llame a su abogado, cuéntele su historia, y siga su consejo.

Si llama la policía, averigüe dónde está su hijo y asegúreles que estará allí lo antes posible. Pida hablar con él. Generalmente, eso es posible, aunque no siempre, por eso no haga un escándalo. Si no le permiten hablar con él acéptelo y diga que va para allí. Sin embargo, antes de salir de casa, quede para encontrarse con un abogado en el lugar en que se encuentra su hijo.

Después del juicio

Si su hijo es realmente culpable, no necesita agregar castigos a las consecuencias legales. Una vez que haya pagado la fianza, o haya sufrido la libertad condicional, olvide todo el incidente. No esté a la espera de una repetición de ese comportamiento, pues no es probable que ocurra. No utilice los episodios policiales o de la Corte como advertencia cuando su hijo sale de noche. El caso está cerrado.

Sin embargo, si las sanciones legales no funcionan, y la actividad ilegal se repite, su hijo tiene problemas. Use una Intervención Cariñosa para que obtenga la ayuda profesional que necesita.

"Una cosa mala"

Recientemente, mi opinión de que los niños buenos hacen cosas malas fue repetida en las noticias nacionales... en un caso que involucraba a adultos. A fines de 1990, tres pilotos de avión fueron condenados a prisión y luego a libertad condicional por haber conducido un avión de pasajeros estando drogados. Al determinar las sentencias, el juez siguió las pautas federales, pero explicó su decisión de la siguiente manera:

"Caballeros, ustedes son hombres buenos que han hecho una cosa mala."

Cuando trate cualquier comportamiento que conduzca a su hijo a tener problemas con la ley, debería adoptar la misma actitud. El delito, cualquiera que sea, obtiene las consecuencias adecuadas. El castigo se aplica al mal comportamiento; no se convierte en una etiqueta de "niño malo". Al igual que el juez, usted debería trabajar duro para censurar el acto pero no a la persona.

12

Abuso de drogas

–Por favor, hijo. Te duchas todos los días. ¿Por qué tienes que ponerte tanta loción para después de afeitarse? No atraerás a las muchachas bonitas sofocándolas.

–Oh, papá.

–Tienes olor a... Un momento, ¿has estado bebiendo?

–Solamente una cerveza, papá. Todos los demás estaban bebiendo, así que yo tomé una y me duró toda la noche.

–Sí, y te bañaste con las demás botellas. Apestas. Estás borracho.

–Sólo un poco alegre, eso es todo, no estoy acostumbrado.

–¿Sí? ¿Una cerveza en toda la noche, y un jugador de béisbol de un metro ochenta y noventa kilos no se puede sacar el jersey sin forcejear?

–Se encogió.

–Deja de bromear. ¿Crees que un padre no sabe cuándo su propio hijo está borracho?

–Vamos, papá. No soy alcohólico.

–No dije que lo fueras.

–Está bien.

–¿Por qué lo mencionaste?

Un sábado por la noche, en un pequeño pueblo de las afueras como el nuestro, muchas iglesias reúnen a una multitud, de jóvenes y viejos, que se arremolinan en el estacionamiento, hablan, bromean, y luego se suben a sus automóviles y se van a casa. Esta gente saludable y feliz parece que hubiera asistido a una ceremonia en la iglesia. En realidad, están recuperando a alcohólicos y a sus familias, conversando después de una reunión abierta de Alcohólicos Anónimos. Lo sé porque fui a muchas sesiones.

Actualmente, todo padre americano se preocupa sobre la posibilidad de que un adolescente esté bebiendo o consumiendo drogas. Quizás usted crea, como muchos de mis colegas, que los padres siempre saben cuándo un niño lo está haciendo. En realidad, el término profesional que se utiliza es "negación" cuando se desea describir una situación en la que los padres no saben porque no desean saber. La negación puede ser un problema, ya que un cuidado cariñoso incluye el deseo de ver a un adolescente con la mejor luz. No es verdad que los padres deban engañarse a sí mismos; mi experiencia en orientación de adolescentes y sus padres me demostró con frecuencia que los padres pueden ser engañados por sus hijos. Durante los años de mi maternidad adoptiva, siempre recordaba una verdad simple: a menudo, los padres no lo saben hasta que el uso de drogas se convierte en abuso de drogas.

Melinda

"Yo 'viajé' desde séptimo grado hasta primer año de la secundaria, y hasta el día de hoy mis padres no lo saben."

El año pasado, Melinda fue alumna de una de mis clases de trabajo social. Tenía veintiséis años, era alta, delgada, y con una mirada intensa del estilo de Glenn Close. Cuando discutimos sobre el uso de drogas en los adolescentes, tenía una historia muy instructiva para contarnos.

"Me iba temprano para la escuela, fumaba dos porros por el camino, dos más durante el almuerzo, dos de regreso a casa, y dos en mi habitación antes de dormir. Mis calificaciones eran buenas, no tenía problemas. Nada empeoró mi comportamiento."

"En realidad, creía que la droga era buena para mí, porque me hacía sentir menos tímida. Siempre fumaba con mi mejor amiga Joannie, y su hermano nos conseguía la droga. Durante todos esos años lo teníamos bajo control, pero las cosas cambiaron cuando fuimos a escuelas secundarias diferentes. Yo conocí a un grupo de gente correcta y dejé de fumar. Joannie fumaba cada vez más hasta que cayó en un serio abuso de drogas. Manteníamos nuestra amistad, así que hablábamos sobre su problema, pero ella creía que no podía enfrentar la vida sin las drogas. Eventualmente, comenzó a practicar la prostitución por doscientos dólares la hora para mantener su hábito, pero eso no duró mucho. Poco tiempo antes, tenía suerte cuando podía obtener diez dólares por hora. Hace dos años, la policía llamó a sus padres para que identificaran su cuerpo en la habitación de un motel. Joannie murió de una sobredosis de heroína."

"Mis padres estaban aturdidos. Me dijeron lo agradecidos que estaban porque yo nunca había hecho algo tan estúpido como probar drogas. Aún creen que fumar marihuana siempre termina en adicción a la heroína. Por supuesto que nunca les dije que fumaba y nunca lo haré. La realidad es que muchos niños la usan, pero si eres hábil, cubres tus huellas, y no caes en un abuso serio, tus padres realmente no sabrán lo que está sucediendo."

Tom y June

Los profesionales también pueden tener los ojos cubiertos. Tom y June, asesores sobre el uso de drogas, conocían la droga por su formación y por sus historias personales; él había sido un adolescente drogadicto, y su padre era un alcohólico. Pero su hijo Perry, de quince años, consumió drogas durante casi dos años antes de que lo descubrieran.

"Qué tonta fui", recordó June recientemente. "Un día, cuando Perry tenía trece años, vino a casa con olor a cerveza, y durante las semanas siguientes aparecieron envases vacíos sobre el césped. Lo reprendí gentilmente, las latas desaparecieron, y nunca volvió a casa alegre ni con olor a bebida. Obviamente, el haber seguido las reglas del libro de recomendaciones para padres había dado resultado. Mi hijo había experimentado un poco, yo reaccioné firme pero razonablemente, y Tom y yo ya no teníamos por qué preocuparnos. ¡Ja! Lo que habíamos hecho era ocultar su adicción a la bebida y a la droga.

Se hizo la luz cuando Perry fue arrestado durante una redada en su escuela porque llevaba veinte frasquitos de crack. El juez le envió a rehabilitación, y actualmente está limpio. En aquel entonces, era tan adicto que casi no recuerda ningún detalle de sus años de escuela secundaria. Pero sus padres no tenían ningún indicio.

Atracción seductora

Usted podría afirmar "mi hijo no", pero las probabilidades están contra usted y su adolescente, por lo menos en tres factores: el poderoso énfasis dado por la publicidad a las alegrías de las fiestas; la creencia social que supone que el beber es un aspecto necesario de ser adulto; y el comentario de que las drogas pueden hacerle sentir maravillosamente bien cuando uno está deprimido.

Los hechos son irrefutables. Muchos jovencitos experimentarán con una o dos drogas. Muchos comenzarán con cerveza o licor, y luego probablemente probarán marihuana. Debido a muchos factores personales, sociales, ambientales, y quizá genéticos, un porcentaje significativo continuará sus experimentaciones hasta el reino de las drogas más fuertes y se arriesgará a convertirse en un adicto.

David y yo aprendimos a no ser muy optimistas en la prevención total de todas las experimentaciones. Un grupo de comerciantes de droga (los fabricantes y vendedores de cerveza y alcohol) gasta millones de dólares para difundir el mensaje de que la vida es una fiesta. En sus avisos y productos con licencia, la fiesta es incompleta sin el uso de sustancias que alteren el ánimo. Las regulaciones gubernamentales, la política industrial, y las presiones de grupos de la comunidad han moderado el mensaje, pero aún llega a casi todos los lugares a los que va un adolescente.

No solamente en los avisos sino en otras comunicaciones y sutiles mensajes sociales, la socialización con una bebida en la mano es mostrada como una envidiable actividad de los adultos. Su jovencito podría desear desesperadamente que lo consideraran maduro; y en algunos círculos, al beber un litro y medio de Southern Comfort se adquiere respeto.

Finalmente, las drogas cumplen parte de la promesa. Pueden relajarle, ocultar las inseguridades, hacerle sentir alegre y competente. De pronto, la vida es mucho más divertida, uno se encuentra en la cima del mundo, e incluso se ve mejor en el espejo. Todos los seres humanos tratamos de hacer lo que nos hace sentir bien. A corto plazo, las drogas pueden dar gran placer. No llegará a ninguna parte con su hijo si trata de evitar el hecho fundamental.

Debido a tantas presiones tremendas y tentaciones seductoras, creo que debe dar por sentado que, eventualmente, su hijo experimentará con alcohol o drogas de alguna clase como parte de una situación social. Obviamente, esa experimentación no conduce necesariamente al abuso, excesos, o adicción, pero ¿cómo lo sabe? Lo que nos vuelve locos es la incertidumbre. Le daría el Premio Nobel al químico que pudiera inventar una sustancia que coloreara el pelo de un niño de color púrpura para el alcohol, rosa para la marihuana, verde para el LSD, azul para la cocaína... Cuanto más intenso sea el matiz, más severo el uso. Sabríamos en seguida que se necesita ayuda.

Peggy Lovirgne, experta en drogas, me comentó: "Con

algunos nuevos diseñadores de drogas que actualmente están en el mercado, ni siquiera podría pescar a mi esposo usándolas, mientras no desee que lo haga y permanezca más o menos controlado. En las últimas etapas de la adicción, la pérdida del control se hace evidente y la negación puede convertirse en patológica, pero en las primeras etapas, uno no puede imaginar las cosas fácilmente."

No estoy tratando de desvelarlo. Por el contrario. Debe calmarse, a pesar de los peligros que existen, y reconocer que no puede ejercer un completo control de las decisiones de su hijo sobre el uso de drogas y alcohol.

Adicción potencial

Olvide el control completo, pero dedique un poco de energía al control de los daños. Por ejemplo, podría ser útil determinar la "adicción potencial" de su hijo. Uno de cuatro factores ayuda a determinar si una persona se convirtió en adicta: a) genes; b) la relativa disponibilidad de drogas; c) la actitud cultural predominante hacia el tratamiento; y d) la infelicidad personal.

La predisposición genética es la causa determinante más común de la adicción. Usted puede jaranear durante el martes de carnaval, pero durante la mayor parte del tiempo no sentirá la necesidad de tocar una gota de jerez. Yo podría beber solamente uno o dos martinis antes de la cena, y sin embargo estar pensando constantemente cuándo puedo beber el próximo trago. Sin embargo, mi cualidad genética no sería un problema a menos que pudiera obtener una sustancia adictiva. El alcoholismo crónico es un grave problema en muchas comunidades indias americanas de hoy en día, debido en gran parte a la predisposición genética, pero las generaciones anteriores no conocían el peligro. Fue necesaria la llegada de los europeos para introducirlos en las debilidades del alcohol.

Por eso a) más b), genes más disponibilidad de drogas, es probable que conduzca a la adicción, pero cualquiera de los cuatro factores es suficiente por sí solo para convertir a algunas personas en adictas. Cuantos más factores haya en la vida de una persona, hay mayor probabilidad de que sucumba.

Para poder soportar los horrores del conflicto de Vietnam, muchos soldados se volcaron a las drogas, incluida la heroína. Los que continuaron su adicción en casa, podían clasificarse en dos categorías: los que tenían una predisposición genética; y los que vivían en los barrios de la ciudad que se conocen como zonas de guerra. El último grupo estaba atrapado en la combinación de los factores b) y c), la incesante disponibilidad de drogas y la profunda infelicidad de su existencia en un gueto. Finalmente, existe una corriente en la que todos nadamos: la actitud cultural que prevalezca en el momento. El modo de vida y de socialización en Francia e Italia tiende a fomentar que la gente beba con intensidad, pero los italianos desprecian a los borrachos, y los franceses son tolerantes. Después de una cena de tres horas y de haber bebido mucho en un lugar público, un italiano no se pondrá de pie para retirarse a menos que pueda caminar correctamente hasta la puerta. Si no es así, esperará hasta sentirse un poco más sobrio. No es sorprendente que el alcoholismo sea un problema social más grave en Francia que en Italia. Sin embargo, en América, el beber intensamente no solamente es tolerado en algunos lugares (escuelas, excursiones de pesca) sino promocionado.

Considere el primero de los cuatro factores determinantes en relación con su hijo. Probablemente tenga el riesgo genético si alguno de sus familiares sanguíneos tiene o tuvo problemas con la bebida o las drogas. Cuanto más cercana sea la relación sanguínea, existe una mayor probabilidad de que tenga una predisposición a la adicción. Por ejemplo, si usted o su pareja es un alcohólico, él tiene el 50 por ciento de posibilidades de convertirse en un bebedor problemático. También debería preocuparse si tíos, tías, primos o abuelos tienen o tuvieron problemas de excesos. A veces, los problemas parecen saltar una generación. En mi familia, cada generación de bebedores es sucedida por una generación de integrantes compulsivamente abstemios, y luego se repite el ciclo.

Para tener un cuadro de la vulnerabilidad genética de su hijo, realice un cuadro familiar que incluya a todos los familiares conocidos. Señale los alcohólicos conocidos o probables con rojo. Subraye los nombres de aquellos que, en su opinión, beben demasiado. Luego señale los abstemios con otro color. A veces, algunas personas beben porque su compañero o un integrante de la familia bebe mucho en casa. Si más de dos de los familiares cercanos de su hijo adolescente no pueden controlar la droga o el alcohol, tiene una alta probabilidad de riesgo de convertirse en un alcohólico o un adicto.

Cuando este es el caso, lo primero que debe hacer es educarse usted mismo. Para aprender sobre el uso de drogas y alcohol concurra a una reunión de AA o Alcohólicos Anónimos. Aprenderá más de lo que lo haría leyendo mil libros sobre el tema. Estas reuniones pueden variar mucho debido a los problemas y experiencias de los integrantes de cada grupo, consiga una lista de varias en su lugar de residencia. Busque hasta encontrar la que le ofrezca más ayuda y comodidad para su situación, y luego concurra, por lo menos, a seis sesiones. Si le piden que hable no se sienta incómodo. Compartir su historia personal es considerado parte de los doce "pasos" en AA. Responda: "Estoy aquí para escuchar y aprender. Gracias a todos por compartir sus experiencias."

Si está seguro de que este tipo de reuniones lo hará sentir incómodo, diríjase a la agencia de salud mental local que se especialice en asesoramiento sobre alcohol o drogas. Pida una cita con un consejero y cuéntele sus preocupaciones por la historia genética de su hijo. El le ayudará a poner las cosas en una perspectiva adecuada, y le sugerirá qué hacer después.

Una vez que sepa qué hacer, debe sentarse y hablar con su hijo. Explíquele sus riesgos de convertirse en un adicto como le explicaría los peligros que debe tener en cuenta al conducir un coche. Aclárele que no está sospechando de su comportamiento ni tampoco duda de su juicio ni de su buen criterio. Al principio, al igual que muchos adultos, quizá no comprenda que usted está hablando de un problema que tiene que ver con el aspecto físico, no con la debilidad mental o moral. Use panfletos y folletos para respaldar lo que aprendió. No suponga que él conoce bien la teoría genética. Haga una comparación con la calvicie que siempre sufren los integrantes masculinos de su familia a los treinta años, no importa lo que hagan, o con las extrañas formas de los pechos de ese grupo de primos de Rochester.

Aunque su hijo no tenga un riesgo genético, un poco de educación puede ser muy útil. Quizá sea suficiente leer un buen libro sobre alcoholismo y adicción, o asistir a una de las reuniones informativas del servicio público que abundan en estos días.

Después hable con su hijo sobre la probabilidad de que algún día "experimente" con el alcohol. Usted debería comprender que muchos de los primeros tragos y las primeras borracheras terminan sólo en una historia divertida. Pero su hijo tiene que reconocer que un primer trago a veces puede ser mortal. La siguiente historia verdadera podría ser de mucha utilidad.

Una historia mortal

Una tranquila noche en una pequeña ciudad de Pennsylvania, cerca de Filadelfia, un muchacho casi muere por beber. Era sólo un adolescente de doce años, y no hubo ningún coche involucrado... solamente el muchacho y una botella.

Su nombre era Matt, pero sus amigos le llamaban "Dillon" porque se parecía al actor Matt Dillon. Cuando su madre le llevó a la casa de un amigo a una fiesta en una piscina para celebrar el fin de curso, se aseguró de que estuviera bien controlado, y así era. Ambos padres estaban presentes, había un salvavidas, y tres alumnos de la escuela estaban allí para servir y limpiar.

La fiesta iba muy bien. Después de consumir los refrescos, los niños pidieron permiso para jugar al "Blackout", una versión moderna del escondite. Los padres no se opusieron. Se pusieron a descansar junto a la piscina, y el salvavidas fue a ayudar a la cocina.

Ninguno de los adultos sabía que el juego era una excusa, planificada detalladamente días antes, para desaparecer y hacer su propia "fiesta". Algunas parejas deseaban estar a solas. Otros niños, incluyendo a Matt, deseaban dar la bienvenida al verano emborrachándose. Eligieron vodka porque no les dejaría olor. Un mes antes, Matt había sacado una botella de las que su padre había preparado para una fiesta.

Como él era el barman, le sirvió un poco a un amigo, y luego bebió él también un poco directamente de la botella. Muy pronto, no sentía más penas, y los sorbos eran más grandes. Quedaba por lo menos un cuarto de la botella llena cuando sus amigos decidieron que ya había sido suficiente. Con una gran demostración de fanfarronería, Matt lo bebió todo, arrojó la botella vacía al basurero, dio tres pasos y cayó. Reaccionó al día siguiente en el hospital. Ni Matt ni sus amigos sabían una simple verdad: demasiado alcohol bebido muy rápido puede provocar la muerte.

Matt tuvo suerte. En un desafío, un muchacho de quince años de nuestra zona bebió toda una botella de escocés. Cuando se desmayó no había adultos cerca, y sus amigos estaban demasiado asustados como para buscar ayuda. Murió.

Generalmente, el estómago rechaza espontáneamente una sobredosis de alcohol, pero en ambos casos, los niños bebieron demasiado rápido y dejaron de respirar antes de que sus estómagos pudieran responder. Lo mismo puede suceder cuando un jovencito mezcla marihuana y demasiado alcohol. Todos los años mueren adolescentes por sobredosis de alcohol, porque la marihuana les suprimió las náuseas. En su charla con su hijo, asegúrese de que comprenda estos hechos.

Estar alerta con la droga

Si ha estado buscando señales de un abuso de drogas, probablemente ya ha encontrado una o más en las listas diseñadas para ayudarle. A veces, pueden ser útiles, pero la mayoría de los puntos puede ser confusa porque son exageraciones de un comportamiento adolescente que es típico. Por ejemplo, la mayoría de las listas citan el malhumor o la irritabilidad, sin embargo los cambios de carácter son comunes en la adolescencia. El consumo de droga podría estar indicado por la pérdida de motivación, cambio de amistades, mayor somnolencia, alejamiento de la familia, o rechazo de las afiliaciones religiosas. Por otra parte, todo esto podría ser perfectamente normal para un adolescente. Como seguramente ya habrá notado, no todos los niños irritables, sin motivaciones, y somnolientos que cambian de amigos, cambian de intereses, mantienen en secretos sus idas y venidas, no desean que los vean en la iglesia, y eluden a sus familias, son adictos a las drogas.

Estas listas no son realmente útiles a menos que señalen cuándo es el momento de entrar en acción. Durante nuestros años de paternidad adoptiva, desarrollé una lista para poder comenzar inmediatamente una vigilancia sobre drogas o alcohol, cuando veía una combinación de esos comportamientos:

Lista de alarma Levine

1. Compromiso personal con identidades orientadas hacia la droga, indicada por posters, ropa, adornos y señales similares.
    Adhesión fanática a un grupo de rock orientado a la droga, como Grateful Dead y alguno de los grupos psicodélicos. Apego a las camisetas que anuncian bebidas o

un grupo musical orientado a la droga, camisas teñidas, adornos realizados en hojas de marihuana.

2. Amigos que obviamente usan drogas o realizan "fiestas" todos los fines de semana.

3. Cambios de carácter habituales e intensos.

4. Llegar "alegre" en más de una oportunidad. Una vez es "experimental"; dos es consumo.

5. Adornos referidos a la droga en su persona o en su habitación.

6. Rumores sobre uso de drogas o expresiones de preocupación de autoridades de la escuela o de otras personas relacionadas con el niño.

7. Robar a otros, o acusaciones creíbles de dicho comportamiento.

8. Consumo en casa.

9. Ser capturado por la policía durante una redada de drogadictos, o por estar borracho en la vía publica, o por consumir en un lugar público.

¿Cómo se realiza una vigilancia para establecer el consumo de drogas? Comparta su preocupación con su hijo y adviértale que de ahora en adelante vigilará cuidadosamente su comportamiento. Recuérdele que usted es el mismo adulto responsable que hace diez años no le hubiera permitido jugar con fósforos. De la misma manera, ahora no le va a permitir jugar con drogas o con alcohol. Además, las evidencias parecen sugerir que lo está haciendo.

En una oportunidad, con el apoyo de David, le dije algo así a un niño adoptivo.

"Me preocupa cuando escucho que todos tus amigos

no hablan de otra cosa que 'volar'. Ya que insistes en salir con esa clase de niños, voy a controlarte mucho más. Te controlaré desde el momento en que llegues a casa, y si me preocupo demasiado hasta revisaré los cajones de tu escritorio. Ninguno de nosotros se sentirá cómodo con esto, pero debo hacerlo para protegerte. Actúa correctamente, y no habrá ningún problema."

Ahora, albergamos algunas ilusiones sobre la efectividad de esta propuesta, y usted también debería hacerlo. A veces sólo garantizaba que el uso de la droga fuera mejor ocultado; por lo menos ese resultado indicaba que el uso estaba siendo controlado. Nunca me sentí feliz de que uno de mis niños adoptivos o de mis hijos estuviera consumiendo en secreto, pero creo que no podía hacer otra cosa más que seguir la consigna de AA: "Suelta, y que Dios actúe."

Por otra parte, si durante su vigilancia descubre más evidencias sobre uso de drogas, debe hacer más. David y yo teníamos un planteamiento firme para esta eventualidad: "No deseábamos creer que usabas esto. Ahora que lo sabemos, te pedimos que no lo vuelvas a hacer. No vas a usar más drogas ni alcohol. Ya basta. Si necesitas ayuda para dejar de hacerlo, dínoslo, y te la conseguiremos. Sabemos lo suficiente sobre niños como para saber que quizá no seas capaz de contárnoslo si continúas usándolos, pero si no te detienes y lo averiguamos, tendremos que suponer que no puedes detenerte sin ayuda. Eso significa que háremos lo que sea necesario para obtener la ayuda que necesitas. Nos importas y no queremos ver que te dañas con eso."

No se descuide mientras espera para ver si su advertencia es tenida en cuenta. Le sugiero que comience inmediatamente un programa de tres puntos.

Primero, lea un libro como *Choices and Consequences*, de Dick Shaefer, un análisis accesible del comportamiento drogadicto durante la adolescencia.

Segundo, forme una alianza con los padres de los mejores amigos de su hijo. Invítelos a tomar café, para poder compartir sus preocupaciones sobre el uso de drogas. Algunos padres no irán; otros irán una vez pero creerán necesario continuar con las reuniones. No se acobarde si un padre dice que los problemas de su hijo son provocados por la influencia del suyo. No discuta si un padre afirma que su hijo está perfectamente limpio cuando usted sabe lo contrario. A pesar de los obstáculos, debería poder formar un grupo de padres que deseen compartir información y vigilar a todos los niños.

Tercero, comience a ir a un grupo de doce pasos como AA o Alcohólicos Anónimos. Créame, si su hijo va a continuar consumiendo, usted necesitará más ayuda de la que puedo brindarle en este libro.

Programas de doce pasos

Los programas de doce pasos ofrecen dos elementos esenciales para tratar la dependencia: una comunidad afectuosa y un plan para controlar cualquier área de su vida que se haya convertido en inmanejable. Por ejemplo, los adictos y alcohólicos recuperados, que participan en una sesión de AA, forman la comunidad afectuosa. Cada una puede incluir gente que se encuentre en diferentes etapas de la resolución de su problema. El plan está basado en doce pasos específicos que constituyen un programa de reeducación moral o espiritual.

El primer paso es reconocer que no puede controlar su problema, o, como afirma AA: "Admitimos que éramos impotentes sobre el alcohol, y que nuestras vidas se habían convertido en incontrolables." En los tres primeros pasos se aprende a aceptar lo que se puede controlar y lo que está más allá de la capacidad de control. Realizar un inventario personal es el paso 4; admitir la naturaleza exacta de su equivocación es el 5. Estos y todos los pasos siguientes conducen al duodécimo paso final: "Habiendo tenido un despertar espiritual como resultado de estos pasos, trataremos de dar este mensaje a otros, y de practicar estos principios en todos nuestros asuntos."

Se pueden obtener muchos programas de doce pasos, son gratuitos, y para mucha, mucha gente, han sido un salvavidas. Cuando el consumo de drogas·de su hijo le indique que debería comenzar con un programa, aprenderá a hacer tres cosas importantes: leer la literatura de los doce pasos todos los días; asistir regularmente a las sesiones sin faltar; y buscar a alguien con quien hablar que también se encuentre en un programa de doce pasos.

Cuando asista a la primera sesión, encontrará literatura gratuita y un libro de medicación diaria que cuesta menos de diez dólares. También puede obtener una lista de personas que están en diferentes niveles de recuperación. Cuando vaya a las reuniones siguientes, busque a alguien con quien pueda identificarse y pregúntele si puede llamarle para hablar sobre sus preocupaciones. Si aún no están listos para ayudar, no tome esto como un rechazo personal. La gente tiene muchas razones para decir que no, y ninguna tiene nada que ver con usted. Continúe preguntando hasta que encuentre a alguien a quien pueda llamar. Esa persona puede ayudarle a pensar qué hacer sobre bases sólidas.

Una palabra de advertencia

¿Por qué no le recomiendo asesoramiento o ayuda psiquiátrica cuando descubre el consumo de drogas de un niño?

A menudo, los terapeutas familiares e individuales creen que las adicciones pueden resolverse a través de una terapia de discernimiento a nivel individual, y de una terapia familiar para toda la familia. Su predisposición profesional los conduce a creer que los problemas con las drogas desaparecen cuando se tratan otros problemas. Eso es incorrecto. Para un problema de abuso de drogas potencial, uno comienza con los expertos en drogas. Psicoterapia, ayuda psiquiátrica y orientación familiar no son suficientes para combatir con las adicciones. El tratamiento que se debe elegir es un programa de doce pasos combinado con un programa de rehabilitación de drogas, y orientación individual o grupal. Quizá la terapia familiar también podría ser útil. Pero la adicción o el abuso deben ser controlados antes de que las otras formas de terapia comiencen a funcionar.

Permítame mostrarle qué quiero decir:

Shane Jones, un niño alto, corpulento, jactancioso, y con una dificultad de aprendizaje, comenzó a experimentar problemas cuando ingresó a la escuela secundaria en Scarsdale, una comunidad escolar tan académicamente competitiva que las A no son consideradas especiales a menos que se obtengan en cursos de honor. Era brillante y se esforzó mucho, pero sus calificaciones apenas alcanzaban el límite. Sin embargo, durante los entrenamientos de fútbol, las proezas de Shane en el campo de juego le mantenían feliz consigo mismo. Después del último partido de la temporada, el gigante gentil se convirtió en un oso frustrado y gruñón.

"Nunca sabía qué iba a suceder por la mañana", me contó su madre. Era una maestra de jardín de infancia, que no tenía problemas con sus otras dos hijas mayores. Su padre, que era contable, siempre había tenido una relación estrecha con su hijo. "Por la mañana era un infierno. El padre le llamaba, yo le llamaba, Shane nos maldecía y seguía durmiendo. Durante muchos días no llegaba a la escuela hasta la tercera o cuarta hora de clase. Los fines de semana, dormía hasta las cinco de la tarde, asaltaba el frigorífico, y se iba hasta la medianoche o incluso hasta la una o las dos de la mañana. Nuestras vidas se concentraban en tratar de llevar a Shane a la escuela. Descubrí que si le llevaba el desayuno a la cama se ponía de buen humor y era más fácil llevarle a la escuela. Ahora parece una locura, llevarle el desayuno a la cama a un saludable muchacho de diecisiete años, pero nuestras vidas se habían convertido en eso. Funcionaba, él se levantaba, y nosotros dejábamos de discutir qué sucedía con él."

"Me preocupaba la droga y la bebida. Algunas noches regresaba a casa con olor a cerveza, pero nos decía que todos los jugadores de fútbol bebían cuando estaban fuera de temporada. Durante años mis hijas habían dicho lo mismo, así que lo acepté como normal. Supuse que era ocasional y que formaba parte de la sociabilización de su grupo. Además, nunca le vi borracho, y nunca trató de ocultar el hecho de que había bebido una o dos cervezas. Luego, Shane fue arrestado por vender drogas a otro niño. Allí fue cuando me enteré de que era adicto al crack desde hacía casi ocho meses."

He aquí mi posición. Durante seis meses antes del arresto de este niño adicto, los Jones realizaron terapia familiar, sugerida por una trabajadora social de la escuela. Shane, utilizando una estrategia típica de los adictos a las drogas, había magnificado el problema de sus padres y se quejó porque peleaban demasiado. La trabajadora social, que no tenía experiencia con adictos, cayó en la trampa. Shane logró distraerla de su verdadero problema.

El terapeuta de la familia tampoco tuvo mucho éxito, ya que les sugirió que los problemas de carácter de Shane eran una metáfora de sus problemas maritales. Les aconsejó que mejoraran sus relaciones matrimoniales, y los problemas del muchacho desaparecerían como la niebla de la mañana. Ciertamente los problemas graves pueden llevar a un niño al uso de drogas, pero en este caso, el terapeuta no lo tuvo en cuenta. Shane, el adicto, fue creando problemas en una familia que no los tenía.

"La terapia familiar no ayudaba para nada a Shane", recuerda Sally. "Todo lo que logró fue separarnos a Peter y a mí. Yo culpaba a mi esposo y él me culpaba a mí. Nuestras peleas, que antes nunca habían afectado a nuestro matrimonio, de pronto se convirtieron en un 'problema'. Luego Shane fue arrestado y mi madre insistió en que asistiera a una reunión de Alcohólicos Anónimos. Ella lo había hecho cuando mi hermano se involucró con drogas. Bueno, las historias que escuché allí me inquietaron y me ayudaron. Alguna parte de cada historia me hacía recordar a Shane, y eso me asustó. Pero las historias también me ayudaron para que dejara de culparme y de culpar a Peter. Por último, cambiamos de terapeutas y fuimos a uno que tenía experiencia en adictos a las drogas. Eso me ayudó a continuar con mi vida, aunque nuestro hijo aún no está recuperado."

El programa de doce pasos comienza a solucionar lo que otros terapeutas ni siquiera reconocerían como el problema real. Sin esa ayuda, usted no podría sobrevivir emocionalmente con un niño que abusa de las drogas o el alcohol. Por el amor de Dios, no permita que el orgullo, la vergüenza, la timidez o cualquier otro sentimiento le impidan asistir a una reunión. Y no espere hasta que su compañero esté de acuerdo en asistir. Vaya aunque tenga que hacerlo solo. Quizá Shane nunca se rehabilite. Ha entrado y salido de los programas de rehabilitación durante los dos últimos años. Pero hubiera tenido mejores posibilidades si sus padres hubieran descubierto antes el problema, y hubieran entrado en acción con la ayuda de la gente capacitada que integra AA o Alcohólicos Anónimos.

Una lección valiosa que aprenderá (y que para algunos padres es frustrante) es que usted puede controlarse sólo a usted mismo y a su entorno. ¿Qué hace con el niño que tiene bajo vigilancia sobre el consumo de drogas?

Mientras tanto...

Mientras asiste a las reuniones de doce pasos, su primera tarea es esperar lo mejor. Quizá no haya más evidencias del uso de las drogas. En ese caso, continúe con el programa por lo menos durante seis meses. Si las cosas siguen bien con su hijo, felicítese y felicite a su hijo. Puede suponer que el problema está resuelto. En ese momento, usted puede desear seguir asistiendo a las reuniones o no. Lo que elija está bien.

Pero si descubre señales de que el uso continúa, es el momento de planear una Intervención Cariñosa. Y no se demore. Habrá escuchado que los adictos no aceptan ayuda hasta que "tocan fondo", pero ese dicho popular ha sido refutado. Mi Intervención Cariñosa es un esfuerzo bien orquestado, mediante el cual la gente que ama al adicto y ha presenciado los estragos de su abuso, pueda intervenir mucho antes de que él toque fondo. (Para más información y asesoramiento, vea el capítulo 15, "La Intervención Cariñosa".)

Si es posible, busque ayuda profesional para planificar la intervención. Con suerte, puede lograrlo usted solo, pero probablemente no pueda tratar un cáncer de pecho usted solo, y la enfermedad mortal de la adicción también requiere atención profesional. En el capítulo 16, "Obteniendo ayuda profesional", encontrará asesoramiento para buscar el experto adecuado.

Resumiendo:

Cualquier experimentación con drogas debería poner en movimiento la siguiente cadena de acontecimientos:

1. Realice una vigilancia sobre uso de drogas en el lugar.

2. Si hay más evidencias sobre uso de drogas, realice una advertencia para que cese, forme un grupo de padres preocupados, y concurra a una reunión semanal de Al-Anón.

3. Si su hijo continúa usando drogas, planee una Intervención Cariñosa, para lograr que acepte su problema.

Nunca olvide este pequeño lema, el cual puede cantar como una especie de fórmula diabólica, si le ayuda a concentrarse en el problema: La Adicción Mata. Si el abuso de su hijo de cualquier sustancia química o de alcohol es inquietante, confíe en sus instintos. Cada momento de demora podría ser de destrucción de más celulas cerebrales o de tejido hepático, o del endurecimiento de una arteria o de deformación de una personalidad, o el momento en que un accidente por una sobredosis o un brusco giro del volante destruya al niño que tanto ama.

13

Más que taciturno...

MAMA: Querido, ¿escuchaste lo que dije?

NIÑO: Sí.

MAMA: Bueno, generalmente te alegras tanto cuando te llama Sara y siempre la vuelves a llamar.

NIÑO: Sí.

MAMA: ¿Sucede algo malo?

NIÑO: ¿Malo?

MAMA: ¿Os peleasteis?

NIÑO: Por supuesto que no.

MAMA: Bueno, ¿qué sucede?

NIÑO: Déjame solo, ¿está bien?

MAMA: Pero no le hablaste a ninguno de tus amigos en todo el fin de semana.

NIÑO: Estoy cansado.

MAMA: ¿De qué? Te levantaste tarde todos los días. Hoy dormiste toda la tarde.

NIÑO: Por favor, mamá. Me voy a mi habitación.

MAMA: Estoy preocupada por ti.

NIÑO: No te preocupes, mamá. No puedes hacer nada. Nadie puede hacer nada.

Sentirse rabioso, mal y triste son hechos de la vida de un adolescente. Para todos nosotros, aprender a superar la melancolía es una de las lecciones más importantes de la vida. La depresión sobreviene. De acuerdo con el doctor Daniel Offer, quien pasó una década estudiando los sentimientos adolescentes, uno de cada cinco adolescentes está deprimido. Otros estiman que el treinta por ciento. Ver la vida vacía, dolorosa, desesperante... es una etapa normal por la que pasan incluso los niños buenos, pero algunos pueden elegir como solución el suicidio. El suicidio y otras formas de autodestrucción son actos de niños buenos que no pueden controlar su depresión.

Quizá no vea señales evidentes de un peligroso nivel de depresión porque los adolescentes la enmascaran como expertos, incluso de ellos mismos. Quizá su hijo no advierta que está deprimido; cree que está aburrido, nervioso, agotado. En realidad, la depresión sustenta gran parte del mal comportamiento del que he hablado en los capítulos anteriores. Desconocer la melancolía de los adolescentes puede provocar que un niño bueno haga cosas malas. Una y otra vez, David y yo descubrimos que cuando un niño adoptivo dejaba de consumir drogas, de correr riesgos, de fugarse, o de instigar Guerras Provocadoras, de pronto comprendía lo profundo de su depresión. Veamos a Judith:

Tenía una apariencia angelical (pequeña, rubia, radiante), pero nos hizo pasar cinco semanas infernales. La primera vez que entró en nuestra casa, nos miró durante un par de minutos, dejó sus maletas sin comentarios, y se escapó por la puerta trasera. Regresó al día siguiente para entablar una Guerra Provocadora durante tres días, y luego se escapó durante cinco. Esto continuó semana tras semana... y de pronto cesó.

Judith ya no peleaba ni se escapaba, se quedaba todo el día en la cama, y lloraba todas las noches. Cuando comenzó a hablar de lastimarse, llamamos a un psiquiatra, que la internó durante un tiempo. Se recuperó de su seria depresión, y hoy controla bien su vida. Sin embargo, las señales de alarma de sus sentimientos autodestructivos estaban presentes antes de que se acostara todo el día. Su enfado, al igual que su deseo de escapar debieron habernos alertado sobre su profundo dolor.

Fred, otro fugitivo crónico, siempre estaba bromeando, pero sus ojos tenían una profunda tristeza que me asustaba. Estuvo con nosotros durante tres semanas, luego escapó. Después de escapar de otros cinco o seis lugares, robó un coche y lo destrozó. En un centro de detención juvenil tuvieron que detenerle para que no se ahorcara.

Gary era hiperactivo y estaba en todo. Nunca lo vimos triste o solitario. Un día, después de su entrevista con su agente de vigilancia, regresó a casa y trató de ahorcarse.

Ambos muchachos sobrevivieron. Ambos intentos de suicidio sorprendieron a todos los que los conocían. En realidad, el agente de vigilancia de Gary pensó que aquella tarde estaba de muy buen humor.

Variedades de melancolías

Generalmente relacionamos la depresión con la desesperación, pero el aburrimiento, la culpa y la excesiva irritabilidad también intervienen. A menudo, los niños deprimidos pierden interés en los viejos amigos y los antiguos placeres. ¿Cómo puede saber cuándo la depresión de su hijo raya con el suicidio?

Muchos síntomas relacionados con el sueño podrían ser pistas: dormir durante demasiadas horas, dificultad para dormir, despertarse temprano. Los cambios extremos en los hábitos alimenticios, ya sea una completa pérdida de interés por la comida o atiborrarse de comida, también pueden ser indicadores. Pero recuerde siempre que cualquiera de estos comportamientos puede corresponder a los vaivenes normales de la adolescencia.

Las aguas son muy turbias, como me recordó la madre de una niña de dieciséis años que se suicidó, cuando me contó lo siguiente:

"Hace tres años que Melody se suicidó. He pasado todo ese tiempo tratando de comprender por qué yo no sabía que ella era tan infeliz. Hablé con todos sus amigos, con familiares, con maestros... y todos llegamos a la misma conclusión: Melody ocultaba su infelicidad. Ninguno de nosotros lo sabía, ni siquiera lo sospechaba. Era la última persona del mundo de la que uno hubiera pensado que podría suicidarse."

¿Medrosa? Puede apostar a que sí... y no es un caso aislado. El año pasado, en una escuela privada ubicada cerca de casa, tres niños trataron de suicidarse en el término de una semana. Uno de ellos es Suzy, una excelente estudiante y atleta, muy querida por sus compañeros de clase.

De acuerdo con John Meeks, un psiquiatra conocido a nivel nacional por su trabajo con niños y adolescentes, Melody y Suzy pueden ser clasificadas como niños del tipo A, impulsados a triunfar. Como su empuje a menudo oculta una pobre autoestima y grandes problemas de falta de adecuación personal, esos adolescentes viven en la cárcel de sus propias realizaciones. Piensan en términos de todo o nada: si bajan una A+, son un fracaso, también son un fracaso si no juegan al fútbol en primera categoría o si no van al baile de promoción con el mejor buen mozo. Larry, el presidente de mi clase de noveno grado, se mató con una escopeta en la escuela. Una lesión menor en un partido de un campeonato de fútbol le impidió ser piloto de la Fuerza Aérea. Todo o nada.

Suzy se cortó las muñecas porque un muchacho la rechazó, según pudo contar durante su terapia. Hasta el día de hoy, nadie sabe qué desaire, qué fracaso perceptible, qué dolor, pudo llevar a Melody a la depresión suicida que terminó con su vida.

Afortunadamente, el tipo A no es el más común. Los intentos de suicidio de los dos compañeros de clase de Suzy no fueron una sorpresa: uno era un niño sobreprotegido; el otro un solitario con problemas de aprendizaje. Ambos preocupaban desde hacía tiempo a sus padres y a las autoridades escolares.

Ellen, una niña sobreprotegida, fue víctima de demasiado amor. Nació cuando sus padres tenían cuarenta años, y fue el bebé del milagro, la luz de su mundo, la alegría de su existencia. Debido a que su menor esfuerzo recibía un gran elogio y le evitaban los dolores normales de la vida cotidiana, Ellen creció esperando adoración del mundo exterior. No fue así.

Pudo pasar la escuela primaria, pero la secundaria fue difícil. En el estrecho mundo de los demás adolescentes de catorce años, el elogio no contaba para nada. Trató de hablar con sus padres sobre su soledad, pero no la pudieron comprender. Sólo cuando ingirió una sobredosis de pastillas para dormir, aprendieron la dolorosa lección de que demasiado amor puede dañar tanto como un amor insuficiente. Escucharon su grito pidiendo ayuda en el intento de suicidio, y Ellen obtuvo la ayuda que necesitaba, tanto profesional como familiar.

Su compañero de clase con problemas de aprendizaje tampoco tenía amigos. El trabajo duro le ayudó en la escuela primaria, pero en la secundaria dejó de estudiar. Solo, sin ningún logro, sentía que la vida era un desierto. Hasta su aspecto cambió, ya que su dolor interior le hizo decaer. Luego, durante un corto período en décimo grado, se recuperó. Incluso habló de ir a la universidad, pero luego vio que iba a fracasar, a pesar de sus nuevos esfuerzos. Realizó su intento de suicidio en la misma semana que Suzy y Ellen.

Otras dos clases de suicidio adolescente involucran jovencitos que se sienten fascinados con la muerte, y aquellos que amenazan con suicidarse para manipular.

Un ejemplo típico del primer caso era Aurora, una jovencita de quince años, sensible, tímida, que escribía poesía e idolatraba a Sylvia Plath, la poeta internacionalmente famosa que se convirtió en una figura de devoción después de suicidarse. Aurora pensó seriamente en el suicidio durante dos años antes de llevar a cabo su plan. Durante una visita al apartamento de su padre, puso la cabeza en el horno y abrió la llave de gas, igual que Plath. Al igual que Plath, también tuvo éxito.

Los coqueteos con la muerte no son raros en la adolescencia, aunque a menudo no terminan en suicidio. Un periódico literario estudiantil estaría lleno de muerte y desesperación si el supervisor no ejercitara una mano editorial dura. La comprensión de una sexualidad en desarrollo está relacionada con la comprensión de que la muerte es inevitable. Pero la obsesión de Aurora era excepcionalmente intensa, y su idealización de alguien famoso que se había suicidado debería haber sido una advertencia para aquellos que la querían.

En nuestra quinta clase de suicidio, los gestos suicidas repetidos son eventualmente descartados por los demás como una mera manipulación. Los intentos comienzan como gritos de ayuda; si no funcionan, el niño debe avanzar. Y un gesto suicida manipulador que no da resultado mata como cualquier otro intento suicida.

Los cuatro intentos suicidas de Marcie-Ann colmaron la paciencia de sus padres y de su terapeuta, y tenían bastante razón para caracterizar sus continuas amenazas como un intento de manipularlos. En otro gesto manipulador, una tarde a las cinco tomó una sobredosis fatal de pastillas para dormir, pues sabía que su padre llegaba a casa a las cinco y treinta. Desafortunadamente, él se demoró, y la manipuladora Marcie-Ann murió. La moraleja es que aun los gestos manipuladores más fastidiosos deben ser tomados seriamente. Amenazan la vida de su hijo. Indican que tiene un serio problema que debe ser atendido... no que sólo está dramatizando sus sentimientos de manera exagerada.

Cuándo preocuparse

Si su hijo tiene un día triste, o incluso tres o cuatro, yo no me preocuparía. Eso es normal para gente de todas las edades. Existe una mejor forma de observar una depresión seria, una llamada escala de PERSONAS TRISTES desarrollada por cuatro especialistas en suicidios, la cual yo modifiqué un poco para nuestros propósitos.

Primero, califique a su hijo de acuerdo con la escala, luego su puntuación para decidir qué acción tomar:

ESCALA DE PERSONAS TRISTES

Sexo... los hombres obtienen un punto.

Edad... todos los adolescentes (y los mayores de 45 años) obtienen un punto.

Deprimido... un punto por depresión reconocida.

Intento anterior de suicidio... un punto.

Abuso de etanol... un punto por abuso de drogas o de alcohol.

Pérdida de pensamiento racional... culpas excesivas, sentimientos de persecución, oír voces, y otros pensamientos irracionales obtienen un punto.

Falta de apoyo social... los solitarios obtienen un punto.

Plan organizado... un punto si puede decirle cómo se mataría.

Falta de pareja... un punto si no tiene mejor amiga o interés romántico.

Enfermedad... un punto.

ESCALA DE CLASIFICACION

PARA ENTRAR EN ACCION

0-2 puntos - Vigile a su hijo durante una o dos semanas, y luego vuelva a evaluar su puntuación.

3-4 puntos - Quizá necesite consultar a un profesional.

5-10 puntos - Su hijo debe ser examinado por un profesional.

Advertencia: usted debe buscar una evaluación profesional para cualquier niño que pueda decirle cómo se mataría, sin importar lo pobre que parezca el plan, o que admita que escucha voces que le sugieren que se haga daño.

Estas escalas tienen la intención de provocar una seria consideración de posibles problemas. No constituyen diagnósticos rígidos en sí mismas. Por ejemplo, el caso de cuatro puntos de un muchacho que dice que está deprimido cuando tiene un fuerte catarro, probablemente no sea candidato para una evaluación profesional. Yo me preocuparía por un hijo mío adolescente que hablara con tristeza de la melancolía. Le vigilaría, y si después de una o dos semanas continúa abatido, le haría evaluar por un profesional.

Los tests de depresión pueden ayudarle a definir si su hijo está sufriendo de un caso normal de melancolía adolescente o de una grave depresión que requiera ayuda psiquiátrica, sus preocupaciones serán calmadas o confirmadas. Una evaluación correcta es importante para ambos.

Los profesionales emplean mucho tests diferentes para evaluar los niveles de depresión. Como trabajadora social yo estaba calificada para emplear esos tests. El que utilizaba era el Beck Depression Inventory. Aunque usted no puede tomar este test a su hijo, puede preguntarle a su consejero escolar sobre la conveniencia de que el psicólogo de la escuela le tome el Beck o cualquier otro test sobre depresión.

¿Por qué no llevar directamente a su hijo a una evaluación psiquiátrica? Porque es algo a lo que la mayoría de los adolescentes se resistiría, aunque están acostumbrados a los tests. La mayoría de mis niños obviamente tristes estaban ansiosos por ver qué deprimidos estaban con el Beck Depression Inventory. En realidad, al igual que con los tests de personalidad más tontos que los niños encuentran en las revistas, mis otros jovencitos también estaban ansiosos por investigar sus sentimientos. A veces, el Beck descubre a un jovencito que ha estado ocultando sus sentimientos.

Terry, cuya madre era una adicta a la heroína, nunca conoció a su padre y soportó una vida caótica y empobrecida. Tranquilo, modesto, parecía creer que nuestra casa era un paraíso. Sin embargo, Pamela dormía la mitad del día, lloraba frecuentemente, y hablaba constantemente sobre su depresión. Cuando le sugerí que realizara el test Beck, Terry estaba en su habitación. Me sorprendió al pedirme que también se lo tomara a él.

Me sentí abrumada por los resultados. La puntuación de Pamela indicaba que era una niña que sufría los vaivenes normales de la vida. La puntuación de Terry indicaba una seria depresión. Se sorprendería al saber que ambos niños estuvieron contentos con su puntuación. Pamela se sintió aliviada, pero Terry también.

"Ahora sé que no estoy loco", me comentó. "Sólo estoy deprimido. Realmente pensé que me sucedía algo malo."

Si su hijo está deprimido, él también se sentirá mejor si puede ponerle una etiqueta a sus sentimientos. Reconocerá que algo debe y puede hacerse sobre el problema. Terry buscó ayuda psiquiátrica y actualmente parece estar bien. Sin el test, quizá no habría tenido el ímpetu correcto para reconocer y tratar su seria depresión.

No insista en sugerirle el test a su hijo. Sólo coméntele: "Hace tiempo que estás 'abatido', acabo de leer sobre un test que mide la depresión, y me pregunto si desearías realizarlo." Si está de acuerdo, arregle que le hagan el test. Si no lo está, olvídelo por ahora. Generalmente, la curiosidad le hará cambiar de parecer. Si no, hay otros modos de determinar sus sentimientos.

Otras medidas de la depresión

Por lo menos tres factores pueden ayudarle.

Primero, considere el alcance de la depresión o de la adicción en su familia. A menudo las dos van juntas, ya que muchos adictos usan las drogas o el alcohol en un destructivo esfuerzo por "curar" la depresión. Busque indicios en más de dos miembros de la familia, a través de tres generaciones. Por ejemplo, si la tía Hildegarde se suicidó, el tío Tabios era un borrachín, y su sobrino Jude acaba de salir de un centro de rehabilitación por adicción a las drogas, probablemente su familia corra un riesgo genético de depresión.

Segundo, ¿cuántas pérdidas sufrió su hijo en la infancia? La pérdida temprana de seres queridos por muerte o divorcio, a menudo establece las bases de una futura depresión, especialmente si es acompañada por pérdidas relacionadas: una caída en el nivel de vida, un alejamiento de los buenos amigos y los apoyos sociales.

Tercero, observe de cerca las pérdidas más recientes, aunque su hijo no haya hablado mucho de ellas. Los amigos se pueden haber mudado o elegido otra pandilla. Quizás haya muerto algún sueño largamente esperado, o él no puede controlar el inevitable reconocimiento adolescente de que usted y su pareja son falibles, o alguna comodidad de la infancia ha desaparecido y no ha sido remplazada. No utilice sus valores de adulto para juzgar el significado de la pérdida de su hijo. La muerte de una mascota, la pérdida de una elección escolar, una baja calificación de un maestro preferido... estas clases de acontecimientos pueden provocar peligrosos períodos de depresión.

Cualquiera de estos factores puede señalar que es el momento de hablar con su hijo sobre estas cosas. Puede comenzar con una observación: "Pareces más triste que de costumbre." Si está de acuerdo, deje que la conversación fluya naturalmente. Resista la tentación de dar soluciones rápidas, certezas fáciles, o su hijo pensará que realmente no comprende. Debe escuchar cuidadosamente para averiguar qué sucede. Puede abrir la puerta para una mayor confidencia, diciendo algo así: "Realmente estás sufriendo por esto."

Por otra parte, si su hijo no responde inmediatamente a su primera pregunta, continúe indagando: "¿Te sientes alicaído o melancólico por algo en especial?" Si contesta que no, acepte su respuesta, pero cierre la conversación con una observación como esta: "La vida es dura, y siempre es más dura cuando uno es un adolescente, por eso si alguna vez te sientes realmente abatido, dime qué necesitas para que te ayude."

Luego retroceda y espere. Si la melancolía continúa, reabra el tema. Infórmele a su hijo que siente más que curiosidad, siente preocupación. Pruebe con este mensaje:

"No quiero curiosear, pero quiero que sepas que te quiero y quiero que tengas una vida más feliz. Me parece que hace mucho que estás abatido, y creo que eso no es necesario. Si no deseas hablar conmigo, puedo encontrar a alguien con quien puedas hablar. ¿Te gustaría eso?

Enfrentar lo peor

Finalmente, quizá deba de formular las preguntas que más teme. Si su hijo está dispuesto a hablar y admite que está muy triste, anímese y pregunte lo peor: "¿Tan triste que la vida ya no vale la pena?" Escuche cuidadosamente su respuesta. Algo como: "Las cosas no son tan malas", o "por supuesto que no", podrían conducir a un interrogatorio más amplio.

Aquí hay tres preguntas que pueden ayudarle a probar la intensidad de la desesperación de su hijo. Progresivamente, cada una indaga más hondo que la anterior:

1. "Pareces realmente infeliz. Cuando la gente está tan triste como tú, a menudo piensa en lastimarse. ¿Alguna vez pensaste en eso?

2. Pensaste en lastimarte. ¿Cuán seriamente pensaste en eso? Mucha gente piensa esas cosas, pero en su interior saben que no lo llevarán a cabo. ¿Y tú?

3. "Veo que pensaste seriamente en lastimarte. ¿Qué significa exactamente eso para ti? ¿Qué harías? ¿Cómo?"

Una vez que su hijo admita que pensó seriamente en suicidarse, es el momento de obtener ayuda profesional para ambos. Cuanto más detallado sea el plan, más inmediata es la crisis. A mis niños adoptivos los llevábamos a ver al psiquiatra del hospital de la zona. Probablemente usted deseará hablar primero con el médico de su hijo, y que le oriente para realizar una consulta psiquiátrica.

Mientras tanto, imponga una vigilancia estricta. Mientras está esperando la evaluación, su hijo siempre debe estar en compañía de alguien que sepa que está seriamente deprimido, y que el suicidio es una posibilidad concreta. Después de la evaluación psiquiátrica, y después de que su hijo haya ingresado en un programa de tratamiento (si se lo aconsejan) puede abandonar la vigilancia.

¿Qué haría si su hijo estuviera desangrándose y se negara a ir al hospital?

No necesita del permiso de su hijo para llevarle y salvarle la vida con el tratamiento que necesita. Si está sangrando emocionalmente, usted tiene la responsabilidad paterna de buscar ayuda para curar esas heridas.

Sea realista: como en la mayoría de los problemas de la adolescencia, usted debe encontrar el equilibrio adecuado entre la negación y una excesiva preocupación. No permita que las noticias sobre suicidios de adolescentes le hagan perder el equilibrio. Tampoco permita que le engañen una aparente comodidad, serenidad o normalidad en la vida de su familia. En este capítulo he desarrollado los cinco tipos de suicidio adolescente. Su primer paso: ver si alguno de ellos se adapta al comportamiento o situación personal de su hijo. Su segundo paso: usar alguna de las herramientas que le he dado. Su tercer paso: realizar una acción adecuada, de una manera tranquila, controlada y cariñosa.

14

La respuesta cariñosa

CONSEJERO: Daryl dice que a ustedes no les importa.

PADRE: Ese...

MADRE: Trabajamos duro. Le damos todo. ¿Qué espera de nosotros?

PADRE: ¡A él es a quien no le importa! ¡Está arruinando su vida, pero nos va a escuchar!

MADRE: Así es. Sólo somos sus padres, no contamos.

CONSEJERO: Bueno, hay una manera de llamar su atención...

PADRE: Seguro, pero no creo que podamos comprar un proyectil nuclear.

CONSEJERO: No, pero si tienen tiempo, y paciencia, hay un método que si funciona...

MADRE: ¿Para llamar la atención del niño? ¡Estamos listos para hacer cualquier cosa!

CONSEJERO: Muy bien.

PADRE: Aprecio lo que está tratando de hacer, pero esta vez, creo que encontró la horma de su zapato. Ese niño es desesperante.

CONSEJERO: Ya veremos.

Amor duro versus amor blando

Al hojear los libros sobre cómo educar en la librería de su barrio, sin duda habrá encontrado muchos ejemplos sobre las dos caras del qué hacer. O, en otras palabras, consejos conflictivos de profesionales. Cuando fui madre por primera vez, los libros me volvieron loca. Fui estudiante, licenciada, maestra y practicante en mi campo; mis textos académicos coincidían entre sí. Pero luego tomé el libro que aconsejaba a los padres que fuéramos más duros, luego el libro que nos advertía que fuéramos más blandos, luego el que nos acusaba de ser demasiado débiles, seguido por el best seller que nos atacaba por ser insensiblemente rígidos.

Básicamente, hay dos extremos en Consejolandia: "amor duro" y "amor blando", y nunca se deben encontrar. Bueno, David y yo dejamos de leer estos libros cuando comprendimos que cada propuesta está relacionada con un lado de la verdad. El amor duro funciona en algunas familias; sólo el amor blando funciona en otras. Ocasionalmente, el mejor remedio es un cambio de posiciones, del amor blando al duro, o viceversa. Pero cambiar en el momento indebido puede romper el equilibrio. Para ayudarle a decidir qué propuesta elegir, y cuándo cambiar, le voy a enseñar la estrategia que desarrollé a través de la experiencia: la Respuesta Cariñosa.

Un protocolo cariñoso

Desarrollé mi Respuesta Cariñosa como un protocolo, o un plan, para ayudar a que los padres hicieran lo siguiente:

1. Preocuparse y enfrentar un comportamiento no deseado.

2. Aliarse con el niño para que la relación cariñosa pueda continuar.

3. Revisar todos los factores involucrados en el comportamiento.

4. Investigar las posibilidades de un cambio.

5. Negociar un cambio.

6. Continuar preocupándose.

Querer = Enfrentar

el comportamiento inaceptable

Los padres a los que no les importa ignoran el comportamiento inaceptable. Para mí, como ya debe saber, eso incluye lastimar a otras personas o animales, destruir la propiedad, o infringir la ley. Quisiera agregar que usted tiene el derecho de controlar el ambiente de su casa y su tranquilidad. Si ha podido detener un comportamiento que infringe las normas generales, bien por usted. Si no pudo, necesita probar con la Respuesta Cariñosa, la cual requiere que continúe siendo cariñoso y respondiendo hasta que encuentre la solución.

Comunicación = Respuesta

Si usted responde de manera negativa al comportamiento inaceptable y su hijo se reforma, su mensaje fue bien comunicado. ¿Y si no lo hace? El mensaje no fue recibido.

La Respuesta Cariñosa le ayuda a evaluar el mensaje que él recibe y luego a decidir cómo hacerle comprender el mensaje que originalmente le envió. ¿Por qué no le escucha? ¿Le está enviando el mensaje equivocado? ¿Está recargado por los otros mensajes no intencionales? Esto es lo que quiero decir:

Usted dice: "Limpia la cocina."

Pero quiere decir: "Limpia la cocina ahora."

Su hijo escucha: "Limpia la cocina cuando tengas ganas." (Oh, sí, esa es una interpretación legítima.)

Una hora más tarde, cuando usted entra en la cocina, la mugre aún está aumentando en los platos del desayuno.

Usted dice, con aspereza: "Te dije que limpiaras la cocina."

"No te enfades. Lo haré."

"¡Ahora! No más tarde."

Su hijo protesta, pero va a la pila sucia. El trabajo se cumple. Usted se felicita por haber logrado que por fin lo hiciera.

Veamos otro ejemplo:

Sólo para entrar en conversación, usted pregunta: "¿Qué tal la escuela?"

"¿Por qué siempre me estás controlando?", responde su hija. "¿No puedes dejarme tranquila? ¿Nada de lo que hago te complace?"

Sorprendida, usted comprende que el mensaje que envió no fue el mensaje que su hija recibió. Ahora tiene una serie de elecciones:

Puede decirle: "¿Sucede algo en la escuela de lo que deba enterarme?"

O: "Por el amor de Dios, sólo trataba de iniciar una conversación. La escuela es asunto tuyo. Sabes que creo que la controlas bien."

O: "¿Qué sucede? Hice una pregunta inocente, y te descargas conmigo..."

O: "Lo lamento, no quise ser agresiva."

No puede estar seguro de qué decir porque no esta seguro de qué trata de comunicarle su hija. No sabe cómo responder, y la comunicación es respuesta. Mi Respuesta Cariñosa puede ayudarle a mantener una postura cariñosa mientras trata de obtener la respuesta que desea de su adolescente.

Comunicación cariñosa

Recuerde, uno usa la Respuesta Cariñosa cuando fallan sus estrategias normales. Tome el ejemplo de las tareas escolares. Suponga que normalmente supervisa los estudios de su hijo. Repentinamente, sus calificaciones comienzan a bajar, entonces lo supervisa más de cerca. Ya no funciona. Las calificaciones siguen bajando. Es el momento de una Respuesta Cariñosa.

PASO 1. HACER FRENTE

Usted dice: "Tus calificaciones aún siguen bajando. Algo no anda bien."

Su hijo responde: "Estoy satisfecho con mis calificaciones."

PASO 2. ALIARSE

Usted dice: "Bueno, no creo que tus calificaciones sean malas, y tú sabes que creo que muchas cosas son más importantes que las calificaciones. Aun así, no puedo creer que estés contento con esta situación. Las calificaciones que bajan de A a B te deben molestar un poco. Estoy de tu lado. Y siento que debemos hablar sobre esto."

Su hijo no dice nada.

PASO 3. ANALISIS

Usted dice: "Dime cuál crees que es el problema. ¿En qué necesitas que te ayude?"

Su hijo responde: "Quiero que me dejes solo. Yo puedo controlar esto."

Usted dice: "¿Así que quieres que te deje decidir cuánto tienes que estudiar? Crees que mi supervisión ya no es útil. Te molesta. ¿Sabes qué me preocupa y cómo me siento?

Su hijo responde: "Tienes miedo de que no vaya a la universidad que tú quieres."

Usted dice: "No, me preocupa que te decepciones a ti mismo, pero también sé que crees que te estoy presionando para que vayas a la universidad que yo prefiero. Si te di razones para que sientas eso, lo lamento. Quiero que tú puedas elegir, y para eso necesitas una B+."

Su hijo se sonríe: "Bien. Te sentirás realmente feliz si termino en Podunk Community College."

Usted dice: "Si quieres estudiar abogacía va a ser duro si te licencias en un Community College en lugar de en una universidad estatal o privada. Pero quizá tienes otra carrera en mente. La elección es tuya. Puedo alejarme si realmente crees que no deseas mi ayuda."

Su hijo dice: "Cuando siento que siempre estás mirando sobre mi hombro, me siento presionado."

Usted responde: "Muy bien. ¿Qué te parecen mis preocupaciones sobre la necesidad de que dejes la puerta abierta para futuras elecciones? ¿Puedes entender eso?

Su hijo dice: "Sí, puedo."

PASO 4. INVESTIGAR

Usted pregunta: "¿Qué quieres que haga de ahora en adelante?"

Su hijo responde: "Quiero que dejes de decirme cómo hacer mi trabajo, de hablar con mis maestros, de supervisarme durante todo el tiempo."

PASO 5. NEGOCIAR

Usted dice: "Creo que puedo alejarme completamente, pero necesito algo para calmar mis ansiedades. Sé que es asunto tuyo, pero estoy preocupado. ¿Qué puedes hacer para que me preocupe menos por ti y por tus calificaciones?"

Su hijo contesta: "Iré a Resource tres veces por semana. Son muy buenos para ayudar a la gente a que se organice."

Usted responde: "Magnífico. Trataré de no interferir. Dime si lo hago. Sabes que tengo fe en tu habilidad para solucionar las cosas, y creo que asistir a Resource es una buena idea. Buena suerte. Te quiero.

PASO 6. CONTINUAR

Permanece fuera del problema, las calificaciones suben, y usted no hace nada...

Permanece fuera del problema, las calificaciones continúan igual, y usted no hace nada...

Permanece fuera del problema, las calificaciones bajan, y usted usa la Respuesta Cariñosa otra vez.

Esencialmente, este breve intercambio padre-hijo contiene todos los elementos de la Respuesta Cariñosa. Su objetivo es unirse al punto de vista de su hijo sobre el problema, y trabajar desde esa base. La unión es la esencia del cariño y el compañerismo. Cada paso de la Respuesta Cariñosa debe darse como una alianza... hacer frente y aliarse, analizar y aliarse, investigar y aliarse, negociar y aliarse, continuar y aliarse.

El primer paso, el hacer frente, debe ser seguido lo más pronto posible por una afirmación de alianza. Si el carácter se torna irascible en la confrontación inicial, espere que se apacigüe antes de continuar con los otros cuatro pasos de la Respuesta Cariñosa.

Permiso para estallar

Algunos libros sobre educación, como Parent Effectiveness Training, le indican que mantenga su paternidad libre de conflictos. Yo no. Como lo señalé en las Guerras Provocadoras, un niño bueno que hace cosas malas a veces necesita un padre enfadado. También hay ocasiones en las que usted se siente tan harto y frustrado que estalla como Moby Dick. Es la vida. Usted es humano.

Sí, estallar indica un fallo en la comunicación, pero también indica el comienzo de una Respuesta Cariñosa no planificada... en la medida que sea seguido por un esfuerzo para aliarse. Un estallido puede significar que a usted le importa lo suficiente como para estar muy enojado. No dañará a su hijo a menos que usted se niegue a aliarse de inmediato, demostrando que desea entender sus necesidades y puntos de vista. Repito: hacer frente (con o sin estallido) y alianza siempre deben estar ligados. Como la antigua sentencia que dice que nunca se debe acostar enfadado con su esposa, nunca debería dejar que su hijo se aleje de una confrontación convencido de que él no le importa. Nunca. Le aseguro que esto es difícil de realizar cuando su hijo está decidido a iniciar una pesada Guerra Provocadora. Asegurarse de que realizó una alianza en esa situación requiere práctica. Peor aun, a veces, un niño puede resistirse a sus esfuerzos de pacificación porque desea provocar un estallido que le brinde una excusa para romper las reglas.

Una tarde, cuando la pequeña Coralee me seguía tratando de iniciar una pelea, yo estaba magníficamente serena. A través de otros niños sabía que esa noche ella deseaba ir a una fiesta. Su conciencia no le permitiría ser mala a menos que yo lo fuera. La contienda siguió durante cinco horas agotadoras... y finalmente ella ganó. Aun hoy, puedo recordar la sonrisa victoriosa de la Guerra Provocadora cuando gritó que se iba de "este agujero de mierda". Mientras ella preparaba su maleta arriba, tuve tiempo suficiente para calmarme. Bajó por la escalera diciendo obscenidades, pero yo ya estaba preparada con una proposición para la alianza:

"Ahora estoy realmente disgustada, pero cuando regreses, hablaremos sobre esto, porque me importa."

No, no se ablandó. En realidad, se enfadó más y se fue por la puerta principal. Pero me escuchó, y eso es lo que importa. Muy pronto regresó con nosotros, lista para analizar lo que había sucedido y por qué.

A veces, cuando una confrontación con un niño iba de mal en peor, la mejor alianza era decir fuerte y claramente:

"Quiero resolver esto, pero ahora estoy muy disgustada. Tendremos que hablar más tarde. Me interesa solucionar esto... pero no ahora."

Cuando un jovencito se familiarizaba con este mensaje, podía acortarlo: "Después. Estoy disgustada. Me importa."

Las Guerras Provocadoras más sangrientas podían continuar a pesar de mi petición de un descanso. Algunos niños me seguían hasta el baño, y se quedaban fuera golpeando la puerta. A veces, sólo podía escapar saliendo de la casa. Me llevó tiempo, pero aprendí, aun en aquellas situaciones infernales, que el niño necesitaba de mi enfado pero yo debía permanecer alejada. Practiqué hasta que pude decir: "Me importa. Necesito alejarme durante un momento. Hablaremos más tarde."

Cariño planificado

Cuando usted puede planificar su Respuesta Cariñosa con tiempo, el primer paso de la confrontación es realizar una cita con su hijo. Esta iniciativa, como todos los demás aspectos del proceso, debe ser acompañada por una alianza. Veamos algunos ejemplos que trabajé con padres preocupados en mi grupo de Técnicas para Padres.

"Joan, la semana pasada no cumpliste con tu toque de queda en tres oportunidades. Me dijiste que había una buena razón para cada una de ellas, y discutiste sobre tus castigos. Creo que lo estás haciendo intencionalmente para cambiar tu toque de queda. Quizá debamos considerar un cambio, pero deseo que lo hablemos juntas. ¿Ahora es un buen momento, o deseas que arreglemos una cita para otro día de la semana? Creo que podremos encontrar una solución a este problema que nos satisfaga a las dos... si lo conversamos."

Esta confrontación está llena de señales de alianza. He aquí una un poco más enojosa, que era más adecuada para las necesidades y sentimientos de otro padre:

"Todd, te dije que no trajeras amigos a casa cuando estoy en el trabajo. Esta semana trajiste a alguien casi todos los días. Dijiste que pasaban por unos minutos, pero no es la cuestión. Mi regla es que cuando yo no puedo estar aquí, nadie debe estar en mi casa excepto mis hijos. Estoy realmente enfadada, pero estoy seguro de que podemos arreglar esto. ¿Cuándo quieres que hablemos?"

A menudo, su hijo intentará acceder a su iniciativa, tratando de evitar discusiones posteriores. Si es razonable, y promete que el comportamiento ofensivo cesará, no necesitará insistir más en este punto. Supongamos que Joan afirma que no estaba tratando de cambiar su toque de queda, y promete que no volverá a llegar tarde. Su padre deberá aceptarlo, pero también deberá establecer las bases para otro paso de la Respuesta Cariñosa, en caso de ser necesario en el futuro, diciendo algo así:

"Magnífico. De ahora en adelante llegarás a tu hora. Si no es así, entonces podemos hablar sobre qué está sucediendo. Pero por ahora, me sentiré feliz de escucharte entrar por la puerta a tiempo, como dices que lo harás. Gracias por ser razonable."

O quizá Todd le diga a su padre que él tampoco quiere a los otros niños en la casa, y que esta semana aprendió que dejar pasar a alguien por un momento significa un gran esfuerzo posterior para librarse de él.

"Magnífico. Puedes decirles que realmente me enfadé. Eso ayudará. Si necesitas más ayuda, grita. Podemos cerrar el tema a menos que averigüe que alguien estuvo otra vez aquí. Gracias por escuchar."

Por supuesto que hay mejores argumentos. Usted retomará la Respuesta Cariñosa después de varias promesas de reforma no cumplidas. Supongamos que se ha enfrentado con su hijo durante tres veces seguidas sobre las llamadas a larga distancia sin permiso. A regañadientes, le pagó, mucho después de que usted abonara el recibo. En cada oportunidad, le prometió que no lo volvería a hacer, pero el recibo llega con sesenta dólares de recargo. Usted tiene un presupuesto estrecho, y no puede cubrirle un gasto de cincuenta o sesenta dólares mensuales hasta que le pague sus llamadas a larga distancia amistosas o románticas.

Es el momento de explicarle que ya no puede aceptar más sus promesas:

"Lo lamento, hijo, ya escuché esto muchas veces. Haces promesas, pero aún tengo que pagar un enorme recibo telefónico todos los meses. No puedo hacerlo. Tenemos que arreglar esto, y sé que podemos hacerlo. Quiero arreglar esto ya mismo. Si ahora no es un buen momento, arreglemos una cita para poder conversar. Puedes elegir... ahora, o el lunes después de cenar."

Más sobre alianzas

Brindarle a su hijo una alternativa es una forma de alianza. En el ejemplo anterior, se entiende que usted comprende que él tiene sentimientos y que respeta su necesidad de pensar un poco antes de que comience la batalla. Significa que usted respeta su deseo de participar en decisiones que son importantes para él.

Ctra buena táctica para realizar una alianza es admitir sus fallos, flaquezas e imperfecciones. Si usted es duro consigo mismo, su hijo podría aliarse con usted. El no cree que usted realmente sea "tan malo". Si él comienza la crítica, usted tiene una oportunidad similar para aliarse, aunque no esté de acuerdo con la crítica. Recuerde: la forma en que su hijo le ve, es lo que usted es para él. No es necesariamente lo que usted es. Pero cuando acepta el punto de vista de su hijo como potencialmente válido, los dos son aliados. He aquí algunos ejemplos:

Un niño adoptivo me llama loca. Pienso en las cosas alocadas que he hecho recientemente, especialmente a ese niño, y le respondo: "Tienes razón. He hecho algunas cosas realmente alocadas. Pero en este momento, el problema no es mi locura, sino tu comportamiento."

Un niño me llama estúpida. Aunque me considero brillante, sé que a menudo hago cosas estúpidas, por eso no tengo problema en responder: "Sí, hago algunas cosas estúpidas, pero en este momento estamos hablando sobre el problema específico que tienes, no sobre mi estupidez."

Aunque no encuentre ni una pizca de verdad en la acusación de un niño, siempre estoy de acuerdo en que su punto de vista es verdadero:

"Veo que sientes que siempre te estoy persiguiendo. Lo lamento, porque no deseo que te sientas así. Primero veamos qué podemos hacer para resolver el problema que tengo con tu comportamiento. Cuando hayamos resuelto eso, podemos hablar sobre cómo me podría comportar de manera diferente."

Quizá tenga oportunidad de utilizar una de estas afirmaciones para realizar una alianza:

"Podemos solucionarlo."

"Tienes alternativas."

"Cuéntame más sobre cómo te sientes."

"Veo que tú (parafrasee la queja o crítica de su hijo). ¿Es así?"

"En eso tienes razón."

"Podemos tener un problema, pero nuestra relación es mucho más grande que nuestro problema. Podemos solucionar las cosas. Si no es hoy, será mañana."

La alianza no tiene que ser verbal. Una sonrisa simpática puede probarle a un niño que usted está de su lado. También puede aliarse simbólicamente. La alimentación es una forma de cariño, por eso a menudo recurro al chocolate y a las galletas cuando una Respuesta Cariñosa se convierte en pesada y fogosa. A veces, sugiero un paseo mientras continuamos hablando, y me detengo para señalar algo bello o interesante. Las estrategias como estas no sólo ayudan a forjar una alianza; también le ayudan a usted y a su hijo a recordar que, aun en los malos momentos, la vida continúa... y el cariño también.

La alianza debe continuar a través de todo el proceso de la Respuesta Cariñosa. Cuando el enfado requiere una pausa, tiene que liberarse del enojo durante el mismo. Cuando tenía que enfrentarme con un niño y tomábamos un descanso, me aseguraba de darle un abrazo en otro momento del día, o de dejarle una nota de ánimo sobre la almohada. A veces, preparaba una cena especial. Estos miniactos de alianza refuerzan su tema fundamental: usted está actuando duro con el mal comportamiento, no con el niño bueno que continúa perpetrándolo.

Autocrítica

En el paso 3 de la Respuesta Cariñosa, debe preguntarse si en realidad el problema es suyo y no de su hijo, especialmente si el proceso comenzó con un estallido de su parte. ¿Su enfado es justificado?

Todos tenemos nuestras limitaciones, como seres humanos y como padres. Cuando nos disgustamos con un jefe, estamos hechos polvo y a punto de llorar, es probable que el niño que hace algo un poco fastidioso reciba una doble descarga de enfado. Por eso revise dos veces su respuesta. ¿Qué hizo exactamente mal su hijo? ¿Con qué frecuencia repitió ese comportamiento? ¿Cómo responde usted generalmente a este comportamiento en particular? ¿Qué fue diferente esta vez? ¿Su humor? Cuando se calma, ¿siente remordimiento por haber reaccionado de manera exagerada? ¿Qué piensa su esposo/a?

Cuando Jane regresó a casa diez minutos más tarde de su toque de queda, su madre estaba esperando. Cuando Jane trató de explicarle, su madre estalló. La niña trató de obtener una pausa, pero su mamá no le permitió salir de la habitación. Lo que Jane no sabía era que su madre había tenido un día difícil en la oficina; su jefe la había regañado por un error que había cometido. Eventualmente, Jane golpeó una silla muy enojada, algo que nunca antes había hecho. La necesidad de su madre de librarse de sus frustraciones había provocado una reacción exagerada ante la violación de toque de queda, y esta respuesta irracional había incentivado una respuesta violenta y atípica por parte de su hija. En este caso, el asunto estaba profundamente equivocado.

Cuando advierta que ha reaccionado de manera exagerada, o sospeche que usted tiene más problema que su hijo, renuncie inmediatamente a todos los esfuerzos para controlar el comportamiento de su hijo. Por el momento, cancele la Respuesta Cariñosa. Diga: "Creo que en este momento, el problema de esta situación es mío. Por favor, acepta mis disculpas."

Si tiene que disculparse por reaccionar de manera exagerada más de una vez por mes, usted tiene un problema que debe ser tratado en una consulta o en un grupo de apoyo. Lea cuidadosamente los capítulos 16 y 17.

Ordenar los sentimientos

Por otra parte, aunque sepa que no está haciéndole pagar las culpas a su hijo, necesita ordenar sus sentimientos. Antes de sentarse a discutir un problema con su hijo, asegúrese de saber exactamente qué le enfada o le preocupa. Tenga claro qué desea cambiar, por qué debe ser cambiado, y cómo sabrá si realmente ha cambiado. Considere muy bien todo esto antes de comunicarle a su hijo que va a iniciar una Respuesta Cariñosa.

Por ejemplo, supongamos que usted está de acuerdo con la madre de Todd: no quiere amigos en la casa cuando usted no está. Esa es la forma en que lo criaron, la mayoría de sus amigos está de acuerdo con usted, y su esposa también. Para usted, la regla tiene sentido. Pero el propósito del tercer paso de la Respuesta Cariñosa es explicar el "por qué" al igual que el "qué".

Para su hijo, la regla puede parecer un indicio de que no confía en él. Usted no está de acuerdo. Usted cree que confía en él, pero no confía en grupos de niños solos en una casa sin la supervisión de un adulto. Tiene que lograr que su hijo escuche lo que trata de decirle.

Y tiene que preguntarse continuamente qué es lo que realmente le preocupa. Generalmente los padres creen que sus adolescentes sin supervisión se involucrarán en cosas como la bebida, el abuso de drogas, maltrato de muebles, o sexo irresponsable. ¿Cuál o cuáles le preocupan?

En lo que se refiere a nuestros dos hijos, la principal preocupación de David y mía es el sexo. Todas las demás, si suceden en nuestra casa, eventualmente regresarán a nosotros, y podremos arreglarlas. Sin embargo, los niños son más cuidadosos para esconder el comportamiento sexual. No deseamos enterarnos de alguna orgía en el ático por el anuncio de que seremos abuelos antes de tiempo. Aunque antes escribí que los padres tienen un control limitado sobre las decisiones de sus hijos para mantener relaciones sexuales, recuerde que también creo que debo hacer lo que pueda para decir que no. Dejar solos a los muchachos y a las muchachas en nuestra casa no es mi idea para desalentar una actividad sexual prematura.

Y aquí hay un aspecto moral. Si usted tiene una hija, desea que los padres de sus amigos estén de su lado, cuando se trata de cosas sexuales. Si yo tuviera una hija, no le permitiría traer a su novio a casa cuando no estoy; por eso no les permitiré a mis hijos que lleven novias adolescentes a casa cuando yo no esté allí.

Además, los padres de niños tienen que considerar posibles problemas legales en las actividades no supervisadas. Si su hijo de veintiún años lleva a casa una muchacha de diecisiete para mantener relaciones sexuales, es culpable de violación legal. Si conocía o justificó la cita es legalmente cómplice. ¿Y si la muchacha afirma que fue molestada o violada durante una fiesta en su casa? Su ausencia o su ignorancia no es excusa. Creo que comprendió mi posición.

Ahora, regresemos a la Respuesta Cariñosa. Supongamos que ha reconsiderado su posición sobre el problema de los amigos en la casa y ha decidido qué desea realmente y por qué. Una vez que sepa que puede poner sus ideas en palabras, mantenga el pensamiento. Antes de explicar su punto de vista, debería pedir la opinión de su hijo. De otra manera, se arriesga a limitar lo que él piensa, y sus pensamientos son necesarios para una alianza con éxito.

Diga algo así:

"Sé que me escuchaste decir que no quiero a tus amigos en casa cuando no estoy aquí. Pero no estoy realmente seguro de lo que piensas sobre la regla, o por qué crees que la establecí. ¿Por qué no me dices qué piensas?"

Los padres que conocí me comentaron una amplia gama de respuestas, incluyendo las siguientes:

"Crees que haré una fiesta."

"Crees que dejaré que mis amigos aumenten el recibo telefónico."

"Crees que mis amigos hacen demasiado desorden."

"Tienes miedo de que mis amigos terminen con la casa."

"Tienes prejuicios. No te gustan mis amigos porque algunos de ellos son de otra raza."

"Crees que los vecinos harán comentarios."

"No confías en mí."

"Crees que traeremos muchachas para hacer el amor."

Cualquiera que sea la respuesta de su hijo, tómela seriamente, pero hágale saber que está equivocado: "No es así. Piensa en alguna otra razón." Si no acierta en el tercer intento, déle la respuesta.

"Todo lo que tú dices tiene sentido desde tu punto de vista. Lo comprendo. Pero aún no has mencionado mi preocupación. Francamente, me preocupa que puedas traer amigos que estén saliendo como pareja y luego no se puedan controlar sexualmente. Recuerdo que cuando era joven era difícil decir que no, y no deseo tener que ver en el problema de los hijos de los demás."

Recuerde: comunicación es respuesta. Algunos niños serán comprensivos con su punto de vista. La mayoría le dirá que no tiene por qué preocuparse, o que es anticuado. En el último caso, tendrá que analizar algo más:

"Crees que soy anticuado. Lo comprendo. Yo pensaba lo mismo de mis padres. ¿Pero puedes comprender que, a pesar de lo anticuado que soy, no deseo que traigas amigos a casa cuando estoy en el trabajo?"

Su objetivo es doble: aliarse con la perspectiva de su hijo, pero mantener firme el suyo. Usted quiere que, teniendo en cuenta quién es usted y cómo siente, su hijo concuerde en que su punto de vista es razonable. Cada parte tiene que aceptar los sentimientos de la otra como legítimos. Usted tiene que ser abierto; tiene que permitir que su hijo refute y se descargue. Una vez que haya comprendido cómo siente, usted tiene que revisar una vez más su actitud:

"Tengo curiosidad por saber qué sientes sobre todo esto. Ya escuchaste mi opinión, y respondiste. Ahora dime la tuya."

Debe escucharle hasta que realmente comprenda sus sentimientos sobre la situación, pero eso no significa que usted deba ceder o cambiar sus reglas. De ninguna manera. En este ejemplo, todo lo que tiene que decir es algo como:

"Ya escuché que crees que puedes controlar esto y que sientes la necesidad de seguir recibiendo amigos, pero no puedo decir que sí. Deduzco que sientes que tu habilidad para mantener tus amistades está en peligro, ¿es así?

Puede terminar la revisión cuando cada uno de ustedes pueda ver que el punto de vista del otro tiene algo de legitimidad, y la intensidad emocional que rodea la situación haya disminuido. No se desaliente. Estos dos objetivos no se cumplirán hasta después de varias sesiones con su hijo. No olvide que siempre puede pedir una pausa... y a menudo puede ser necesario.

Pero si la situación aún está candente después de la tercera sesión, debe estar sucediendo algo más. Quizás usted y su adolescente están involucrados en una lucha de poder que trasciende el problema específico. Algunos conflictos son más probables si usted es un padre de amor duro, pero también pueden surgir con los padres de amor blando. ¿Cómo se puede saber?

En una lucha de poder, el tema no es cómo resolver el problema, sino quién es el jefe. Usted puede creer que no ejerce un control excesivo, pero lo que importa es lo que siente su hijo. Si siente que es demasiado autoritario, cada regla es potencialmente la gota que derrama el vaso. Después de la tercera sesión sin resultados, formule esta pregunta:

"Parece que no podemos ponernos de acuerdo sobre este problema. ¿Es el tema que discutimos, o crees que está sucediendo algo más? Quizá pienses que soy demasiado estricto sobre algo. Quizás esta es la regla con la que no estás de acuerdo. ¿Es así? Hablemos sobre eso."

Ahora, prepárese para algo que quizá no quiera escuchar. Pocos jovencitos piensan que sus padres son demasiado estrictos en los controles. Si su hijo es uno de ellos, escuche y aprenda lo que pueda. Como en cualquier situación, acepte el problema que le describe como verdadero. En otras palabras, ahora hay dos problemas que resolver: el incumplimiento de una regla, más la sensación de su hijo de estar estrictamente controlado.

Este es un buen momento para utilizar una técnica desarrollada por Penelope Russianoff, como lo explica en "¿Cuándo voy a ser feliz?". La idea es comenzar con el punto de vista del otro, y llegar al propio. La realidad varía. La realidad de su hijo podría incluirle como un padre autoritario, a pesar de la verdad. Si usted reconoce su realidad, su enfado se disipará y existe una mayor probabilidad de que trate de aceptar su realidad, al menos en parte.

He aquí algunas charlas que realizaron padres de mis grupos utilizando esta técnica:

"Ahora comprendo que crees que soy autoritario. Y puedo comprender por qué te sientes así, aunque a mí no me parece así. Pensaba que sólo estaba tratando de ver cómo podíamos resolver este problema de reglas. No disfruto diciéndote qué tienes que hacer. Por favor trata de imaginar qué siento cuando no respetas el toque de queda. No deseo quedarme despierto toda la noche pensando si estás vivo o muerto."

"Muy bien, comprendo que no crees que confío en ti. Eso debe doler. Por mi parte, estoy preocupado por lo que pensarían los demás si traes a tu novio a casa, cuando aún estoy en el trabajo. Entiendo que para ti eso pueda parecer tonto, pero para mí es importante. La crítica de mis amigos me lastimaría. Eso no tiene nada que ver con que confíe o no en ti."

"Crees que quiero controlarte. Sólo trataba de que lavaras los platos."

Aclárele que está dispuesto a ocuparse de sus críticas, pero no en ese momento :

"Tú deseas hablar sobre mi autoritarismo. Primero yo quiero hablar sobre el problema que tenemos, porque allí fue donde comenzamos, y luego estaré listo para hablar de todo lo que desees sobre mi autoritarismo."

La mayoría de los niños estarán de acuerdo con este orden de prioridades. En ese momento, debería pedir un descanso antes de proseguir con el paso 4 de la Respuesta

Cariñosa, especialmente si la revisión ha sido prolongada, fuerte y áspera:

"¿Por qué no lo consultamos con la almohada? En realidad, dejemos pasar tres días, y luego podemos reunirnos y sugerir algunas ideas. Ahora comprendemos los sentimientos uno del otro. El resto es un ejercicio de limpieza."

Investigar

Advertencia: para ser franca, el paso cuatro a veces le conduce a comprometerse con una regla que tenía intención de mantener tan firme como Gibraltar. Puede conducir a una concesión en alguna otra área que ayudaría a su hijo a respetar la regla en disputa.

Es el momento de sugerir ideas. Tome lápiz y papel, despeje su mente para tener una gran creatividad, y siga la siguiente sentencia: Durante la investigación, todo vale.

Una táctica es confeccionar listas. A Todd, el niño que llevaba amigos a su casa, se le ocurrieron diez cosas que podrían resolver su problema:

1. Casarse.
2. Llevar a casa solamente amigos casados.
3. Convertirse en monje.
4. Cambiar el punto de vista de mamá sobre los adolescentes y el sexo.
5. Obtener permiso de los amigos de su padre.
6. Contratar una dama de compañía.
7. Contratar dos damas de compañía.
8. Conseguir un aumento en su mensualidad, así podría llevar a sus amigos al cine o a patinar en lugar de tener que llevarlos a su casa.
9. Convencer a mamá para que renuncie a su trabajo y viva de la prosperidad.
10. Esperar que mamá gane la lotería y renuncie a su trabajo.

Me parece que la lista de Todd revela un pensamiento creativo y un humor astuto; se divierte y realmente tiene en cuenta el problema. Resultó que el punto seis también estaba en la lista de su madre, y se convirtió en el principal punto de negociación para resolver el problema. Más adelante nos ocuparemos de eso...

Otra técnica para sugerir ideas que funciona bien con las familias es el "mapa mental", desarrollado por Michael Gelb y explicado en detalle en "Present Yourself: Cativate Your Audience with Great Presentative Skills". El mapa mental le permite hacer un diagrama de sus pensamientos mientras le surgen ideas. Se comienza el mapa mental dibujando lo que usted desea o redactando una descripción de su objetivo en el medio de la página. Durante los diez o quince minutos siguientes, toma nota de todas las posibles palabras relacionadas que le vengan a la mente, sin redactarlas. Cuando su torrente imaginativo esté agotado, jerarquice y conecte las ideas. Con lápices de diferentes colores realice sus propios diagramas, flechas o senderos para ilustrar las conexiones entre las ideas. Puede ver a qué me refiero en los ejemplos de mapas mentales reproducidos en las páginas siguientes.

Cuando se siente con su hijo para este ejercicio, cada uno realizará su propio mapa mental. Tomen su tiempo para realizar un dibujo o símbolo que represente sus respectivos objetivos, establezcan un tiempo de diez minutos y luego comiencen a escribir las palabras clave. Cuando el tiempo se haya cumplido, intercambien los mapas y obsérvenlos. Cinco minutos más tarde, cada uno vuelve a tomar su mapa, se establecen cinco minutos adicionales, y agregan nuevas ideas a su mapa. Si su pareja u otros miembros de la familia desean unirse, asegúrese de que cada participante mire todos los mapas de los demás antes de los últimos cinco minutos.

El siguiente paso para cada uno de ustedes es comenzar a unir ideas en su propio mapa. Primero, encuentren los temas. Generalmente, habrá un tema referido al uso de los premios y castigos. Conecte todas las palabras relacionadas con un color. A menudo, un tema se centra en lo que la otra persona puede hacer. Usted puede cambiar este tema de conectar ideas que muestren lo que puede hacer. Puede limpiar el dibujo conectando los diferentes vuelos de fantasía que no se deberían seguir.

Puede clasificar las ideas subrayando las más útiles con azul, las menos útiles con amarillo, y las restantes con colores que le indiquen la clasificación. Ahora, vuelvan a intercambiar los mapas mentales. Todos los participantes elegirán un color y señalarán las tres ideas más importantes en el mapa de los demás.

Estas ideas se colocan en una posible lista de negociaciones. Recuerde, cada uno de ustedes ha elegido las tres ideas de las listas de los demás; por lo tanto, cada punto de la lista de negociaciones comparte las elecciones de por lo menos dos participantes del ejercicio del mapa mental.

Observe los mapas mentales de las páginas siguientes. En esta familia, una madre y un padre hicieron mapas mentales con sus dos hijos: uno de doce y otro de dieciséis años, que tenían el problema de levantarse y el problema de llegar tarde a la escuela. El mapa de la madre registra el pensamiento de un padre de amor blando. Con una tendencia a ser complaciente, les llevaba el desayuno a la cama en los días de lluvia. El padre, era el amor duro personificado; su mapa se inclina decididamente a los castigos. Los niños, como lo indican sus mapas, deseaban que sus padres no los molestaran criticándolos, pero también deseaban tener el desayuno caliente a un horario determinado. Ingeniosamente, creo, sugirieron la idea de tener dos relojes despertadores cada uno... uno que los dejara dormitar, otro que sonara como último recurso. En las negociaciones basadas en estos mapas mentales, toda la familia estuvo de acuerdo en que si papá los castigaba, mamá estaba concentrada solamente en preparar el desayuno, y comprar dos relojes no resolvería el problema, entonces papá podría ponerse peor. Los mapas mentales pueden generar suficientes soluciones posibles para darle sentido a las negociaciones, el próximo paso de la Respuesta Cariñosa.

Reflexión

Sin embargo
Sentarse parece
desayuno que debería
ser algo que dejar

Y enviar
nuestros hijos
hambrientos a le
No es justo

Soy capaz
Me preocupo
más de lo que
debo
Por lo tanto

Sentarse lleva tiempo

A) Solucionar llevar
el desayuno

★

EL OBJETIVO

manteca
mermelada
huevos

Puedo vivir con esto

PRINCIPALES
PROBLEMAS
QUE IMPIDE LOGRAR EL OBJETIVO:
① A los niños le gusta dormir
y levantarse a último momento

② Quiero que desayunen
Quiero que se levanten
a tiempo para desayunar

③ Creo que si no los despertamos
llegarán tarde

BASTA DE LEVANTARME, BASTA DE PREPARAR
EL DESAYUNO, PONER EL PROBLEMA
DONDE DEBE ESTAR

Y SI POR SUPUESTO NO

GRRR, ESTO NO ME AYUDA

es pedir demasiado
por supuesto pero me cuesta mucho hacerlo

ODIABA TENER QUE LEVANTARME TEMPRANO
AUN ODIO TENER QUE HACERLO

CASTIGOS   CONSECUENCIAS NATURALES
             → QUE LA ESCUELA SE ENCARGUE
(MÍOS) NO MAS AUTOMOVIL
       NO MAS TELEFONO
       NO MAS MENSUALIDAD
       BASTA DE DEPORTES

                              RECOMPENSAS:
                              ¿POR QUE RECOM-
QUE COMPREN   PENSAR UN COMPOR
EL DESAYUNO EN LA   TAMIENTO QUE DEBE-
ESCUELA   RIA SER UNA
                              RECOMPENSA?

SONRISAS Y PAZ   ESCUELA CON
A LA MAÑANA   INTERNADO

ATAR A MARY A
SU CAMA

PONER GALLOS   AMIGOS QUE LOS
EN LA HABITACION   DESPIERTEN
DE CADA NIÑO

INSTALAR UN SISTEMA DE SHOCK ELECTRICO

ME SIENTO DERROTADO. ¿POR QUE
ESTE ES UN PROBLEMA TAN GRANDE? →

238

COMO PUEDO HACER PARA QUE DE VEZ
EN CUANDO PAPA ESTE DE
MI LADO?

PUEDO COMER ALGO ANTES DE LA CLASE → NO PUEDO → CUAL ES EL GRAN PROBLEMA

LA COMIDA MAS IMPORTANTE DEL DIA

→ PERO — NO HAY NINGU..

EN CASA

EL DESAYUNO ES

LEY QUE DIGA QUE HAY QUE COMERLO

PUEDO ENTRAR A SU DORMITORIO Y DESCONECTAR SU RELOJ

PROBLEMAS (SITUACIONES)

1- MAMA ES SENTIMENTAL Y QUIERE QUE DESAYUNEMOS TODOS JUNTOS

2- MAMA NO PERMITIRA QUE ME QUEDE DORMIDO

¿Y SI COMO MAS EN LA CENA?

SI ME DAN DINERO EXTRA PODRIA COMPRAR EL DESAYUNO EN LA ESCUELA

¡AH! ATRASAR UNA HORA TODOS LOS RELOJES DE LA CASA ✓

239

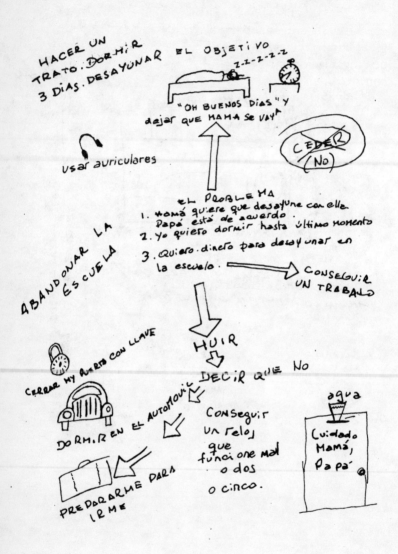

HACER UN
TRATO. DORMIR
3 DÍAS. DESAYUNAR   EL OBJETIVO
                                        Z-Z-Z-Z-Z

"OH BUENOS DÍAS" Y
dejar que MAMA se vaya

Usar auriculares

CEDER (No)

EL PROBLEMA
1. Mamá quiere que desayune con ella.
   Papá está de acuerdo.
2. Yo quiero dormir hasta último momento
3. Quiero. dinero para desayunar en
   la escuela.   ⟹ CONSEGUIR
                      UN TRABAJO

ABANDONAR LA
ESCUELA

HUIR

CERRAR MY CUARTO CON LLAVE

DECIR QUE NO

DORMIR EN EL AUTOMOVIL

CONSEGUIR
Un reloj
que
funcione mal
o dos
o cinco.

agua

Cuidado
Mamá,
Papá

PREPARARME PARA
IRME

Negociar

Toda negociación con éxito depende de seguir reglas específicas. Para las negociaciones padre-hijo, yo siempre sugiero cuatro reglas que fueron desarrolladas por el Proyecto de Negociaciones de Harvard, y que están explicadas, junto con otras, en "Getting to Yes", de Roger Fisher y William Ury. Algunos aspectos de mis cuatro reglas ya han aparecido en estas páginas, pero vale la pena repetirlas de manera detallada.

REGLA 1:
SEPARAR A LA PERSONA DEL PROBLEMA

La esencia de la Respuesta Cariñosa, como espero que haya visto, es ser duro con el comportamiento, no con el causante. Su hijo no podrá realizar esta separación fácilmente (usted podrá castigar el comportamiento, pero él siente el castigo) pero usted sí. En realidad, debe tener la distinción siempre clara en su mente. Ayude a que su hijo vea la diferencia realizando comentarios como este: "Te quiero, y realmente me disgusto cuando mientes. Mentir es un comportamiento inaceptable. Ayúdame a confiar en ti, no mientas. Sé que quieres hacer lo correcto."

"Sé que generalmente eres un niño responsable, pero esta es la tercera vez que me dejas esperando. Por favor, sé más responsable para estar donde dices que vas a estar y cuando se supone que vas a estar. Sé que realmente no eres una persona desconsiderada."

"Te quiero. Es por eso que me preocupo cuando sales con niños violentos."

"Tú no eres un puerco. ¿Por qué vives en esta pocilga?"

REGLA 2: BUSCAR INTERESES COMUNES

A menudo, los intereses comunes surgen en los mapas mentales... lo que cada lado desea, necesidades, anhelos, preocupaciones, temores. Al concentrarse en estas cosas, usted y su hijo tienen una mejor posibilidad de descubrir una necesidad o interés mutuo que pueda convertirse en el camino para un compromiso o un acuerdo.

REGLA 3: INVENTAR OPCIONES PARA UN BENEFICIO MUTUO

Si ha pasado una media hora con su hijo sugiriendo ideas, debería haber encontrado algunas ideas que le ayuden a desarrollar opciones con las que los dos puedan vivir. Si no es así, una tercera persona puede ayudar, alguien que pueda evaluar sus dos puntos de vista opuestos desde fuera.

REGLA 4: OLVIDAR LOS LIMITES EXTREMOS, CONSIDERAR ALTERNATIVAS

Volviendo a utilizar la sugerencia de ideas, debe buscar las mejores alternativas. Esta es la clave para tratar con un adolescente, en especial si está decidido a no ceder. Usted tiene que moverse creativamente desde su límite extremo hasta una alternativa factible. En otras palabras, tiene que considerar qué puede aceptar como solución si no puede llegar a un acuerdo.

Por ejemplo, la madre de Todd pensó en varias alternativas: cambiar las cerraduras y no darle una llave a su hijo: hacerle trabajar después de la escuela y que realizara allí su tarea; hacer que su madre viuda le cuidara; enviar a Todd a vivir con su padre. Decidió que la primera alternativa, cambiar las cerraduras, era la mejor. Tener una alternativa a la que poder recurrir puede ayudarle a no oprimir el botón del pánico cuando su adolescente continúa resistiéndose a un acuerdo negociado.

A estas reglas del proyecto Harvard yo les agregué dos propias que no se pueden aplicar especialmente a los adolescentes.

REGLA 5: CONCEDER ALGO

Como su hijo, al igual que cualquier otro adolescente, necesita ganar algo de usted, comience su regateo desde una posición alta, así puede realizar tranquilamente una o dos concesiones. El desea que su toque de queda sea a la 1 de la madrugada, pero usted considera que la medianoche es aceptable. Comience con las once de la noche, luego conceda una hora.

REGLA 6: BRINDE UNA OPCION

Cuando sea posible, déle a su hijo una opción. Aunque la opción sea entre dos cosas que él preferiría evitar, le ayuda en su crecimiento y autoestima.

Una vez que haya seguido estas reglas y obtenido éxito en la negociación, sería conveniente escribir su pacto para evitar futuras discusiones sobre los términos y condiciones exactas. Por otra parte, esta es una opción que le puede dar a su hijo. Si prefiere un abrazo o un apretón de manos, acéptelo usted también.

Continuar

Una vez que el acuerdo haya concluido, avance. Considere el problema resuelto. No formule preguntas. No haga comprobaciones. Comprendo que esto puede ser difícil, especialmente si el problema es de mucho tiempo. ¿Le dije que la vida es dura? Desarrolle algunas estrategias como las siguientes:

En lugar de formular preguntas, llame a un amigo y converse.
En lugar de hacer comprobaciones, vuelva a leer este capítulo.
En lugar de preocuparse, organice una salida familiar o limpie un armario.
Si espera que su hijo mantenga su parte de la negociación, usted tiene que mantener la suya.

Pero, ¿y si a pesar de sus más sinceras intenciones y denodados esfuerzos, usted rompe su parte del trato? Entonces confiese, discúlpese, y trate de volver a continuar. Si viola el acuerdo con su hijo por segunda vez, usted necesita un oído profesional. Algo no le permite continuar su tarea número uno después de haber llevado una Respuesta Cariñosa a una buena conclusión.

Someta a su hijo a las mismas normas. Una violación del acuerdo puede considerarse un desliz. Dos es una recaída, una tercera violación significa que es el momento de retroceder y volver a intentar una Respuesta Cariñosa. Preocúpese si este intento también parece tener poco efecto. Especialmente si el problema de comportamiento es antisocial o perjudicial (alguien es herido físicamente, hay daños de la propiedad, se infringe la ley), yo le recomendaría ayuda profesional si no logra cumplir con sus objetivos en una segunda Respuesta Cariñosa.

En el siguiente capítulo desarrollaremos una técnica esencial para convencer a su hijo que le acompañe a un profesional.

15

La intervención cariñosa

PAPA: Finalmente se pasó de la raya, y ya me cansó.

MAMA: Pero está fuera de control. No sabe lo que hace. Necesita ver a un profesional.

PAPA: Estoy de acuerdo, pero sabes que ya no escuchará nuestros consejos.

MAMA: Quizás escucharía a tu hermano.

PAPA: ¿Cuándo? Ya no viene.

MAMA: Siempre respetó las opiniones de la tía Jean.

PAPA: Comprendo lo que dices, querida. Pero creo que nuestra hija ya no escucha a nadie. Todos sus amigos quieren que deje este comportamiento, pero ella cierra sus oídos.

MAMA: Pero nosotros sabemos que necesita ayuda profesional.

PAPA: Sí, pero no podemos esposarla y arrastrarla al consultorio de un psiquiatra.

MAMA: Tiene que haber una forma de llegar a ella.

PAPA: El tiempo corre.

Si la Respuesta Cariñosa falla, no importa lo mucho que se haya esforzado, es el momento de planear una Intervención Cariñosa. Esta técnica es una confrontación planificada del comportamiento inaceptable de su hijo. La lleva a cabo la gente que se ve más afectada por ese comportamiento. Aunque involucra a un grupo más grande que usted y su hijo, la Intervención Cariñosa es un proceso que tiene pasos similares a los que aprendió para utilizar la Respuesta Cariñosa:

> Interesarse lo suficiente como para hacerle frente.
> Aceptar a la persona, rechazar el comportamiento.
> Revisar los sentimientos y pensamientos de todos sobre el comportamiento inaceptable.
> Investigar las posibilidades de un cambio.
> Negociar sus diferencias.
> Continuar.

Le daré modelos, pero la Intervención Cariñosa es inherentemente flexible, fácilmente adaptable a sus necesidades. Puede involucrar a tres o a veinte personas. Usted puede resolver su problema en tres minutos o tardar varios meses hasta completar el proceso.

Una intervención rápida

John y Sue vinieron a consultarme porque estaban preocupados por su hija, Jessica. Hacía seis meses que había terminado su relación con su novio, y su depresión era cada vez más profunda. Probamos varias estrategias, pero ninguna funcionó. En mi opinión tenía que consultar con un terapeuta, pero ella se negaba. Planeamos una Intervención Cariñosa para convencerla de que aceptara ayuda profesional.

246

Además de sus padres y de mí, incluimos a su hermano Damon, de ocho años, a tres de sus mejores amigas, y a la entrenadora de su equipo de natación, los cuales estaban preocupados por el estado de ánimo de Jessica. Antes de la Intervención, me reuní con estos participantes y establecimos algunas reglas. A Jessica se le informó que algunos amigos vendrían porque estaban preocupados por ella y deseaban hablar al respecto. Como les advertí a sus padres, ella trató de evitarlo.

· "Nadie tiene que preocuparse por mí, estoy bien."

Su madre estaba preparada. "Muy bien, pero seguramente no deseas que tus amigos se preocupen. Es por eso que los invitamos, y debes hablar con ellos." Jessica no pudo negarse.

Cuando estuvimos todos reunidos en el salón de la familia, yo comencé la reunión:

"Jessica, sabes que todos pedimos reunirnos contigo porque estamos preocupados por ti. Yo no me reuní antes contigo, pero lo estuve haciendo con tus padres. Vinieron a consultarme porque están preocupados por tu infelicidad y nada de lo que han hecho parece haberte ayudado. Tú les dices que no se preocupen, pero no pueden evitarlo. Por lo que me describieron, yo tampoco puedo evitar preocuparme. Como experta en salud mental, debo preocuparme cuando escucho que alguien llega de la escuela y se va directamente a la cama, se tapa hasta la cabeza, sale sólo veinte minutos para cenar, y luego regresa a la cama. Parece que estás durmiendo más de la cuenta, y eso no es saludable. Tus padres y yo no somos los únicos preocupados. Todos los que están en esta habitación les han expresado su preocupación a tu mamá y a tu papá por lo triste que estás siempre."

Jessica interrumpió malhumoradamente. "Estoy bien, lo juro. Sólo estoy controlando las cosas a mi manera. Nadie tiene que preocuparse por mí."

"Jessica, la gente está preocupada, lo quieras o no. Déjalos que te digan qué los preocupa, y luego nos puedes decir qué piensas sobre sus preocupaciones. Si nos dejas decir lo que tenemos que decir, nosotros escucharemos todo lo que tengas que responder. Todos queremos una sola cosa:

ayudarte. Sabemos que eso significa escuchar atentamente lo que tengas que decir."

Con obvia desgana, Jessica estuvo de acuerdo con el plan. Comenzó su entrenadora.

"Jessica, muchos niños abandonan la natación. Es una tarea dura, y sé que a veces parece que no vale la pena el esfuerzo. Ya sabes lo que digo: si venir aquí les cuesta, perjudicarán al equipo. No es sólo que abandonaste... lo hiciste en mitad de la temporada, y ni siquiera me avisaste. Y eso no es propio de la Jessica que conozco y respeto. Duele, pero no me preocupé mucho al respecto. Luego, hace dos semanas te vi en la ciudad y traté de hablar contigo, pero te diste la vuelta. Lo que es peor, no caminaste, corriste. Desde entonces, te he observado en la escuela, y al hacerlo advertí que estás realmente deprimida. Ni siquiera puedes esbozar una sonrisa fingida, y eso es malo. Lo sé porque lo viví. Una mañana, cuando mi esposo y yo nos estábamos divorciando, no me podía levantar. Gracias a Dios mi mamá estaba de visita. Inicié una terapia, y creo que tú necesitas terapia. Estaba tan preocupada que llamé a tus padres. Me contaron sobre esta noche, y supe que debía estar aquí. Necesitas ayuda. La vida puede ser mejor. Tú puedes estar mejor, Jess."

Luego, sus amigas hablaron sobre sus preocupaciones: cómo parecía una persona completamente diferente, había dejado de llamarlas, se negaba a sentarse con ellas para almorzar.

"Estás tan impregnada de tristeza que te sale por los poros", comentó una de las niñas. "Si no me importaras, hubiera desistido, pero te quiero y deseo que busques la ayuda que necesitas."

Luego, sus padres hablaron elocuentemente sobre sus preocupaciones. A esta altura, tenía los ojos llenos de lágrimas. Tenía la esperanza de que cuando hablara Damon, Jessica accedería a buscar la ayuda que todos sentíamos que tanto necesitaba.

Damon tenía mucho que decir: "Jessy, te quiero. ¿Recuerdas cuando mamá se iba a trabajar y yo no quería que faltara cuando regresaba de la escuela? Tú me ayudaste a acostumbrarme a eso. Tú y Tom me acompañaban a casa, y me hacían bromas y me hacían reír durante todo el camino. Luego te quedabas toda la tarde conmigo. Hacías que la tarea escolar pareciera un juego, y me enseñaste a preparar la cena. Estaba realmente feliz. Luego, tú y Tom no se vieron más, y todo cambió. Ahora estoy preocupado porque tú y Tom se hayan peleado por mí. Quizá si no hubieras tenido que cuidarme después de la escuela, aún seguirían siendo amigos. Creo que no te culpo si te desagrado, pero quiero que seas feliz otra vez. Odio oírte llorar todas las noches cuando tratas de dormirte." En ese momento, Damon empezó a llorar.

Jessica abrazó a su hermano sollozando. "No quería hacerte sufrir, hermanito. Te prometo que voy a hacer lo que los demás me piden. Deja de llorar."

Ella mantuvo su promesa. Después de varios meses de tratamiento psiquiátrico, volvió a ser la misma. Esta fue una Intervención Cariñosa con éxito que funcionó muy rápidamente. Es un buen ejemplo, pero no es típico de la vida real, como lo demuestra la siguiente historia.

Una intervención más prolongada

Hasta hace poco tiempo, una de mis tareas era ser directora de un programa para ubicar a los adolescentes más difíciles de la ciudad de New York. En cada hogar que supervisaba, las Intervenciones Cariñosas eran planificadas regularmente por el equipo de profesionales como un método para ayudar a que los jovencitos consideraran el impacto de su comportamiento sobre los demás y sobre sus deseos y necesidades personales. Nuestra teoría es: para cambiar, uno debe desear cambiar; para desear cambiar, uno debe reconocer que está haciendo algo malo.

Recuerdo especialmente una intervención que requirió cuatro sesiones diferentes y varios meses para lograr aquellos objetivos. Charles D., un adolescente de quince años, con aspecto de adulto, tenía un temperamento explosivo, puños demoledores, y espaldas anchas. En sus primeras seis semanas con nosotros rompió tres ventanas, pateó dos puertas, hizo polvo a niños en cuatro peleas de puños, y asaltó dos veces la dirección de puericultura. Planeamos una Intervención Cariñosa destinada a que accediera a asistir al programa de reentrenamiento del enfado hogareño.

Nuestro primer intento incluyó a su madre, a Josie, su hermana de doce años, a Terry y a Bob (otros dos niños de la casa), cinco miembros del personal, y a su abogado, designado para defender su caso. Le conduje a una sala de conferencias, donde todos estaban sentados en semicírculo. Tan pronto como se sentó frente a ellos, Charles se inquietó, pero su abogado le tranquilizó:

"Tranquilo, Charles. Estamos todos aquí porque nos importas. Esto puede lastimar un poco, pero a largo plazo, te ayudará a obtener el control de tu comportamiento."

"Mierda, no necesito ayuda", respondió Charles, aún inquieto.

Su abogado sonrió lastimosamente. "Charles, tú y yo sabemos lo perturbado que estabas la semana pasada, después de que le diste un puñetazo a Mr. Franks. Sin embargo, al día siguiente, estabas listo para ir otra vez detrás de él. Una parte de ti debe estar asustada porque no puedes detener este comportamiento. Todos nosotros pensamos que esta reunión es el camino para comenzar. Todos nos preocupamos por ti, y estuvimos mucho tiempo tratando de pensar cómo ayudarte. Por favor, déjanos intentarlo."

Charles suspiró y se acomodó en su silla. "Muy bien, terminemos con esto. No van a cambiar mi mente. No voy a ir a esas estúpidas reuniones sobre el enfado. Pero escucharé."

Ese era mi pie. Observé mis notas y comencé:

"Charles, vives aquí desde hace seis semanas. Durante ese tiempo, pudimos conocerte bastante bien. También conocimos a tu madre y a tu hermana. Excepto controlar tu enfado, lo has hecho bastante bien. Mr. Frank me contó que la mayor parte del tiempo eres un verdadero caballero. No pareces tener problemas con nuestras reglas, cumples con tu toque de queda, cumples con tus quehaceres a tiempo, vas a

250

la escuela casi todos los días. Eres inteligente y tienes sentido común. Pero cuando te enojas destrozas todo. Hoy, todos los que se encuentran en esta habitación han visto o formado parte del daño que provocas para ti y para los demás cuando pierdes el control. Planeamos esta intervención cuidadosamente. Deseamos que realmente comprendas qué sucede cuando estallas, pero lo más importante es que deseamos que reconozcas que, con ayuda y apoyo de todos nosotros, puedes aprender a controlar tu temmperamento de maneras menos destructivas. ¿Comprendes eso?"

Charles no me miró, pero asintió brevemente con la cabeza.

Continué. "Tener control sobre tu temperamento es importante, pero primero tienes que comprender lo importante que es que nos permitas ayudarte. No podrás hacerlo solo. Necesitas el programa de reentrenamiento del enfado. De eso se trata en esta reunión. Espero que cuando terminemos estés de acuerdo en asistir. En esta casa, la mayor parte de tu enfado fue dirigido contra tres personas: Mr. Frank, Terry y Bob. Es por eso por lo que están aquí."

"Tu madre está muy preocupada por tu temperamento. Quiere que estés en tu casa, pero le preocupa lo que sucede cuando te enfadas. Con frecuencia descargas tu enfado contra tu hermana, por eso está aquí. El resto de nosotros somos negociadores y planificadores. Las reglas de esta sesión son simples. Tú escuchas a los demás, y luego nos dices qué es lo que sientes. Esperamos que puedas decirnos todo lo que puedas sobre qué te sucede para que se desaten esas explosiones."

"Finalmente, hablaremos sobre lo que tiene que cambiar, y qué necesitas de nosotros para cambiar. Quiero que pienses mientras los demás hablan. Sobre todo quiero que pienses en esto: el enfado es lo que los expertos llaman una emoción 'encubridora'. Eso significa que encubres otros sentimientos más dolorosos. Mientras escuches a tu familia y a tus amigos, trata de pensar qué sentimientos son encubiertos por tus estallidos."

De antemano, todos los que estaban en la habitación habían sido entrenados y habían ensayado para hablar con

Charles. Sabían que la Intervención Cariñosa involucraba hacer frente al comportamiento que él deseaba ignorar o justificar. También comprendieron que la confrontación debía ser mantenida con un espíritu de aceptación y unión.

Comenzó el señor Frank. "Charles, esta semana te enfadaste dos veces conmigo y me lanzaste puñetazos. Aún tengo un moretón donde me pegaste. Ser golpeado lastima físicamente, pero también lastima emocionalmente. Si no me agradaran los niños, no estaría haciendo este trabajo. Tú lo sabes. Una parte de mí pudo perdonar cuando me golpeaste, pero otra parte se enfadó."

"Sin embargo, lo que más me molesta es lo que tu propio enfado te está haciendo a ti. Tienes muchos deseos de ir a una escuela fuera, pero no podemos permitirlo mientras sigas golpeando a la gente. Desahogarte puede hacerte sentir bien en corto plazo, pero creo que realmente deseas controlarte. Sé que puedes hacerlo. ¿Sabes por qué a veces te pido que salgas de la habitación y te calmes? Dijiste que es porque no me agradas, pero esa no es la razón. Lo hago porque sé que para controlar tu enfado debes tomar un descanso. Dejar que las cosas se enfríen. Tratar de hablar razonablemente con una persona enojada es como pedirle a un ebrio que haga equilibrio sobre una cuerda. Mira lo que sucedió la semana pasada. Entraste furioso a mi oficina, listo para estallar. Te pedí que esperaras fuera y te calmaras. No lo hiciste. En lugar de ello, me golpeaste."

Charles, más incómodo que antes, trató de hablar, pero el director de puericultura levantó la mano y continuó con su exposición.

"Lo triste de la semana pasada, Charles, es que, antes de que perdieras el control, tenías razón. Yo había cometido un error." Se detuvo dramáticamente y miró al niño a los ojos. "¿Me escuchaste, Charles? Yo estaba equivocado. No sabía que tus restricciones habían sido levantadas, y que podías hacer llamadas telefónicas. No lo habían colocado en la pizarra de restricciones, y yo tendría que haberlo preguntado, pero en ese momento estaba tan ocupado que dije que no. Como creíste que estaba siendo injusto, me golpeaste. Si hubieras estado más controlado, podríamos haber arreglado algo. Hubieras obtenido lo que deseabas sin haber tenido que perder el control. Mantener el control significa no golpear a la gente o las cosas. Mantener el control también significa tener más libertad."

El resto de personal y los dos residentes le contaron a Charles historias similares sobre pérdida de control y privilegios, y le aseguraron que creían que él podía cambiar cuando decidiera que estaba listo para trabajar con ellos. El propósito de esta Intervención Cariñosa le había vuelto tranquilo y pensativo, lo cual era una buena señal. Pero cuando le tocó el turno a su madre, Charles se volvió a inquietar.

"Te quiero", comenzó a decirle. "Y quiero que estés en casa, pero también estoy preocupada. Temo que puedas lastimarme, o a tu hermana, o a alguien más. Cuando estás en casa, voy de puntillas. Sé que aprendiste algunos de esos golpes de tu padre, pero eso no lo justifica, hijo. Para mí es duro tener que seguir diciendo que no puedes venir a casa, pero si no aprendes la manera correcta de comportarte, podrías terminar en la cárcel, y no quiero eso."

Charles había entrecerrado los ojos cuando su madre comenzó a hablar. De pronto, mirándola enfadado y con la cabeza erguida, gritó: "Tú no me quieres en casa. Te alegraste cuando arrestaron a papá. Estás contenta de que yo esté aquí."

Mrs. D. comenzó a defenderse, pero le pedí que se tranquilizara y hablé yo:

"Charles, parte de la intervención consiste en darte la oportunidad de hablar. Pero no hasta que todos los demás hayan hablado. Dejemos que hable tu hermana, y luego podrás contarnos tu versión de la historia. Por ahora, quiero que pienses sobre qué otros sentimientos está encubriendo tu enfado. Por mi parte, creo que estás lastimado, pero lo que importa es lo que tú piensas. Mientras tanto, dejemos que hable Josie."

La hermana de Charles, que estaba entrando en la adolescencia, era muy tímida. Al igual que su madre, había sido muy maltratada por su padre, y luego por su hermano. No podía mirarle a los ojos. Mientras hablaba con un tono monótono y vacilante, miraba constantemente al suelo.

"Cuando era más pequeña, a veces impedías que papá me golpeara. Incluso te golpeaban cuando tratabas de cuidarme. Te quería tanto, y pensaba que si papá se iba, todos íbamos a ser felices. Entonces se fue, y tú comenzaste a golpearme, como él lo hacía. Mentiría si digo que deseo que vengas a casa. No quiero. Porque no me gusta que me golpeen. Pero mamá te extraña, como extrañaba a papá. Ella quiere que estés en casa, así que si trataras de aprender cómo dejar de golpear, yo aprendería a quererte otra vez. ¿No quieres venir a casa?"

Ignorando a Josie, Charles volvió a hablarle a su madre: "Así que pusiste a mi hermana contra mí", le reprochó con vehemencia.

Le volví a pedir a su madre que se callara.

"A mí me parece, Charles, que fueron tu enfado y tus puños los que la volvieron contra ti. Pero estamos aquí para escuchar lo que tú crees que está sucediendo. Ahora es tu turno de contarnos tu lado de las cosas."

Liberó un torrente. "Quiero ir a casa, y puedo controlar mi temperamento. Sólo golpeo a la gente cuando se lo merece. Puedo detenerme cuando quiera. No tengo que recibir lecciones sobre control del enfado. Esto es una mierda, como dije que lo sería. Quiero llamar a mi abogado y a mi asistente social. Quiero irme de esta casa. No me están ayudando para nada."

"Puedes llamar tan pronto como termine esta reunión", le respondí. "Pero la mejor manera de regresar a casa es controlar tu temperamento, y por lo que acabas de decir, crees que puedes hacerlo. ¿Puedes?"

"Sí, puedo. Cuando golpeo, es porque quiero golpear."

"Bien. Así que tú quieres ir a casa, y tu mamá quiere que estés en casa, sólo si puedes controlar tu comportamiento. Nunca nos dijiste que podías hacerlo, así que déjame preguntarle algo a tu madre. Mrs. D., ¿cuántas semanas tendría que pasar Charles sin golpear a alguien ni romper algo para que usted creyera que controla su temperamento? ¿Un mes sería suficiente?"

Ella asintió con la cabeza.

Terminé esta intervención cuando Charles y yo llegamos a un acuerdo. Durante un mes controlaría su temperamento. No golpearía a nadie, ni para defenderse, ni rompería nada. Si mantenía su parte del trato, a fin de mes podría ir de visita a su casa durante un período más extenso. Como parte de la Intervención Cariñosa, le pregunté a Charles en qué podíamos ayudarle. "No necesito que nadie me ayude con esto", respondió con desprecio.

Lo acepté. Redacté las bases del contrato que fue firmado por Charles, por su madre y por el equipo presente.

Naturalmente, había un punto crítico que debía ser más definido. Una vez que se supiera lo convenido, muchos de los niños de la casa se divertirían provocando a Charles. ¿Cómo evitaría golpear para defenderse? Nuestra solución fue asignarle otro residente y dos trabajadores como guardaespaldas.

Por supuesto, nuestro plan falló. Después de diez días, Charles rompió dos ventanas. Tres días después, hizo pedazos una puerta. El vigésimo día de su trato, golpeó a su abogado en el abdomen.

En nuestra segunda Intervención Cariñosa, Charles aún se negaba a asistir a la reeducación del enfado, pero aprendió algo valioso. Varios miembros del personal explicaron qué es lo que podían decir cuando él iba a perder el control: un momento antes adoptaba una postura meditativa. Charles quedó intrigado con esta observación. Accedió a que el personal pidiera una pausa cuando observara que iba a estallar. En otras palabras, estaba comenzando a aprender cómo medir su enfado. La nueva estrategia lo ayudó a controlar su temperamento durante casi tres semanas, y luego quitó una puerta.

Por otra parte, no volvió a atacar a otro ser humano durante todo el mes. Quizá comenzó a comprender que las estrategias terapéuticas podían funcionar. En nuestra tercera Intervención Cariñosa accedió a ir a cuatro sesiones de reeducación del enfado.

Estas tres intervenciones requirieron mucha planificación, cooperación y compromiso emocional de parte de todos los participantes, incluyendo a Charles, pero al final fueron bien recompensados. Actualmente, Charles está viviendo en su casa. Las únicas peleas que realiza tienen lugar en un cuadrilátero de box, en un gimnasio cercano. Se está entrenando para boxear profesionalmente.

Intervención Cariñosa:

principios básicos

Mis Intervenciones Cariñosas han sido desarrolladas a partir de un sistema de intervención utilizado en el programa de doce pasos de AA, descrito por Vernon Johnson en *I'll Quit tomorrow*. Con un alcohólico, el objetivo de una intervención es romper la negativa del alcoholismo.

Las intervenciones del doctor Johnson están basadas en siete principios:

1. Los hechos sobre los hábitos relacionados con la bebida deben ser presentados por personas que sean significativas para esa persona.

2. Todos los hechos deben ser específicos.

3. El tono que prevalezca no debe ser sentencioso, y debe mostrar calidez y preocupación por el alcohólico.

4. Todo comportamiento objetable que se discuta debe estar específicamente ligado con la bebida.

5. La evidencia deberá ser detallada.

6. Todos deben comprender que el objetivo principal es que el alcohólico comprenda que necesita ayuda.

7. En la intervención se deben incluir planes de tratamiento. Cuando sea posible, se le deben dar al individuo opciones de tratamientos viables.

Un poco transformados, estos principios sirven para cualquier Intervención Cariñosa con su hijo. Todos los que participen deben conocer y querer a su hijo. Deben contar sus historias de una manera comprensiva, deben ser específicos y detallar cada acontecimiento, y deben estar dispuestos a trabajar juntos para desarrollar un plan que pueda cambiar el comportamiento no deseado. Generalmente, es mejor desarrollar un plan factible antes de la intervención, pero lo suficientemente flexible como para ser modificado durante la sesión.

Establecer los fundamentos de su Intervención Cariñosa requiere reflexión e imaginación. Comienza con el proceso de reunión de datos. Le aclarará varios aspectos: cuáles son sus preocupaciones, qué cambios desea, y si realmente se necesita o no una intervención. A veces, un buen fundamento aclara la discusión.

Cuándo intervenir

Como una buena regla general, las Intervenciones Cariñosas son necesarias cuando cualquier problema amenaza o daña la vida, y todas sus intervenciones menos poderosas han fracasado. Usted decide que se necesita ayuda profesional, pero no puede convencer a su hijo de que comparta la idea. Algunas familias han optado por Intervenciones Cariñosas en situaciones menos problemáticas, pero extremadamente angustiantes y desgarradoras para ellos. Sin embargo, si su situación pone en riesgo la vida, debería pedirle a un profesional que le ayude con su planificación.

No debe intentar una intervención de una manera indiferente. Asegúrese de que su familia está motivada para resolver el problema, que lo comprendan claramente, y formen un frente unido sobre lo que debe hacerse para alentar el cambio.

Finalmente, no involucre a nadie que sea hostil o excesivamente sentencioso. Solamente deberían ayudarle a llevar a cabo una Intervención Cariñosa las personas que realmente se preocupan por su hijo.

Recordando estas condiciones, veamos la situación de Joanna y Tom Jones. Tom, un hombre alto, corpulento, con una expresión de incesante preocupación en el rostro, estaba convencido de que su hija Karen, de quince años, consumía drogas. Joanna no estaba de acuerdo. En ese momento, ni a mí se me ocurrió la idea de una Intervención Cariñosa. Los principales actores en la vida de un niño tienen que estar de acuerdo sobre la naturaleza del problema.

Además de la convicción de Tom, y del comportamiento taciturno de Karen, había pocas evidencias vitales. Una vez había regresado borracha a casa después de una fiesta. Al parecer había permanecido sobria durante los meses siguientes. Una autoridad de la escuela manifestó su preocupación sobre el posible consumo de drogas. Los Jones siguieron mi sugerencia de realizar un examen físico de rutina, que incluyera una prueba sobre drogas, pero el resultado fue negativo.

Entonces, ¿qué estaba sucediendo? ¿Y por qué Mr. Jones estaba tan seguro de que Karen consumía drogas? En muy poco tiempo, su hija había sufrido una transformación en su comportamiento y su conciencia que era casi un completo cambio de personalidad. Había dejado a sus amigos de "Deadheads", los fanáticos de Grateful Dead. En los recitales de este grupo, uno podía excitarse con sólo caminar por los pasillos. El líder del grupo es un alcohólico recuperado y en cada actuación se reúnen grupos de recuperados, y Tom sabía que la mayoría de la gente de los recitales de Dead eran entusiastas consumidores de sustancias que alteran la disposición de ánimo.

Tom también era un alcohólico recuperado. Sabía muy bien que la pérdida de conciencia era una señal importante del problema de la bebida. Karen había estado mintiendo sin razón, robando pequeñas cantidades del bolso de Joanna, y robando en los comercios. Cuando sus padres trataban de disciplinarla, tomaba alguna ropa y desaparecía durante algunos días, para regresar de mal humor e incomunicativa.

Como este comportamiento continuaba, estuve de acuerdo con Tom en que probablemente Karen estuviera consumiendo drogas, aunque nadie había encontrado pruebas. Además, sus huidas, robos y hurtos eran perjudiciales para su vida, y posiblemente también amenazadores. Era necesaria una intervención.

Nuestra primera Intervención Cariñosa, mantenida en mi oficina, nos involucró sólo a nosotros cuatro. Ambos padres compartían sus preocupaciones y temores y le aseguraron a Karen que aun así la querían. Pero también coincidieron en que su paciencia había llegado a su límite. Si ella deseaba seguir viviendo en casa, debía dejar de mentir, robar y huir. De otro modo, debía pensar en otro lugar donde vivir. De antemano, les había dado algunas sugerencias a Joanna y a Tom sobre alternativas de vivienda, pero no fueron necesarias. Karen accedió a cambiar; Tom estuvo de acuerdo en que si ella lo hacía, él dejaría de lado sus preocupaciones sobre consumo de drogas.

Sólo dos semanas después, Karen huyó a Florida con su novio, siguiendo la gira de primavera de Grateful Dead. Aunque llamaba a casa todas las semanas, les aclaró que había decidido vivir su propia vida. Tres meses después, regresó a casa. El romance había terminado, y Karen le echó la culpa a su comportamiento anterior con el muchacho. Durante dos meses no rompió reglas, pero luego comenzó a llegar borracha o alterada. Al enterarme, arreglé una segunda Intervención Cariñosa. Esta vez, Tom y Joanna acordaron conmigo de antemano que el objetivo era que Karen aceptara ir a un centro de rehabilitación de drogas. Se convenció. Actualmente, es una adicta recuperada agradecida.

Estos ejemplos no cubren la gama, pero pueden ayudarle a recordar que una Intervención Cariñosa puede funcionar de forma instantánea, tardar meses, o como en el caso de Karen, tener un término medio. También es verdad que algunas nunca funcionan, pero las intervenciones con éxito pueden salvar vidas.

Como le dije antes, una Intervención Cariñosa requiere una acumulación de datos, inspiración, e imaginación. Para desarrollar un plan factible siga estos diez pasos.

1. Especifique por qué cree que es necesario una intervención. ¿Cuál es el comportamiento inaceptable?

2. Explore la necesidad de una intervención. ¿Ya probó con otras estrategias?

3. Dígale a su hijo que ha planeado una intervención.

4. Indague sobre la buena voluntad de los posibles participantes para tomar parte.

5. Planee cómo pedirles a los demás que participen.

6. Planee el resultado que desea de la intervención. Establezca objetivos.

7. Prepare sus exposiciones. ¿Qué le van a decir usted y los otros participantes a su hijo durante la intervención?

8. Tenga lista y ensayada su presentación.

9. Lleve a cabo la intervención.

10. Interrogue a su grupo. Discuta sus reacciones.

PASO 1: ESPECIFIQUE POR QUE.

En mis grupos de Tácticas para Padres, donde a menudo se planifican Intervenciones Cariñosas, les pido a los padres que expliquen en cien palabras o menos por qué creen que sería necesaria una intervención. He aquí un par de exposiciones que para mí tienen sentido:

"Sara está enamorada de Roy, que tiene reputación de ser violento. Dos veces le vi moretones en el cuello. A mí me parecen marcas de agresión, pero ella insiste en que son besos fuertes. La semana pasada, volvió a casa de una fiesta con un ojo negro. Ella alegó que se lo había hecho en una caída, pero su mejor amiga dijo que Roy la golpeó. Sugerí una consulta, pero ella cree que estoy buscando una excusa para romper su romance... lo cual no está tan alejado de la verdad. Definitivamente el muchacho no me agrada, pero también estoy preocupado por la seguridad de mi hija."

Shawn vino a casa tres veces sangrando y deprimido después de pelear con sus amigos. Siempre parece enfadado y habla constantemente de vengarse de uno u otro. La semana pasada, le dio una patada a la puerta de su dormitorio. Hace quince días, rompió el espejo que estaba sobre su tocador. Traté varias veces de hablar al respecto, pero se niega a discutir algo conmigo. En su escuela sugirieron una consulta, pero Shawn es inflexible. No va a ceder."

Estos dos testimonios indican que debería intentarse una Intervención Cariñosa. En cada situación, el problema es perjudicial para la vida, y quizá potencialmente amenazador.

Considere cómo difieren de las siguientes exposiciones, las cuales rechacé:

"Bobby está bajando su calificación de inglés, y sólo obtuvo una C+ en francés. Sus otras calificaciones están bien, pero le dije que está arruinando su futuro al no aplicarse más en el décimo grado. Estos son los grados que tienen en cuenta las universidades, y está arriesgando su oportunidad de entrar en una buena facultad. Hemos probado con recompensas, castigos, con tutores, hablándole directamente. Nada funcionó. Ahora Bobby quiere cambiarse de cursos, y no podemos aceptar eso."

He aquí otro que no comparto:

"La relación de Jill con Mark tiene que terminar. El es inferior a ella, tiene que recibir educación especial, planea unirse a los Marines este verano, y literalmente no tiene otros intereses exteriores más que nuestra hija. Es una sanguijuela, y tengo miedo de que esté tan pendiente de él que no preste atención a sus calificaciones. Ya pasa más tiempo hablando por teléfono con él que haciendo su tarea escolar."

Lo lamento, pero una baja en las calificaciones y las relaciones no deseadas no merecen la artillería pesada de una Intervención Cariñosa. Ninguna de las dos cosas amenaza la vida. Para algunos padres podría parecer perjudicial, pero creo que eso es excederse.

PASO 2: EXPLORAR LA NECESIDAD

Uno no busca penicilina cuando puede arreglarse con un par de aspirinas. Del mismo modo, uno no realiza una Intervención Cariñosa hasta haber realizado otra clase de esfuerzos para resolver el problema. Antes de acceder a ayudar a los padres para que planifiquemos una Intervención Cariñosa, les pido que enumeren lo que ya han intentado. La mamá de Sara escribió lo siguiente:

"**Primero,** fui enormemente paciente. Esperaba que fuera algo pasajero."

"**Segundo,** traté de limitar la relación planificando salidas familiares a las que Sara tuviera que asistir. De un modo u otro, Romeo siempre aparecía por allí. Incluso cuando fuimos a esquiar fuera del Estado durante un fin de semana, Roy encontró un amigo con una cabaña cercana."

"**Tercero,** mantuve una posición firme sobre los moretones. Le hablé sobre lo que podría haber sucedido, le recordé lo mucho que la quiero, le confesé lo atemorizada que estaba por ella, y le advertí que la próxima vez llamaría a la policía. Y así lo hice cuando volví a ver moretones, pero aprendí que la policía no haría nada sólo con mi declaración. Vuelta a empezar."

"**Cuarto,** involucré a su padre. Somos divorciados, pero vino furioso y le prohibió volver a ver al muchacho. Continuó haciéndolo."

"**Quinto,** la dejé sin salir y quité el teléfono. Se escapó."

"**Sexto,** cuando la policía la encontró, sugirió que hiciera una consulta. Estuve de acuerdo, y le dije a Sara que le permitiría seguir viendo a Roy si iba a un consejero. Se negó."

"**Séptimo**, me rendí. Le dije que podía ver a Roy las veces que quisiera. Le volví a decir que la quería, pero que comprendía que no podía controlar su vida. Pensé que si dejaba de pelear, ella se daría cuenta por sí misma de lo que estaba sucediendo."

"Eso fue hace tres meses. Las cosas siguen muy mal, y yo no sé qué hacer. Estoy segura de que el muchacho es una amenaza para su vida."

Pocas listas son tan exhaustivas como esta. Por lo general, creo que es el momento de una intervención si los padres pueden mencionar por lo menos tres estrategias que hayan utilizado para tratar específicamente con el mal comportamiento de su niño bueno. Si está considerando su propia situación, piense si siguió o no mis sugerencias de Respuestas Cariñosas para comportamientos inaceptables. Si lo hizo, y el comportamiento continúa, avance al tercer paso de la Intervención Cariñosa.

PASO 3: DIGALE A SU HIJO LO QUE PLANEA

Shawn accedió a ver a un psiquiatra durante seis meses, tan pronto como sus padres le anunciaron que planeaban una intervención. Al parecer no deseaba enfrentarse con sus amigos. Realizó la terapia durante dos años, y ahora está en la universidad, con su temperamento bajo control.

PASO 4: INDAGUE LA BUENA VOLUNTAD DE LOS DEMAS PARA PARTICIPAR

Confeccione una lista de los posibles participantes en la Intervención Cariñosa de su hijo. A cada uno le debe importar su hijo, debe conocer el problema directamente, y debe poder apoyarlo mientras se discute el comportamiento inaceptable. Primero considere el otro padre de su hijo y los hermanos, luego los familiares cercanos, después los maestros, y finalmente los amigos. La madre de Sara confeccionó una lista final que incluía a su padre, hermano, mejor amiga, y otra amiga que había salido previamente con Roy.

PASO 5: ORGANICE LA INVITACION

Antes de invitar a alguien a participar, sepa exactamente qué va a decir. La madre de Sara fue muy específica sobre el problema, sus objetivos, y las responsabilidades de quien accediera a ayudar:

"Estoy realmente preocupada por la relación de Sara con su novio. Sigue viniendo a casa con moretones. Nunca le vi golpearla, pero estoy segura de que lo hace. Tengo miedo por ella, y sé que ustedes también. Deseo que vea a un consejero. Le prometí que no interferiría en su relación siempre y cuando hablara con un profesional sobre sus sentimientos, pero ella se niega. Me gustaría que conocieran a algunas otras personas de la vida de Sara que están preocupadas por ella, y veamos si juntos podemos convencerla para que vea a un profesional. Vamos a tener que reunirnos dos veces, una para planificar qué queremos decir, y la segunda para sentarnos con Sara y decírselo. ¿Creen que podrán ayudarme?

PASO 6: PLANIFIQUE EL RESULTADO

Como Sara no veía lo dañina que era su relación, la Intervención Cariñosa debía ser lo suficientemente específica y detallada como para abrirle los ojos. En esencia, cualquier intervención está dirigida a romper la negativa de alguien sobre algún problema.

En la reunión de planificación, la madre de Sara explicó que todos deberían trabajar juntos en el objetivo secundario: convencer a Sara para que asistiera a una consulta, no en el primario, que era la terminación de la relación. Los participantes decidieron concentrarse en sus propios temores sobre la violencia de Roy. No cuestionaron su amor por Sara; acentuaron su preocupación de que algún día realmente pudiera lastimarla.

Generalmente la razón principal de una Intervención Cariñosa es proteger a alguien querido de un peligro serio. Su hijo y todos los que le ayuden deben comprender este propósito. Luego, usted tiene un objetivo primario, como que Sara rompiera su relación con su novio, pero probablemente se concentre en el secundario, como llevarla a ver a un consejero. Usted y sus participantes también deben planificar otras posiciones de retirada. Si Sara se hubiera negado a una consulta profesional que hubiera aumentado su autoestima a un nivel que no le permitiera tolerar ningún abuso físico por parte de nadie, el grupo intentaría pedirle que fuera a por lo menos tres reuniones de grupos de autoayuda para mujeres golpeadas.

PASO 7: PREPARE LAS EXPOSICIONES

Una vez que haya decidido los objetivos de su grupo, cada participante debe bosquejar sus exposiciones: a) una exposición de hacer frente seguida por b) una exposición aliatoria que condujera a c) una revisión de algunos de los acontecimientos específicos que provocan preocupación. En otras palabras, cada participante debería concentrarse en cumplir los tres primeros pasos de la Respuesta Cariñosa.

He aquí algunas de las exposiciones preparadas para la intervención de Sara:

Su madre: "Sara, cada vez que sales con Roy me quedo realmente preocupada. Te quiero y no deseo que te lastimen. Me preocupo cada vez que estáis juntos. Sé que me has escuchado decir esto una y otra vez, pero aún necesito decirte que no deseo que lastimen a mi hija. La semana pasada, dijiste que tenías el ojo negro porque te habías golpeado contra una puerta. Quise creerte, pero no pude. Cuando mientes se te agrandan los ojos. Te pido que no salgas más con Roy. Te pido que busquéis ayuda para ambos o para ti sola. No mereces que te golpeen."

Su hermano: "Sara, hablé muchas veces contigo sobre lo que deberías hacer si alguien te golpeaba. ¿Recuerdas cuando te enseñé a darle un rodillazo a un muchacho? Nunca pensé que tendría que enseñarte a que no te lastimara alguien a quien amas. Pensé que sabías que alguien que te pega no vale la pena. Bueno, sé que Roy realmente te quiere. También sé que le agrada maltratar a la gente que le interesa. Alardeó conmigo sobre haber golpeado a su madre y a su hermana. Cree que las mujeres deben ser puestas en su lugar de vez en cuando. Pero ya te hablé sobre esto. Lo que no te dije es que la semana pasada me dijo que esos moretones de tu cuello no eran besos fogosos. Le golpeé y se rió. Te quiero, y realmente no comprendo por qué permites que alguien te golpee. El amor no es eso. Por favor, piensa en lo que te estamos diciendo. Si no deseas romper con Roy, por favor ve a un consulta. Por favor."

La novia anterior de Roy: "Sara, quizá creas que esto es sólo despecho. Apuesto a que Roy dice que rompió conmigo. Eso fue lo que me dijo sobre todas las otras muchachas que habían salido con él. La verdad es que yo rompí con él después de que me pegó tan fuerte que me quitó un diente. Como tú, les dije a todos que me había caído. Soy la única aquí, además de ti, que sabe lo cariñoso y arrepentido que se muestra Roy después de golpearte. Apuesto a que te compró flores al día siguiente de ponerte el ojo negro. ¿Te envió ese pequeño poema que habla sobre cómo su amor por ti le vuelve loco, y le hace hacer cosas que no debería hacer? Sara, si realmente lo sintiera hubiera ido a un psiquiatra. Pero ese otro Roy, el que te insulta y te golpea el rostro, no va a dejar de lastimarte. Necesitas hacerte cargo y buscar ayuda. No mereces esos golpes."

Finalmente, la mejor amiga de Sara: "Sara, sé a qué te refieres cuando dices que el amor lo conquista todo. Yo salí con personas excéntricas, pero Roy se pasa aun de mis límites. Sé que te enfadarás conmigo por decir esto aquí, pero ya no puedo seguir encubriendo a Roy. Roy te lastima. Tú me lo contaste. Todos los que te quieren saben lo que está sucediendo, pero tú no deseas admitirlo. Por favor, admite la verdad. Deja de salir con Roy y ve a una consulta. No puedo decirte más que: 'Consigue ayuda antes de que sea demasiado tarde.'"

PASO 8: PREPARESE

Después de que cada uno haya escrito una exposición, el grupo debe elegir un coordinador, preferentemente que no sea usted ni otro familiar de su hijo. El coordinador, alguien que su hijo respete como un aliado, le explicará a él los pasos que se seguirán durante la intervención, ganará su cooperación para no interrumpir, y lo ayudará a mantener su serenidad, durante el ejercicio.

Luego, organice los turnos. Generalmente es mejor comenzar con la exposición menos impactante. Como ya habrá notado, mis ejemplos comenzaban con el padre, cuya exposición impacte menos al niño. Los mejores amigos probablemente tienen más efecto, como en el caso de Sara, y deben ir al final.

Finalmente, realice un ensayo. Cada uno de ustedes puede ofrecer sugerencias a los otros participantes para lograr mayor claridad y efectividad. Pueden ayudarse unos a otros anticipando las protestas o excusas del jovencito, y pensando estrategias para una pertinente refutación.

PASO 9: LA INTERVENCION CARIÑOSA

En su Intervención Cariñosa, Sara escuchó tranquilamente, agradeció a todos por su interés, pero se negó a asistir al tratamiento. Afirmó que Roy estaba tan perturbado sobre el ojo negro que prometió buscar ayuda profesional. Sin embargo, aceptó la posición de repliegue del grupo: si Roy volvía a golpearla, ella asistiría a tres reuniones de los grupos de autoayuda para mujeres golpeadas, y después se reuniría con los participantes en su Intervención Cariñosa.

¿Qué sucedió? Roy dejó de ver a su consejero después de un mes; y un mes más tarde volvió a golpear a Sara. Ella asistió a las reuniones como había prometido, y comprendió que necesitaba ayuda privada. Durante la terapia, rompió para siempre con Roy. Actualmente, está felizmente casada con otro. Difícilmente su renovada autoestima permitirá que alguien vuelva a abusar de ella.

PASO 10: EVALUE

Si su Intervención Cariñosa tiene o no éxito inmediato, el grupo debe reunirse por lo menos una vez después de haberla realizado. Cualquier intervención es emocionalmente agotadora para todos los que participan en ella, y es importante realizar una conclusión. Una propuesta podría ser reunirse a comer, aunque hay grupos que prefieren una reunión más estructurada y formal. Deje que su grupo decida.

Los familiares y amigos de Sara salieron a cenar. Aunque ella no accedió a ir a un consejero de inmediato, ellos se sintieron complacidos porque la semilla había sido sembrada. Ella había escuchado; había reconocido un problema. Todos sintieron que eventualmente buscaría ayuda, y sus instintos no fallaron.

Una palabra final

Quizás algunas Intervenciones Cariñosas no funcionen como usted lo planeó. Sin embargo, aun en esos casos, creo que la intervención ayuda al recordarle a todos los participantes la necesidad de preocuparse y seguir interesados.

Por lo tanto, aun cuando el cambio no se produzca de inmediato, por lo menos usted y los otros participantes han hecho todo lo que podían para solucionar una situación dolorosa. Como ya señalé en estas páginas, controlar el comportamiento de un adolescente no es posible. Acepte esa limitación. Sin embargo, con una Intervención Cariñosa, puede estar seguro de que ha llegado hasta los límites para proponer un cambio.

16

Obtener ayuda profesional

–Mamá, no quiero volver a ver a la doctora Sauer.

–Pero, querida, pensé que te agradaba. Y en estos días no pareces muy feliz.

–¡No me puedes obligar a ir!

–No quiero 'obligarte' a ir. Conozco a muchos padres que creen que la doctora Sauer fue realmente buena para sus hijos. Quiero obtener la ayuda que necesitas.

–Bueno, ella no lo es. Es falsa.

–Pero tu consejero escolar cree que es maravillosa...

–Y otra cosa. Me dice siempre que estoy equivocada.

–No puedo creer que haga eso. Ella me dijo que no da juicios en la terapia.

–¿Ves? Siempre estás de su lado. Ahora ella es tu amiga, no la mía. ¡No confío en ella! No quiero que las dos me ataquen. ¡Ella me odia!

Con frecuencia, mencioné situaciones que, en algún momento, parecen requerir ayuda profesional. Para que no crea que vivo en las tinieblas, ignorando alegremente las realidades del mundo de los hombres y las mujeres con títulos en las paredes de sus oficinas, permítame tratar con usted el tema de obtener una correcta ayuda profesional.

En las situaciones de vida o muerte, su hijo podría necesitar terapia o un programa de rehabilitación. Cuando el problema es menos drástico, quizá necesite buscar un consejero apropiado. No todos los profesionales pueden ayudar. Es importante encontrar a la persona adecuada, como lo demuestra la siguiente historia.

La sedición abierta

Nuestra primera semana como padres adoptivos fue turbulenta, agitada y feliz. Nos asignaron seis niños, pero olvidamos nuestros temores y dudas iniciales cuando establecimos una rutina hogareña. Sin embargo, a fines de la segunda semana, las cosas comenzaron a deteriorarse. Los niños, a quienes cada vez resultaba más difícil controlar, nos maldecían constantemente a David y a mí, a Zach, que tenía dieciocho meses, a nuestro gatito y nuestros dos perros, e incluso a nuestro pequeño y tranquilo pueblo. La actividad más simple, como ir al cine en grupo, provocaba miles de quejas.

Las quejas eran acompañadas por un comportamiento desafiante, y cada niño elegía romper una regla diferente. Margaret contravenía el toque de queda, mientras que Peter se negaba a cumplir con las tareas que tenía asignadas. Dennis y Dexter se convirtieron en aliados para las travesuras, y nos dejaban sin dormir riéndose, escapándose de sus habitaciones. Joyce y Marion, para no quedarse atrás, se especializaban en provocar peleas con los otros cuatro adolescentes. La patada de Marion nunca erraba el blanco y lastimaba mucho a los muchachos. Joyce tenía una inclinación al drama.

En los momentos más inesperados, después de haber enfurecido a su contrincante, sacaba un afilado cuchillo de cocina de su camisa.

Creímos que las cosas no podían ser peores. Pero la Ley de Murphy iba a ser apoyada. Pasamos un cálido y húmedo 3 de julio en una playa cercana, una de las más hermosas de la Costa Este. Cuando regresamos a casa para cenar, los niños no hablaban de otra cosa más que de lo magníficos que eran sus padres, lo maravillosos que eran sus hogares, y lo terribles que eran sus vidas con los espantosos Levine. David y yo nos sentimos agradecidos cuando terminó la cena y pudimos retirarnos para ver las noticias.

De pronto, el informe meteorológico de la televisión fue apagado por la estridencia de la música que sonaba sobre nuestras cabezas. Cerca de nosotros, la persiana de la entrada temblaba con los sonidos ensordecedores. Evidentemente, nuestras tres niñas habían levantado la ventana de su dormitorio, que se encontraba sobre el techo de la entrada.

David salió y vio a las tres niñas en bragas y sostén, agarradas de los brazos, bailando alegremente un ensayado cancan. Se rió, sacudió la cabeza, y les dijo que se detuvieran. Ellas se sonrieron, y lo saludaron con las manos. David volvió a entrar.

Como no deseábamos tener problemas con nuestros vecinos, decidimos subir a la habitación de las niñas. La puerta estaba trabada con muebles por dentro. No tuvimos más remedio que seguir el consejo de los conductistas sobre el comportamiento no deseado: ignorarlo. Nos sentamos en el pasillo y esperamos. Pasaron cinco minutos. Luego diez... y repentinamente el ruido cesó. Después de otros cinco minutos, David y yo suspiramos aliviados. Decidimos esperar un poco antes de invitar a nuestras anfitrionas a que bajaran para discutir su actuación.

Equivocados otra vez. Apenas habíamos terminado de felicitarnos por nuestra paciencia, cuando escuchamos una letanía de maldiciones, acompañada por ruidos de muebles y cristales rotos. Nos miramos nerviosamente el uno al otro. Del otro lado de la puerta, las niñas eran dueñas del momento.

El ruido no disminuyó durante media hora. Mientras tanto, David llamó a la asistente social encargada de supervisar el grupo a nuestro cargo. Ella llamó a su jefe para pedirle consejo y nos volvió a llamar: "Continúen ignorándolas."

A los pocos minutos, las niñas gritaban "a ellos", y que debían terminar de demoler el resto de la casa. Cuando las amenazas se dirigieron a Zach, David colocó una soga en la puerta, me envió a la habitación de nuestro hijo, y volvió a llamar a la asistente social. Esta vez accedió a enviar refuerzos.

Cuando media hora después llegó el camión del centro juvenil, las niñas aún estaban rompiendo muebles, golpeando paredes, y gritando que nos matarían. Los dos consejeros subieron y les anunciaron que habían venido para llevarlas de regreso al centro de detención. David desató la soga, y escuchamos que retiraban los muebles que estaban contra la puerta. Casi instantáneamente, aparecieron Marion y Joyce, sorprendiéndonos a todos con su aspecto. Estaban impecablemente vestidas con su ropa de domingo, y tenían una maleta preparada. Corrieron hacia el camión que estaba esperando. Mientras tanto, Margaret no estaba en ninguna parte. Finalmente, la encontramos en el techo, sobre la habitación de Zach. La tuvieron que sacar con esposas de la casa.

Durante esta sedición, Dexter y Dennis habían cumplido con nuestra petición de permanecer en sus habitaciones. "Esas muchachas están locas", comentó Dexter, y su aliado asintió solemnemente con la cabeza.

No así Peter. Como impulsado por una poderosa empatía, había hecho un agujero en la puerta de su armario, roto el televisor contra el suelo, arreglado su ropa y escapado. Regresó a las tres de la mañana, pero volvió a escapar al día siguiente. Cuando regresó, pidió ser trasladado al centro de detención. Cuando Peter se fue de casa, le dio la mano a David, me besó en la mejilla, y nos agradeció el haber sido tan amables con él.

David y yo estábamos hundidos en la tristeza por todo esto. Después de que Peter se fue, me senté en nuestro salón y me puse a llorar. Aquel día de verano, no sabía qué había salido mal, qué podría haber sido diferente, o cómo prevenir que volviera a suceder lo mismo. Y yo era la asistente social, la "profesional" de nuestro equipo. Se suponía que debía saber las respuestas.

Nuestra desesperación y confusión aumentaron cuando Joyce y Marion llamaron suplicando para regresar. Nos sentimos tentados, pero nos negamos. No podíamos arriesgarnos a una repetición hasta que comprendiéramos qué había sucedido y cómo prevenirlo.

Ocho días después de la sedición del can-can, un grupo de expertos vino a nuestra casa para hablar sobre "prevención de sediciones": un psiquiatra, un psicólogo, dos asistentes sociales. El que más habló fue el psiquiatra, quien había entrevistado a las tres niñas.

"Ustedes son blancos", comenzó. "Joyce y Margaret son negras. Ustedes viven en una casa elegante de un barrio elegante; la mayoría de sus niños adoptivos son niños de ciudad, y no les agrada la paz y la tranquilidad de un pueblo pequeño. Ustedes tienen perros, y Marion y Peter no se sienten cómodos con los perros. Joyce no está de acuerdo con algunas de sus reglas. Ustedes tienen un hijo pequeño, y Margaret no soporta los niñitos."

Se detuvo, y David y yo nos miramos, sintiéndonos incómodos. No podíamos cambiar nada de lo que había mencionado, excepto mandar nuestros perros a la perrera.

Mirándome directamente a mí, el doctor continuó: "Entiendo que usted sirve leche desnatada, Mrs. Levine. ¿Con toda su experiencia y entrenamiento, no sabe lo despojados que eso hace sentir a estos niños? Los aleja del pecho de su madre. Les da leche aguada cuando ellos anhelan la dorada leche materna."

Académicamente, esta interpretación tenía una cierta elegancia poética, típicamente freudiana, hábilmente analítica. David no tuvo problema en descartar la sugerencia del psiquiatra diciendo que era charlatanería psicoanalítica, pero a mí me afectó el cargo encubierto, de que no había dado lo suficiente, no había sido lo suficientemente sensible ante las necesidades de cuidado amoroso subyacentes en mis niños adoptivos.

Afortunadamente, unos días más tarde, encontré una

interpretación mucho más válida de nuestra experiencia. Como cuentan en su libro, *Children who hate*, Fritz Redl y David Wineman vivieron y trabajaron en un pequeño establecimiento que atendía niños perturbados. Y ellos habían tenido una sedición de bautismo como la de David y la mía. Nosotros no habíamos sido incomprensivos ni mezquinos con nuestras emociones: simplemente habíamos pasado por un fenómeno conocido como "tratamiento de shock".

Tratamiento de shock es la crisis que atraviesan los niños cuando se los traslada de una situación hostil y abusiva en el hogar a un ambiente más benigno. Cada demostración de cariño es otra prueba de que sus propios padres eran abusivos. Enfrentar ese reconocimiento hiere, y el dolor provoca ira. De antemano, el niño siente culpa, no enfado; cree que era malo y merecía que sus padres lo maltrataran. Sin embargo, en el nuevo ambiente su culpa se transforma en ira. Un trato amable y cariñoso produce un enfado que debería ser dirigido hacia los padres abusivos, pero un niño no comprende bien eso. No reconoce que el dolor provocado por un gesto cariñoso es un recuerdo del abuso del pasado. Todo lo que sabe es que la nueva situación le causa dolor, y el dolor justifica expresiones y actos de ira.

A partir de mi afortunada revelación, comprendí que el tratamiento de shock se produce en varias situaciones, incluyendo las familias adoptivas. Pero al parecer el doctor Leche Aguada nunca oyó hablar de él. He aquí la moraleja: Cuando busque ayuda profesional, asegúrese de que el "experto" tenga la experiencia o educación necesarias para comprender la situación que usted enfrenta. Las buenas intenciones y los títulos no son suficientes.

En lo que resta de este capítulo, voy a brindarle consejos que puedan ayudarle a elegir el profesional adecuado, pero sepa que no existe una fórmula mágica. El terapeuta que usted admira por su percepción y calidez humana puede resultar un fiasco para su adolescente.

Sin embargo, hay formas de inclinar la balanza. Veamos cuatro cosas que usted debe decidir antes de buscar: para qué desea la ayuda; qué clase de persona puede brindarle la mejor ayuda para ese problema específico; cómo encontrar esa fuente de ayuda; qué debe tener en cuenta cuando entrevista posibles fuentes de ayuda.

Cuándo buscar ayuda

Para ampliar mi consejo anterior de que busque ayuda cuando el comportamiento de su hijo sea amenazador o perjudicial para la vida de su niño, confeccioné una lista de los problemas que siempre requieren atención profesional:

1. Amenaza de suicidio.

2. Abuso de alcohol o consumo de drogas.

3. Conductas autodestructivas como dietas excesivas o vómitos después de cada comida.

4. Heridas frecuentes en accidentes o peleas con amigos.

5. Mantener una relación físicamente violenta, sea él el golpeador o el golpeado.

6. Fugas nocturnas repetidas.

7. Involucrarse en prácticas satánicas.

8. Infringir repetidamente la ley.

En el caso de amenaza de suicidio, como lo expliqué antes, debe actuar inmediatamente. Deje este libro y llame al médico de la familia o a su centro de salud mental. O, si se encuentra cerca de un hospital grande, quizá pueda conseguir una evaluación de emergencia con el equipo psiquiátrico. En las otras siete situaciones mencionadas arriba, trate de conseguir una cita preliminar con un especialista dentro de las dos semanas siguientes. Estas situaciones también son amenazadoras para la vida.

Además de las enumeradas en mi lista, hay otras situaciones que podrían requerir ayuda profesional, aunque no es necesario que usted actúe en ese preciso momento: relaciones sexuales irresponsables; incapacidad para realizar la tarea escolar; y Guerras Provocadoras tan tumultuosas que alteren la vida familiar.

En todos los casos, infórmele a su hijo cuando decida buscar ayuda profesional. Quizá se oponga, pero la advertencia aumentará las posibilidades de que eventualmente acceda a asistir. Dígale por qué tomó la decisión. Por lo menos, evitará el enfado que provocaría al avisarle a último momento. En esta situación, como en otras que tenemos como padres, siempre es mejor nivelar.

¿Qué profesional será mejor?

Al decir "ayuda profesional" me refiero a un psicoterapeuta, pero este es un término genérico. Los hay para todos los gustos. Si su hijo es un alcohólico, no recibirá la mejor ayuda de un profesional que se especializa en trastornos alimenticios.

Los psicoterapeutas incluyen consejeros, psicólogos clínicos, asistentes sociales, terapeutas familiares, consejeros educacionales, consejeros religiosos, enfermeras psiquiátricas, hipnoterapeutas, y por supuesto, psiquiatras. Cada uno tiene algo que ofrecer, pero algunos pueden ofrecer más en algunas situaciones específicas que en otras.

En las siguientes situaciones, usted puede elegir la clase de psicoterapeuta que su hijo necesita de acuerdo con la naturaleza del problema:

1. Si es suicida o está seriamente deprimido, su hijo necesita ver a un psiquiatra, preferentemente uno que tenga experiencia en trabajo con adolescentes.

2. Si es anoréxico y bulímico, probablemente su hijo necesita hospitalización en un lugar que se especialice en desórdenes alimenticios.

3. Si su hijo abusa del alcohol o las drogas, necesita un especialista en tratamiento de drogas. Advertencia: no todos los profesionales en salud mental tienen esa experiencia.

4. Un niño involucrado en relaciones físicamente peligrosas necesita ayuda de un especialista en salud mental que comprende las relaciones abusivas y los golpes.

5. Si su hijo tiene dificultades escolares considerables, necesita un psicólogo que comprenda las dificultades de aprendizaje y los problemas educacionales.

6. Cualquier niño involucrado en cultos o actividades satánicas puede ser ayudado sólo por un especialista en dichas actividades, probablemente un religioso o un rabino, con un entrenamiento especial en salud mental y experiencia en problemas emocionales relacionados con cultos.

Para otros tipos de problemas, será suficiente un psicoterapeuta competente, pero ¿qué significa "competente"? Desafortunadamente, su estado podría permitirle a cualquiera que buscara sus clientes, sólo porque desea realizar psicoterapia, sin preguntarle nada. El consejero no cualificado podría hacer daño; por otra parte, algunos psicoterapeutas elegidos por sí mismos son más útiles que algunos de los académicamente cualificados por el Estado. Nunca desestimo el valor de la intuición y el sentido común en psicoterapia.

Si esto parece confuso y contradictorio, lo es. Es por eso que desarrollé "Las Cinco Reglas Levine para obtener ayuda adecuada". Ellas pueden guiarle mientras realiza su investigación y experimentación para encontrar a la persona que pueda brindarle la ayuda adecuada para su hijo.

Las Cinco Reglas Levine
para obtener ayuda adecuada

1. La regla de experiencias compartidas: los ayudantes más eficaces han tenido experiencia en el problema que hay que resolver. Es por eso que los grupos de autoayuda tienen tanto éxito. No busque consejo de personas que no son padres, o de padres que no han criado varios niños hasta su adolescencia.

David Treadway, un terapeuta familiar y experto en adicción muy conocido, es la clase de profesional en quien confiaría, por lo que dice en su libro, "Before It's Too Late":

"Antes de tener mis hijos, las respuestas surgían fácilmente. Pero este año mi hijo cumple once años. Cuando está enfadado, su rostro adquiere una expresión fría y dura que le hace parecer un extraño. A veces, me dice que no soporta nuestra casa, y que desea ser libre y vivir solo. Cuando me lo dice, siento miedo y escalofrío en mi interior. Me imagino recorriendo las calles de noche, buscando a mi hijo. Me imagino las llamadas telefónicas, y la espera. A veces, le observo cuando duerme. Las respuestas ya no surgen tan fácilmente. Creía que los padres sólo necesitábamos ser más duros, pero ahora comprendo que los padres realmente no tenemos mucho poder cuando los niños están fuera de control. Porque cuando se trata de enfrentarse sobre el control, muchos niños están dispuestos a morir para ganar. Eso aterroriza a los adultos, y así debe ser. Cualquier terapeuta que crea que los padres pueden controlar fácilmente a los adolescentes, no ha sido padre de uno."

Sí, esta clase sabe de qué habla. La Regla de Experiencias Compartidas funciona porque el ayudante comprende el problema. La benevolencia deberá predominar sobre el reproche, como es evidente cuando el profesional se ajusta a la regla 2.

2. La Regla del Cariño: su hijo necesita sentir que realmente le importa a su terapeuta. Cuanto mayor sea la comunicación de un sentimiento cariñoso, hay una mayor probabilidad de que la terapia sea provechosa. Incluso los profesionales que creen en el mantenimiento de una neutralidad técnica, como la mayoría de los terapeutas con orientación psicodinámica, pueden demostrarle a su hijo su cariño. Escuche las reacciones de su hijo ante su posible terapeuta. Y no fuerce el asunto.

"Vimos a tres terapeutas familiares antes de encontrar uno que todos creíamos que era cariñoso", me contó recientemente una amiga. "La primera era una mujer tan fría e indiferente que ninguno de nosotros se sintió cómodo con ella. Cuando les habló a nuestros hijos, pareció tranquilizarse. Quizá los podría haber ayudado, pero nuestra familia necesitaba alguien con quien sentirse bien. El segundo era un hombre que le agradaba a mi esposo y a mis dos hijos, pero John también advirtió que, no importaba lo que yo dijera, me rebajaba. No le agradaban las mujeres. La tercera terapeuta, gracias a Dios, fue una que nos agradó a todos de inmediato, y nos dio la ayuda que necesitábamos."

Sin embargo, uno no está seguro ni cuando encuentra al terapeuta adecuado. Deberá vigilar la relación. Ocasionalmente, por ejemplo, un tratamiento puede ser defectuoso por una "reacción de transferencia". En una "transferencia" un paciente le asigna a su terapeuta ciertos sentimientos, o ideas, o creencias que en realidad pertenecen a otro. Esté alerta. Si los sentimientos de su hijo hacia su terapeuta comienzan a cambiar, quizás esté transfiriendo. Si empieza a creer que su terapeuta está enfadado con él, quizás está transfiriendo su propio enfado hacia él. Mary, una tranquila y pensativa adolescente de quince años, me vino a ver porque sentía que ya no le importaba a su terapeuta.

"Creí que me comprendía. Desde el principio, estaba

segura de que él realmente quería conocer mi versión de las cosas. Pero me parece que recientemente ha cambiado. Ya no está más de mi lado. Me parece que cree que estoy haciendo cosas que no debo. Creo que me odia."

Mientras hablaba, me quedó claro que las sospechas de Mary sobre el desagrado de su consejero estaban asociadas con las dificultades que estaba teniendo con un novio. Como sentía que estaba haciendo cosas malas, estaba convencida de que su terapeuta sentía de la misma manera y la juzgaba por eso. Estaba transfiriendo sus propios sentimientos de culpa hacia él. Insistí en que regresara con su terapeuta y le contara que sentía que ella ya no le importaba.

"Tenía razón", me dijo más tarde. "Se rió, no de una manera desagradable sino dulcemente, y me dijo que sabía que estaba haciendo cosas con las que no me sentía bien... como mucha gente. Me dijo que su trabajo es ayudarme a comprender qué está sucediendo. Que debería dejar de hacer ciertas cosas, y que otras estaban bien, pero principalmente debía dejar de sentirme culpable."

Y, por supuesto, dejar de transferir la culpa hacia él, convirtiéndole en la imagen de su madre hipercrítica. Quizá si las cosas comienzan a andar mal en la terapia de su hijo, él esté teniendo una "reacción de transferencia". Explíquele el concepto y aliéntele para que discuta sus sentimientos con el consejero. Si la charla no le ayuda, consulte con otro profesional.

3. Regla de Explicaciones Compartidas: Las experiencias compartidas generalmente conducen a explicaciones compartidas sobre por qué surge un problema y qué es necesario para resolverlo. Las explicaciones compartidas, en su momento, ayudan a que la terapia se desarrolle más rápido.

Por ejemplo, si usted cree que la astrología explica sus problemas, le será más útil un psicoterapeuta que comparta con usted su visión de que somos juguetes de las estrellas y los planetas. Si cree que no se podrá resolver nada sin involucrar al resto de su familia, debería buscar un terapeuta familiar. Si para usted es importante una religión organizada, necesita un consejero que sienta de la misma manera. Si cree que el comportamiento es producto de experiencias de la niñez, también deberá creerlo el terapeuta que seleccione.

Como lo manifestó Peter: "Papá cree en el psicoanálisis. Cuando tuvo muchos problemas con su mamá y su papá, un análisis le ayudó. Por eso cuando yo comencé a tener problemas en la escuela, deseaba enviarme a su psiquiatra: le acompañé, pero no estuve de acuerdo en que mis problemas provenían de los sentimientos que yo tenía por mis padres cuando era un niño. Necesitaba hablar con alguien de lo que estaba sucediendo en mi vida en este momento. Como tratar con mis amigos. Finalmente, hablé con la líder juvenil de la escuela, y ella realmente me ayudó."

La madre del niño tenía otras razones para rechazar al psicoanalista. "Tengo una profunda predisposición filosófica contra el análisis freudiano. Me alegro de que haya ayudado a mi esposo, pero yo como feminista necesito un tipo de terapia diferente. En un centro encontré una terapeuta feminista que se especializa en ayudar a mujeres. Me ayudó de una manera que ningún análisis freudiano podría haberlo hecho."

La moraleja: cada una de estas tres personas necesita compartir un punto de vista personal con el marco de trabajo filosófico o teórico de un terapeuta. Quizá su hijo no tenga un vocabulario sofisticado para referirse a los asuntos técnicos de un tratamiento, pero muy pronto comprenderá si comparte o no explicaciones con su terapeuta. Si no lo hacen, esa puede ser la causa de cualquier descontento con el tratamiento.

4. La Regla de Muchos Ojos: La realidad existe. Lo escuche yo o no, la caída de un árbol en el bosque es un hecho real. Usted no puede ver la silla en la que estoy sentada escribiendo, pero es real. Si dejara de existir porque usted no la ve, me golpearía pronto. A diferencia de Tinker Bell, yo no necesito preguntarle para conservar mi dignidad.

Pero si le pregunto a cada lector que imagine mi silla, eso suscitará una amplia gama de imágenes (un aparato ergonómico, un cómodo sofá, un sillón formal, una moderna hamaca danesa). Pero si hay miles de lectores (no, cientos de miles) algunos de ustedes podrán imaginar mi verdadera-silla. Como afirma el filósofo Gregory Bateson, cuantas más versiones haya de cualquier objeto, existe una mayor posibilidad de encontrar la versión verdadera.

La Regla de Muchos Ojos explica por qué me agradan las propuestas de grupo para ayudar a solucionar los problemas que surgen entre la gente. Mi Intervención Cariñosa, por ejemplo, brinda múltiples modos de ver a un adolescente cuya comprensión de su problema está limitada a lo que él puede ver por sí mismo.

Esta regla no invalida la importancia de la terapia individual o familiar, pero me sugiere que el tratamiento de su hijo con un profesional debería ser reforzado por alguna experiencia grupal. (No tema por los ahorros de su vida, los grupos son menos costosos que el trabajo individual, y cualquier programa de doce pasos es gratuito.)

5. **La Regla de Quién va Primero:** Permítame hablarle sobre mis tres buenos amigos que mejor deberían saberlo.

Una de ellas, profesional en salud mental a quien quiero mucho, está profundamente preocupada porque las flagrantes infidelidades de su esposo no sólo la hieren a ella sino que también perturban a sus hijos. En su casa, las Guerras Provocadoras son continuas. Ella desea desesperadamente que la acompañe a un consejero matrimonial. Como él se niega, ella no hace nada por sí misma.

El hijo de dieciséis años de otra querida amiga es un alcohólico que no escucha su consejo sobre buscar un tratamiento. En realidad, ni ella ni su esposo admiten que hay un problema. Le pedí que fuera sola a Alcohólicos Anónimos. No lo hizo.

Un tercer gran amigo se preocupa porque su hija, rebelde y desafiante, se ha fugado varias veces. Ella y su madre se niegan a ver a un profesional. Mi amigo llamó a una conocida terapeuta familiar para solicitar ayuda, pero le dijo que sólo trabajaría con toda la familia. (Ella se equivocó; tendría que haberle atendido por lo menos durante algunas sesiones para ayudarle a encontrar la forma de convencer a toda la familia para que asistiera, o si no a encontrar ayuda por sí mismo.) Después de esta conversación, él decidió que no tenía sentido tratar de realizar un tratamiento.

Cada una de estas personas debería haber buscado ayuda individual. Y así debe hacerlo usted si está lo suficientemente preocupado como para que el niño que ama vea a un profesional. El juego de "No-iré-si-los-demás-no-van" es un juego poderoso, no una postura cariñosa. Póngase en el lugar de su niño problemático. Vaya por él, pero también por usted mismo. Es contraproducente esperar obstinadamente que otro haga lo correcto. Por lo menos un miembro de la familia tiene que mantener la cordura. Y no debe castigarse con más sufrimiento innecesario porque su adolescente aún no está listo para aceptar un tratamiento.

Cómo comenzar a buscar

Ahora que ya tiene las cinco reglas Levine para evaluar psicoterapeutas y está en condiciones de comenzar la búsqueda.

Cuando mi amiga Jane buscó el terapeuta para su hijo en las páginas amarillas, tuvo suerte; el tratamiento fue un éxito. Cuando mi clienta Gerry hizo lo mismo, se encontró hablando con un consejero especializado en problemas de mujeres homosexuales; y ella buscaba un psicólogo que la ayudara con las dificultades de aprendizaje de su hija. Cuando Joyce asistió al terapeuta de su mejor amiga para que la ayudara con su hijo, la terapia fracasó, y también la amistad. Javier llevó a su hijo a un consejero amigo y la terapia funcionó.

No existe una fórmula simple para encontrar al psicoterapeuta adecuado, pero debe comenzar en algún lado y seguir buscando hasta encontrar el que pueda ayudar a su hijo.

Primero, pregúntele a su hijo si tiene alguna idea. Quizás obtenga un enfadado "¡Ninguna!"...pero por lo menos lo intentó. Es probable que su hijo no conozca a nadie que sienta que puede ayudarle. Por amigos que asisten a terapia, por chismes en la escuela sobre un consejero de personal, o en alguna charla informal en la iglesia, pudo haberse enterado de algún profesional que a los niños les agrada y respetan. Si él conoce a alguien, consígale una cita, y salte a la página 285. Si no, tenga en cuenta cuatro fuentes que pueden ayudarle a confeccionar una lista de posibles consejeros: familiares y amigos; la guía telefónica; grupos de autoayuda; y la escuela de su hijo.

Un amigo o un familiar los conoce bien a usted y a su hijo. Si también conoce a un consejero, probablemente pueda saber si puede ayudarle o no.

La mayoría de las guías telefónicas tienen números de servicios para la comunidad: consultas sobre abuso de alcohol o drogas, violencia familiar, fugas, servicios de salud mental, prevención de suicidios. Estas listas también aparecerán en las páginas amarillas, junto con muchas otras que pueden resultar útiles, por ejemplo: consejeros, agencias de servicios familiares, hospitales, psquiatras, psicólogos, agencias de servicios sociales, grupos de autoayuda, institutos de orientación, clínicas universitarias.

Los grupos de autoayuda y las líneas de emergencia pueden ayudarle a recopilar una lista de posibles consejeros. Escuche a la gente que ya realizó las averiguaciones; ellos pueden decirle qué terapeutas de su comunidad conocen más sobre el problema específico de su hijo.

Si la escuela de su hijo tiene un psicólogo o un asistente social en el personal, pídales consejo para confeccionar su lista. Sea específico cuando contacte con las autoridades escolares, como en estos ejemplos:

"Estoy preocupada porque mi hija de catorce años está tan deprimida que se va a lastimar. Apenas puede moverse para ir a la escuela. Cuando regresa a casa, se va directamente a la cama. A menudo, no se levanta para cenar. Afirma que está bien, pero no, ella no es así. Recientemente, rompió con su novio, y quizás esta sea una reacción, pero creo que está durando demasiado. Creo que necesita ver a un terapeuta."

"Tres amigos de mi hijo de quince años fueron arrestados por robo. Creo que él estaba con ellos, pero huyó. Necesito hablar con alguien que pueda ayudarme a controlar esta situación. Creo que necesita ayuda, pero me dice que le deje vivir su propia vida. Su padre dice que me estoy preocupando por nada."

"Mi hija de dieciséis sale con un muchacho de diecinueve años, que es conocido por golpear a muchachas. Anoche vino a casa con un golpe. Dice que se cayó, pero no le creo. Necesito hablar con alguien, y creo que mi hija también lo necesita."

"Mi hijo de trece años parece fascinado con lo oculto. Sé que esto puede ser pasajero, pero en este momento parece demasiado interesado. Necesito hablar con alguien para saber si necesita ayuda o no. Si es así, necesito saber cómo persuadirle para que la obtenga."

Qué debe buscar

Cuando tenga en su lista por lo menos tres nombres de posibles consejeros, entrevístelos por teléfono. Si aún no está decidido y sus finanzas se lo permiten, también puede pedir una cita para conocerlos. En general, uno busca a alguien que esté sinceramente interesado por los adolescentes, que sea auténtico, que sepa escuchar, y que pueda expresarse claramente y con naturalidad.

Considere estas preguntas básicas:

1. ¿Qué piensa que provoca el problema que usted enfrenta?

2. ¿Cómo trabaja para resolver este problema en particular?

3. ¿Cuánto tiempo tardará en ayudar a su hijo?

4. ¿Cómo involucrará la terapia al resto de la familia?

5. ¿Qué devolución le hará sobre su hijo?

6. ¿Cree que el problema puede ser resuelto? Usted desea alguien que le brinde esperanza. Cuidado con los pesimistas. (Por otra parte, sea precavido con alguien que le prometa milagros.)

7. ¿Cuáles son sus honorarios? ¿Cómo se realizará el pago? (Deberá averiguar si su obra social cubre el programa de tratamiento de su hijo.)

No sea tímido en sus entrevistas. Usted es el comprador. Está buscando el producto óptimo. Muchos padres simplemente toman la lista de arriba y cotejan punto por punto. Las respuestas del psicoterapeuta pueden conducir a la discusión de otros asuntos que sean relevantes para su situación específica.

A esta altura del libro, usted tiene una idea bastante clara de mi visión sobre muchos asuntos. En ese contexto, permítame responder las siete preguntas de arriba como si usted me estuviera entrevistando. Esto podría ayudarle a saber qué esperar cuando va a realizar las comparaciones.

1. "El problema de su hijo, como la mayoría de los problemas que enfrenta esta generación de adolescentes, probablemente sea provocado por una combinación de su composición genética y lo que ha experimentado en su familia, el barrio, su escuela, sumado a los significados que él ha sacado de combinar y contrastar sus rasgos genéticos y su experiencia. Yo uso esta ecuación: la genética combinada con las experiencias de vida originan creencias que producen el comportamiento."

2. "Yo trabajo con el aspecto más variable de la ecuación de arriba... las creencias de su hijo y del resto de su familia. Para comprender el punto de vista de todos, paso mucho tiempo viendo a los padres solos, al niño solo, y luego a todos juntos. Nuestro objetivo es modificar cualquier creen-

cia que esté provocando el problema de su hijo. Una vez que creo que comprendo a una familia, prefiero trabajar en grupos, quizás enviando a cada miembro de la familia a un grupo diferente. En grupos, educo, doy consejos, indicaciones. Esta propuesta resolverá algunos problemas rápidamente... quizá todos. Si no, todos aprendemos mucho y tenemos una mejor oportunidad de buscar diferentes caminos para manejar el problema."

3. "La duración de mi tratamiento varía. Generalmente, me agrada reunir antecedentes, reuniéndome por lo menos dos veces con los padres. Después de eso, si su hijo coopera, dos o tres sesiones podrían ser suficientes para que avancemos. Luego, tenemos una sesión familiar, seguida por grupos. Después de seis reuniones semanales de los grupos, tenemos una segunda reunión familiar. A menudo, el problema de su hijo se resuelve en esta instancia. Si no, discutimos qué acción adicional se puede tomar. El ciclo se repite hasta que todos nosotros estamos de acuerdo en que hemos hecho todo lo posible para que las cosas avanzaran. Rara vez, una familia o un adolescente problemático me ven durante un año, pero dos o tres ciclos son suficientes para la mayoría de los problemas."

"Los estudios han demostrado que la mayoría de las terapias duran lo que el terapeuta cree conveniente, por eso cuídese de los consejeros que predican que tardarán años y años para resolver un problema. Los problemas emocionales muy arraigados pueden tardar dos o tres años en resolverse, pero yo ayudé a muchos niños y a sus padres a cambiar las cosas para satisfacción de todos en seis meses o menos. Doy informes sobre los progresos cada tres meses. También estoy de acuerdo en que nos reunamos y consideremos un plan de acción alternativo si no se produjo un cambio productivo después de seis meses de tratamiento conmigo."

4. "Como lo manifesté anteriormente, creo que el compromiso de toda la familia es importante para el tratamiento de un niño. Sin embargo, si algunos miembros sienten que no pueden comprometerse, me siento feliz de trabajar con quie-

nes vengan. Si solamente un miembro de la familia ve el problema y desea hacer algo al respecto, trabajo con él."

5. "Mi devolución a los padres se produce en nuestras sesiones familiares. Entrego informes sobre el progreso, pero rara vez informe de qué me ha dicho su hijo, a menos que se trate de asuntos perjudiciales o amenazadores para su vida. Con esa excepción, le prometo confidencialidad a su hijo. Si tengo que hacer otra excepción (la terapia está bloqueada porque los padres deben enterarse de algo) le aclaro a su hijo que voy a tener que compartir información. Lo hago solamente ante su presencia, en la sesión familiar."

"A propósito, tengo que advertirle que procedo con las mismas reglas con los padres. Si tienen un secreto que está retrasando nuestro progreso, me reservo el derecho de sacarlo del cajón, para poder resolver el problema de su hijo."

6. "No siempre puedo decirle que el problema de su hijo puede quedar resuelto, pero creo que todos los problemas pueden ser aliviados si todos los que están involucrados desean cooperar. Desafortundamente, algunos problemas sólo pueden ser aliviados comprendiendo que no pueden ser cambiados. Lo primero que hago es tratar de determinar si el problema de su hijo está relacionado con cualquier enfermedad mental. Una depresión maníaca o una esquizofrenia probablemente angustie a su hijo durante el resto de su vida. No estoy capacitada para tratar esas enfermedades, pero puedo ayudarle a encontrar el tratamiento adecuado. Además, puedo ayudarle a usted, a su hijo, y al resto de su familia a enfrentar las consecuencias de vivir con una enfermedad crónica y conectarle con fuentes de ayuda y apoyo."

"Tampoco puedo prometer un tratamiento con éxito en el abuso de alcohol o de drogas, aunque puedo ayudar a planificar una Intervención Cariñosa. El abuso químico requiere un tratamiento específico, y a menudo, la recuperación es posible."

7. "Mi honorario más bajo es de diez dólares más que el de las clínicas locales; el más alto es veinte dólares menos

que los honorarios completos de los psiquiatras de nuestra comunidad. Ocasionalmente, cuando el problema y la necesidad financiera son lo suficientemente graves, ofrezco becas completas. La mayoría de los profesionales ofrecen una escala similar."

"Como soy asistente social, muchos seguros médicos cubrirán mis honorarios. Lea su seguro para ver qué cobertura tiene y qué tipo de ayuda terapéutica le cubre. Algunas pólizas de seguro pagan sólo los psiquiatras; otras cubren una variedad de terapeutas licenciados."

"En cuanto al método de pago, no me involucro en la lenta tortura de enviar las cuentas a las compañías de seguros. Espero que me paguen antes de cada sesión, y cancelo el tratamiento si un cliente no paga dos veces seguidas. Sin embargo, no cobro las sesiones canceladas por lo menos con una semana de anticipación, o si el cliente trae un certificado de enfermedad de un médico. La mayoría de los terapeutas tiene reglas similares. Ellas manifiestan una necesidad de subsistencia así como también la convicción de que la responsabilidad financiera por el tratamiento enfatiza un compromiso con el trabajo emocional."

"Si sus recursos financieros y su seguro no le pueden otorgar mucha ayuda, no se desespere. Las clínicas son una buena alternativa para una consulta privada. Los grupos de autoayuda como AA, Alcohólicos Anónimos y Familias Anónimas son gratuitos, aunque la mayoría de los participantes dona por lo menos un dólar por sesión. La falta de dinero no debería impedir que consiguiera la ayuda que su hijo necesita."

Convencer al niño para que vaya

Su elección del terapeuta es sólo el primer paso. Luego debe convencer a su hijo, como he explicado a lo largo de todo este libro. Por supuesto, usted ya mencionó por primera vez el asunto. Ahora, explíquele que, después de buscar y entrevistar a los candidatos, cree que ha encontrado alguien con quien le agradará hablar, alguien que escuchará atenta y cariñosamente su versión de las cosas.

Como siempre, será de mucha ayuda si en este punto le posibilita a su hijo algunas alternativas. ¿Prefiere ver al terapeuta solo o con usted? ¿La primera cita deberá ser inmediatamente o dentro de algunas semanas? ¿Prefiere el viernes a la tarde o el jueves al anochecer? ¿Desea que usted o su esposa le lleven a la cita, o prefiere ir solo?

Al realizar estas elecciones, su hijo está indicando su consentimiento al programa de tratamiento, aunque lo haga de mala gana. Ya ganó la mitad de la batalla. Si se resiste, debe seguir el programa que le señalé antes: primero, una Respuesta Cariñosa, y si eso no funciona, una Intervención Cariñosa. Si es necesario, retroceda para revisar. Si no, avance. Es el momento de aprender cómo preocuparse de la persona que ha descuidado seriamente mientras estaba preocupado por el mal comportamiento de su niño bueno.

17

Cuidado de uno mismo

PAPA: ¡Dios mío! Eso es un martini, no agua. Se supone que debes beberlo a sorbos, no tragarlo como un marinero.

MAMA: ¡No empieces otra vez! Sírveme otro antes de que me desintegre.

PAPA: Hablo en serio. Ya tomaste dos.

MAMA: Merezco eso... ¡y más! ¿Sabes lo que es luchar todo el día con nuestro patán de dieciséis años, cuando está de mal humor? Déjame responder. No, no lo sabes. Y no sabes el infierno que es tener que ir a esa escuela y tener que escuchar al consejero que me diga una y otra vez que la pequeña Sarah debería dejar de escaparse de matemáticas, como si yo fuera una idiota o algo peor.

PAPA: Querida, sé que tienes mucho a lo que hacer frente...

MAMA: No me vengas con eso. ¿Ultimamente has tenido alguna 'discusión' con alguno de nuestros hijos? ¿Quieres que te griten? ¿Quieres lágrimas, maldiciones, lamentos de nuestras preciosuras?

PAPA: ¿Qué se supone que debo hacer?

MAMA: Dios, dame fuerzas...

Advierta este punto crítico: no puede cuidar de su hijo si no se cuida usted mismo. Créame. Por el bien de su hijo, tiene que emplear tanta energía en su felicidad como la que emplea en preocuparse por él.

¿Cree que no puede llevar ambas cosas a la vez? Está por aprender cómo. Yo lo resumo en tres pasos:

1. Haga algo todos los días por su propio placer... y no por otra razón.

2. Acepte la responsabilidad sólo de lo que puede contro- lar... y aléjese de otras preocupaciones.

3. Busque el apoyo y la ayuda adecuados.

Primero lo primero

Primero, cierre este libro, y durante media hora haga algo sólo para usted mismo.

¿Lo hizo, o sigue leyendo sin parar?

¡Hágalo!

Camine por un bello jardín, y según la estación, huela la fragancia de las lilas y las rosas. Prepárese una taza de su té de hierbas preferido y bébalo en su sillón favorito, aunque moleste al gato. Escuche a Mozart, Strauss, Bing Crosby, o algunas canciones románticas, aunque sus hijos aleguen do- lor de tímpanos. Esta media hora es para usted solo. Hojee una revista cómica o alguna colección de poemas de amor.

Dése un baño caliente.

Duerma una siesta.

Salga a retozar con una mascota.

Vaya a darse un masaje.

Vea algún show de televisión trivial, sin discul- parse.

Cierre las persianas y juegue a algún entretenimiento solitario.

Escriba una carta a su mejor amiga.

Haga el amor.

Llame a alguien que siempre le alegra.

Practique su hobby preferido.

Bueno, está bien... si insiste, limpie un armario.

Escuche alguna casete de reflexión o meditación.

Si no se tentó con ninguna de las sugerencias de arriba y aún está leyendo sin intenciones de detenerse, usted está en problemas.

"Pero lo que quiero hacer ahora es leer este libro", podría objetar usted. "Esto es cuidar de mí mismo."

Tonterías. Cuidar de usted mismo significa hacer algo por usted, no porque desea ayudar a otro. Usted hace algo por usted mismo porque necesita un intervalo de todas las preocupaciones sobre las cosas malas que hace su niño bueno.

"Pero esto es para ayudarme..."

Ya basta. Es emocionalmente necesario que usted tenga un período de puro placer, totalmente desligado de sus problemas, para ayudar a otro, o para mejorar su comprensión de otra persona.

Sé que no es fácil. Somos gente con objetivos, competitivos, trabajadores. Para cambiar, tiene que decidir hacerlo. Si no puede, está peligrosamente concentrado en las dificultades de su hijo. Una buena salud mental requiere que tome intervalos, aun si su hijo se encuentra en la cárcel, en un hospital psiquiátrico, o en la habitación de al lado, sollozando después de haber mantenido la pelea más grande con usted. Incluso si su hijo se fugó, es neurótico que usted se niegue al placer porque supone lo peor. Creer que está muerto es una forma de castigarse a usted mismo y de escarbar en su infelicidad. Piense que está bien, y tómese su tiempo para el placer. Si sucedió algo malo, necesitará un padre fuerte... uno que se haya cuidado a sí mismo. Incluso yo, que soy una preocupada proverbial, y guardiana, y adicta al trabajo, dedico media hora todos los días a la diversión. También David. Nos mantiene sanos. También es una parte importante en la búsqueda de serenidad, la cual él, yo y la mayoría de la gente necesitamos perseguir con un poco de dedicación.

Serenidad

Cuando obtenga serenidad, su vida cambiará para siempre. Comience con esta oración:

Dios dame serenidad
para aceptar las cosas que no puedo cambiar,
el valor para cambiar las que puedo,
y la sabiduría para conocer la diferencia.

No desista si usted es ateo o agnóstico. En lugar de "oración" piense "esperanza". Considere que Dios representa a la Correcta Dirección que usted busca en su vida. Esta oración, escrita por el filósofo y hombre de estado romano Boecio hace casi quince siglos, contiene todo lo que usted necesita saber para controlar su vida. (Esta famosa obra clásica del escritor sobre obtener serenidad, *The Consolation of Philosophy*, fue escrita en un calabozo, mientras esperaba la ejecución de una injustificada sentencia de muerte; fue interrumpida cuando le llevaron para ahorcarle.) El mensaje es claro: concéntrese en cambiar lo que pueda, acepte lo que no pueda cambiar.

Piense en las innumerables cosas que no puede controlar...

Terremotos.
El comportamiento de otra persona.
El futuro.
Los tornados.
Los sentimientos de los demás.
El pasado.

Los huracanes.
Los pensamientos de los demás.
Lo desconocido.
El déficit federal.

Piense en estas cosas. Seguro, usted sabe que no puede controlar los huracanes, pero ¿no cree que puede controlar el futuro? ¿Y controlar el comportamiento de su hijo, los sentimientos de su esposa, o los pensamientos de su mejor amigo sobre algo? Todos deseamos creer que podemos controlar, así la vida parece más segura, más predecible. Pero ni siquiera podía controlar a su hijo cuando era recién nacido. Aprendió que no podía lograr que un bebé con un cólico dejara de llorar, ni mantener a un saludable y activo niño sentado en una silla durante más de cinco minutos, ni obligar a un adolescente de dieciséis años a concentrarse si no deseaba hacerlo... sin cometer algún abuso.

Usted aprendió durante las primeras semanas y meses de su paternidad que no controlaba. Influye. Quizás olvidó esta lección cuando su infante se convirtió en niño. A los jovencitos les agrada complacer a sus padres, de los cuales depende su supervivencia, y a menudo hacen lo que usted desea. Quizá mantuvo la ilusión de que mantenía un completo control... hasta que llegó la adolescencia. Los jovencitos terminaron con su ilusión. Ellos se resisten al control. Usted necesita enfrentar la realidad: no está encargado de su adolescente y su comportamiento, o de sus sentimientos, o de sus pensamientos.

Al disiparse la ilusión del control, ¿cómo encuentra la serenidad? La única manera de deshacerme de mis temores sobre mis hijos y de mis esfuerzos por controlar, particularmente cuando insistían en hacer cosas peligrosas, fue estar segura de que había hecho todo lo que podía. Es por eso que, a través de todo este libro, le brindé tantas alternativas en varias situaciones problemáticas.

Permitir no significa rendirse. Usted continúa queriendo, como señalé una y otra vez, pero cede el control de su hijo a un poder superior... ya sea el poder de un Dios benigno, o el poder de aprender de los errores, o cualquier otro poder que usted elija.

Aun así, debe ser fuerte. Una mujer me contó que finalmente cedió ante su hijo adicto a las drogas. El estaba en un centro de rehabilitación, pero se negaba a "trabajar en el programa". Les estaba haciendo perder el tiempo a todos, y diariamente amenazaba con huir. Su madre asistió puntualmente a las reuniones de doce pasos como parte de un programa de tratamiento y educación familiar. Una mañana le pidieron que leyera la meditación, la cual exploraba las implicaciones de la frase: "La muerte, como el nacimiento, es natural." De pronto, reconoció lo que más temía. Estaba preocupada porque su hijo muriera. Les preguntó a los demás participantes cómo podía ceder cuando la vida de su hijo estaba en peligro.

Hacia el final de la reunión, un hombre de mediana edad le dio una respuesta. "Esta es la segunda vez que vengo", comenzó. "El primer hijo que traje aquí hace cuatro años está muerto. Sus temores son justificados. Pero permítale decirle lo que aprendí. Al igual que usted yo estaba aterrorizado por ceder. Creía que de alguna manera podía aprender a controlar el abuso de alcohol de mi hijo, pero no pude. En la lucha, nuestra relación murió. No veía a mi hijo desde hacía dos años cuando la policía llamó para comunicarme que había muerto en un accidente automovilístico. Quizá si yo hubiera podido ceder y no tratar de controlarle, podríamos haber recuperado nuestra relación. Quizás igual hubiera salido a beber esa noche y habría muerto, pero hubiera sabido que le amaba. Regresé aquí con mi hija, pero si el tratamiento no da resultado, no haré nada para darle la espalda a nuestra relación. Quizá no le permita vivir en mi casa, pero nunca permitiré que crea que ha salido de mi corazón."

En un determinado momento, como aprendió este padre, usted debe renunciar al control para preservar el cariño.

Otra madre lo expresó así: "Aunque concurrí a Al-Anón, trataba de controlar a mi hija. No había cedido. Cumplía con el programa con la esperanza de que ella mejoraría. Usaba las consignas y dejé toda la literatura en la casa. En aquel momento, esa era mi última oportunidad de salvar la vida de mi hija. Sin embargo, cuanto más trabajaba en el programa, ella menos trabajaba en el suyo. Afortunadamente, tenía una consejera que me ayudó con un programa para mí misma. Me enseñó a atender mis necesidades y a dejar las necesidades de mi hija en sus manos. Dejé de tratar de rescatarla y comencé a vivir mi propia vida. Ella no está trabajando con más ahínco en su programa, pero yo estoy en paz, y nuestra relación ha mejorado."

¿Cómo sabe que ha podido ceder? Una respuesta simple. Cuando ya no está "rescatando" sino respondiendo responsablemente. Pruebe sus sentimientos y acciones para comprobar un comportamiento de rescate. Por ejemplo, ¿está haciendo algo por su hijo que él podría hacer por sí mismo? ¿Se arrepiente de lo que hizo y eventualmente se enfurece con él? Estos son los indicios que aún no ha cedido; todavía sigue rescatando.

Por supuesto, usted podría ser un vigilante compulsivo...

Preocupación compulsiva

Bienvenido al club. Cuando estaba criando a Zach y a Daniel, y ocupándome de nuestros cientos de niños adoptivos, pasé de ser una preocupada normal a una preocupada compulsiva. En aquel momento no parecía alocado, pero a la distancia se ve que David y yo nos enloquecíamos cada vez más. ¿Es sano pasar catorce años viviendo veinticuatro horas al día con un grupo de adolescentes siempre en cambio, mientras se trata de criar a dos hijos lo más normalmente posible? Estoy agradecida a aquellos años, pero estoy mucho más agradecida de que hayan quedado atrás. Creo que deberíamos haberlo dejado cuatro o cinco años antes. Ahora me doy cuenta de que no lo hicimos, en parte, por mi preocupación compulsiva.

Desde que recuerdo, siempre fui una de esas personas

que corre y arregla las cosas cuando alguien está enfadado, lastimado, o descontento. Este comportamiento, como afirma Jacqueline Castine en *Recovery from Rescuing*, es el tipo de adicción específica definida como un esfuerzo compulsivo para controlar los sentimientos inconstantes de uno mismo. Soy una adicta. Cuando veo que alguien sufre, me siento incómoda, y para controlar ese sentimiento, corro y comienzo a preocuparme por él.

El test del Rescatador de Castine puede indicarle si usted sufre o no de la misma condición. Usted puede responderlo, pero yo le doy mis propias respuestas como un ejemplo de alguien que definitivamente necesitó ayuda para aprender a cuidar de sí misma.

TEST DEL RESCATADOR

Pregunta 1: ¿Su principal objetivo en la vida es servir las necesidades de otros?

Levine: Sí. Desde la infancia, consideré mi vida como una vida de servicio. Los animales heridos, los niños lastimados, los padres cansados... todos despertaban mis instintos de ocuparme de ellos.

Pregunta 2: ¿Tiene una profesión de servicio?

Levine: Sí. Soy asistente social y maestra. Fui madre adoptiva.

Pregunta 3: ¿Hubo personas adictas en su familia?

Levine: Sí. La madre de mi padre probablemente era alcohólica. Dos de sus hijos lo eran, y mi madre es una preocupada compulsiva. Ella cuida de los borrachos de la familia.

Pregunta 4: ¿Su autoestima ha encubierto la imagen que tiene de usted misma de Supermamá o Supervecina o del muchacho que se va último de la oficina?

Levine: Un poco. A veces me siento presumida de todo lo

que he hecho y de lo duro que trabajé. Sin embargo, el saber que mi trabajo es compulsivo, arruinó un poco la satisfacción.

Pregunta 5: ¿Usted es el primero en entrar por la puerta cuando alguien muere?

Levine: No, pero generalmente soy la primera en ofrecer gasas o apoyo o una palabra de consuelo. Y siempre realizó las llamadas telefónicas que nadie desea realizar.

Pregunta 6: ¿Es el hijo mayor de la familia? ¿Es aquel de quienes todos dependen, con el que siempre se puede contar para hacer el trabajo y hacerlo bien?

Levine: Soy la menor, pero la única hermana. Soy "la formal" junto con mi hermano mayor. Siempre se puede contar conmigo para hacer el trabajo y hacerlo bien.

Pregunta 7: ¿Cuándo asiste a una conferencia o a una clase, siempre piensa: "Oh, Mary debería estar aquí. Realmente se beneficiaría con esto"? ¿Mientras lee este libro, está pensando quién más necesita leerlo?

Levine: Sí, hasta que leí esta pregunta, había planeado comprar doce ejemplares del libro de Castine, y sabía exactamente quién iba a recibir un ejemplar. Reduje la lista a seis. Creo que terminaré comprando solamente uno o dos, si lo pienso mejor. Aun así, esa es una preocupación compulsiva.

Pregunta 8: ¿Le cuesta dedicar tiempo para usted mismo y divertirse?

Levine: Sí. Puedo divertirme, pero me cuesta dedicar tiempo para mí misma. Pasé todas las vacaciones en casa visitando a mis padres, hasta que un terapeuta sugirió que debería salir de vacaciones y divertirme.

Pregunta 9: ¿Siente que es responsable de hacer felices a los demás?

Levine: Feliz no, pero sí cómodos. Sé que la felicidad no es algo impuesto, la vida a menudo es dolorosa y sólo soy responsable de mí misma, pero me siento muy incómoda y culpable cuando alguien está lastimado.

Pregunta 10: ¿Se siente resentido cuando sólo trataba de ser útil?
Levine: Sí. No siempre, pero definitivamente en ciertas ocasiones.

Pregunta 11: ¿Da consejos que no son aceptados?
Levine: Como asistente social y maestra, estoy entrenada para que los consejos sean aceptables. Aun así, mis consejos no siempre son bienvenidos o aceptados.

Pregunta 12: ¿Cree que sabe lo que es mejor para los demás?
Levine: A veces. En mi defensa, permítame decir que creo que la mayoría de la gente puede encontrar lo mejor dentro de ella misma. Por supuesto, sé que los demás no coinciden con eso.

Pregunta 13: ¿A menudo siente que no importar lo que haga no es suficiente?
Levine: Sí.

Pregunta 14: ¿Los sentimientos de amor y preocupación que sentía anteriormente han sido remplazados por agotamiento o resentimiento?
Levine: En este momento no, pero sí en muchos otros momentos de mi vida.

Pregunta 15: ¿Es muy crítico con aquellos que no cumplen su parte?
Levine: Sí. Particularmente cuando tienen posiciones de poder.

Naturalmente, en este test no hay preguntas correctas o incorrectas. Las mías me rotulan como una preocupada compulsiva. Si las suyas son similares, dicen lo mismo de usted. También la actitud defensiva en sus respuestas afirmativas es otro indicio: Tratar de explicar su preocupación es un síntoma de que está haciendo demasiado. Finalmente, si advierte que no se siente bien por lo que hace por los demás y aun así no puede detenerse, enfrente los hechos: usted padece la adicción. Como con cualquier otra adicción (y no utilicé la palabra a la ligera) usted necesita trabajar en algún programa de doce pasos.

Por el momento, podemos comenzar con mis sugerencias para diseñar un programa de autoayuda para preocupados compulsivos. (Aunque no tenga este problema continúe leyendo, tengo algunas ayuditas que cualquiera puede usar.)

Buscar ayuda

Cuando una amiga me sugirió que saliera a cenar con ella y otras dos mujeres, tropecé con mi primer paso para alejarme de la preocupación compulsiva. Inspirada por el libro de Robin Norwood, "Las mujeres que aman demasiado", mi amiga había decidido que deberíamos formar un grupo de apoyo; el título nos iba muy bien a las cuatro.

Dos de las mujeres provenían de familias afectadas por el alcoholismo o el abuso de drogas. Cuando nos reunimos a través de los años, advertí lo formativo que fue para mí el alcoholismo en la familia de mi madre, y su rol como hija mayor de un alcohólico. En nuestro grupo no sucedió nada espectacular, pero la empatía, el compartir y el aliento comenzaron el proceso de aprender a cuidarme.

Entonces, el paso 1 para usted debería ser buscar algunas personas con el mismo problema y comenzar a reunirse regularmente. No necesita ninguna guía profesional si sigue algunas reglas simples. Las nuestras son básicas:

Nos reunimos cada tres semanas.
Cenamos.

Compartimos los más y los menos de nuestras vidas.

Festejamos lo bueno y nos condolemos con lo malo.

Nunca nos criticamos unas a las otras.

No damos consejos.

A lo sumo, cuando un miembro tiene un problema, otro puede contarle su experiencia con uno similar.

Eventualmente, la creciente fuerza del proceso que comenzó con nuestras reuniones, me alentó a empezar a asistir a algunos grupos de doce pasos. Primero estaba interesada por razones profesionales, pero gradualmente me identifiqué con los otros participantes de las reuniones, especialmente en Al-Anón y Coda (Codependientes Anónimos). Comencé a realizar un programa. Lo primero que hago todas las mañanas es arrodillarme y repetir la oración de la serenidad. Luego leo alguna literatura afirmativa, un pasaje de "Un día a la vez", de Al-Anón, o algún otro libro de meditación espiritualmente orientado.

Luego, antes de sumergirme en las tareas diarias, planifico una cosa específica que haré solamente para gratificarme. Un paseo por la playa al atardecer, una llamada especial a un amigo querido, más lectura, o escuchar música... sea lo que fuese ese día, tiene que tener una característica destacada: carecer de otro propósito que no sea gratificarme.

Cuando siento que me estoy poniendo ansiosa porque alguien se siente mal, controlo mi tentación con la oración de la serenidad, o con una de las consignas de los doce pasos: "Vuélvete". "Déjalo en manos de Dios." "Piensa." "Vive y deja vivir." Y por supuesto, "Primero lo primero." El último en especial me lleva a preguntarme si me estoy preocupando por mí misma y mis necesidades tanto como lo hago por los demás. Si tiene problemas en ceder, úselo a menudo.

Durante el día, me observo. Cuando alguien parece molesto o tiene problemas, no cometo el error de suponer que debo hacer algo. A lo sumo pregunto qué necesita esa persona de mí. Milagro de milagros, la respuesta acostumbrada es "nada". Bien. Una vez, cuando a una amiga le robaron el bolso justo cuando había cobrado su mensualidad, instantáneamente le ofrecí darle la mitad de la mía. Ella se rió. Sus padres eran muy ricos y ella siempre depositaba su mensualidad en un fondo para pasar unas vacaciones. Todo lo que necesitaba era que le prestara una moneda para llamar al chófer de su padre para que viniera a buscarla.

Aún tengo que asistir a las reuniones y hablar con mi consejero y otras personas en el programa de doce pasos. Me estoy recuperando, no estoy curada. Pero mi sentido de serenidad aumenta cada día, mientras aprendo a cuidar de mí misma.

Quizás usted está leyendo este libro y preocupándose por el mal comportamiento de su niño bueno porque es compulsivo con las preocupaciones. Quizá su adicción no es tan fuerte como la mía y los programas de doce pasos no son su respuesta, y deba releer el capítulo 16: "Buscar ayuda profesional". Quizá necesite un grupo de apoyo, un terapeuta, o un consejero religioso que lo ayude a comprender que debe preocuparse pero no ser un rescatador. Cuando trata de solucionarlo solo, cuando se ignora a sí mismo y emplea su energía servilmente en su adolescente y sus problemas, estamos en un círculo, mi amigo: usted es un buen padre que está haciendo algo malo.